KB081062

**아도르노,
사유의 모티브들**

Theodor W. Adorno
zur Einführung

아도르노,
사유의 모티브들

지음 **게르하르트 슈베펜호이저**
Gerhard Schweppenhäuser

옮김 **한상원**

EDÍTUS

» 차례

일러두기

—이 책은 게르하르트 슈베펜호이저의 *Theodor W. Adorno zur Einführung*(1996)을 완역한 것이다. 책의 전체 내용을 한국어 독자가 보다 잘 이해할 수 있도록 제목을 바꾸었다.

—본문의 [ ] 표기는 글의 이해를 위해 옮긴이가 임의로 추가한 것인데, 따로 밝혀 둔 경우를 제외하면 지은이가 인용 과정에서 붙인 것이다.

—본문에서 별도의 설명이 필요한 경우 옮긴이 주를 추가하였다. 원주는 모두 미주로, 옮긴이 주는 각주로 달았다.

—미주나 본문 인용 출처 표기에서 대문자 S는 쪽수를 나타내며, 쪽수 뒤의 'f.'는 '해당 쪽수부터 다음 쪽수까지', 'ff.'는 '해당 쪽수부터 이후 여러 쪽수에 걸쳐'를 뜻한다.

여는 글

이 책이 시도하고자 하는 것은 아도르노의 비판이론이 제기한 핵심 모티브들 중 일부를 간결하면서도 이해 가능한 형태로 보여 주는 것이다. 책의 서술은 아도르노 철학의 기본 개념들에서 출발하여, 그것이 사회학 그리고 예술과 문화 이론에서 어떻게 전개되는지를 제시한다. 여기서 『미니마 모랄리아Minima Moralia』와 『부정변증법Negative Dialektik』은 가장 중요한 참고 대상이 된다. 이 두 저작은―『계몽의 변증법Dialektik der Aufklärung』과 『신음악의 철학Philosophie der neuen Musik』과 함께―가장 중요한 아도르노의 체계적인 저술들이다. 이로부터 아도르노의 복잡하고 세분화된 사유의 건축물의 구조를 이루는 본질적인 모티브들이 전개될 것이다. 이를 위해 책의 서술은 일련의 핵심적인 철학적 개념들에 집중할 것이며, 이로부터 아도르노의 음악미학, 그리고 문학 미학과 같은 다양한 주제 영역에서 이 개념들을 다루는 관점들을 그려 보려고 한다.

아도르노의 사유에 기입된 사상사적 짜임―그는 20세기의 그 어떤 사상가들보다도 사상사와 개념사에 비판적 힘과 활력을 불어넣었다

—은 물론 간략하게는 묘사되겠지만 숨은 텍스트Subtext로 남아 있을 것이다. 아도르노의 사유 과정과 결부된 여러 정신사적인 짜임 관계 Konstellation들은 여기서 모든 관점에서 고려될 수는 없을 것이다. 왜냐 하면 앞으로 전개될 장들에 담겨 있는 의도는 선별적인 묘사를 통해 아 도르노의 비판이론이 이해될 수 있도록 돕는 데 있기 때문이다. 그의 사유 과정은 신칸트주의에서 출발하여, 후설 현상학의 완성을 거쳐— 루카치, 블로흐 그리고 벤야민과 같은 철학적 아방가르드주의자들의 결정적인 영향 하에서—프로이트와 키르케고르로 이어졌다. 이 사유 과정은 헤겔, 맑스 그리고 니체를 향해 갔고, 이후 하이데거에 대한 비 판에서 정점에 올랐으며, 궁극에는 계속해서 칸트와의 가까움을 추구 했다. 이 모든 것을 이 책에서 개별적으로 되풀이할 필요는 없을 것이 다. 그러나 희망하건대, 필요하다면 그러한 귀결들 속에서 [아도르노 철 학에 남아 있는 사유의 짜임들이] 추론될 수 있을 것이다.

책의 방향을 이렇게 설정한 이유는 이 책이 체계에 비판적인, 그러나 결코 비체계적이지 않은 아도르노의 사유에 대한 철학적 입문서가 되 고자 했기 때문이다. 아도르노의 이론적 우주Kosmos에 대한 총괄적 서 술은 이러한 틀 속에서는 가능하지 않다.

이 텍스트는 5판을 맞이하여 전면 개정되었고 일부 구절은 현재화되 었다. 아도르노의 도덕에 관련한 비판이론에 관한 보론, 그리고 대중예 술에 관한 아도르노와 벤야민의 논쟁을 담은 절은 새로이 추가되었다.

1.

유년기를 새로이 붙잡으려는 시도

캘리포니아에서 망명 중이던 1943년, 아도르노는 그가 존경하던 작가 토마스 만Thomas Mann을 할리우드에서 이웃으로 만나게 되었다. 이미 70세에 가까워진, 세계적으로 유명한 노벨상 수상자는 갓 40세가 된 이 무명의 음악철학자에게 현재진행 중인 자신의 저술에 관해 털어놓았다. 토마스 만은 독일 문화의 변증법에 관한 소설을 쓰고자 했다. 『파우스트 박사』에서는 다름 아닌 자신의 구조적 양면성으로 인해 태곳적 야만성으로 전도된 어느 문화에 관한 논의가 다뤄진다. 물론 이 태곳적 야만성은 가장 현대적인 기술적 도구들과 관리 절차들을 통해 집행된 것이었다. 할리우드에서 아도르노는 토마스 만의 소설에서 음악이론을 담당하는 공저자가 되었다. "마술사" 토마스 만은 그의 새로운 지인[아도르노]에 관한 짧은 전기적 소개를 덧붙인 『파우스트 박사』의 탄생에 관한 기록에서 이에 관해 증언하였다.

테오도어 루트비히 비젠그룬트-아도르노Theodor Ludwig Wiesengr-und-Adorno는 1903년 9월 11일 프랑크푸르트에서 태어났다. 토마스 만은 이렇게 적는다. "그의 아버지는 독일인인 유대인이었고", "그의 어머니는 가수였는데, 그녀는 코르시카(본래는 제노바) 혈통의 프랑스 장교의

딸이었다(그녀의 이름은 마리아였는데, 출생명은 칼벨리-아도르노 델라 피아나였다)." "아도르노는 그가 어머니의 소녀 시절 이름을 따서 자신을 지칭한 이름이었다. 그는 나치에 의해 죽음으로 내몰린, 알레고리의 철학이자 역사인 '독일 비애극'에 관한 책을 남긴 발터 벤야민[과] 유사한, 거친, 비극적으로 영리하며 배타적인 영혼의 소유자다." "완전히 이론적인 (또 정치적인) 그리고 예술적인, 특히 음악적인 관심이 지배하는 분위기 속에서 자라난"[1] 아도르노는 자유로운 프랑크푸르트에서 이미 청년 시절 인상적인 정신적 영향을 미치기 시작했다. 그의 행복했을 유년기와 청년기는 편협한 동료 학생들이 특권적으로 살며 뛰어난 재능을 보인 그에게 느끼는 시기심에 의해 흐려질 뿐이었다. 이후 『미니마 모랄리아』에서 그는 이러한 "나쁜 동료들"을 파시즘이 파견한 "사신使臣"으로 묘사했다.[2] 이러한 경험은 그가 1940년대 이래 혁신적인 사회과학 방법을 통해 조사했던 "타협주의적인 동일성"에 대한 그의 이디오진크라지[1]의 근거가 되었다.[3]

아도르노는 이후 『프랑크푸르터 차이퉁』지의 주요 칼럼니스트가 되는 연상의 친구 지그프리트 크라카우어Siegfried Kracauer에게 철학을 배웠다. "수년간 그와 나는 정기적으로 토요일 오후에 『순수이성비판』을 읽었다. 내가 학교 선생보다도 이 강독을 통해 더 많은 것을 배웠다고 해도 결코 과언이 아닐 것이다."(GS 11, 388)

학생 시절 아도르노는 이미 급진적인 모더니티의 정신을 지닌 영향력 있는 음악 비평가였다. 일찍부터 그는 쉰베르크Arnold Schönberg를 옹호하였다. 아도르노의 일부 작곡들은 프랑크푸르트에서 공연되었다. 21세가 되었을 때 그는 한스 코르넬리우스Hans Cornelius의 지도 아래 철

---

1   독어로 Idiosynkrasie, 영어로는 idiosyncrasy. 특이성, 성벽 등으로 번역된다. 알레르기와 같은 특이체질적인 반응을 일컬으며, 주로 명시적인 원인을 알 수 없는 근원적 공포나 혐오 등의 성향을 표현하기 위해 사용된다.

학 박사 학위를 받으며 철학, 음악학, 심리학 그리고 사회학 학업을 마무리하였다. 코르넬리우스는 훗날 프랑크푸르트 사회조사연구소의 소장이자 사회 비판 이론의 창시자 막스 호르크하이머의 스승이자 후원자이기도 했다. 1925년 아도르노는 1년간 빈으로 떠났다. "이 명석한 두뇌는 철학과 음악 사이에서 직업을 결정하기를 자신의 생애 내내 거부했다"고 토마스 만은 말한다, "확실히 그는 두 가지 상이한 영역에서 같은 것을 추구했다. 그의 변증법적 사유의 방향과 사회적-역사철학적 경향은 음악적 열정과 [······] 교차하고 있었다. 이 열정에 보탬을 준 연구들, 작곡 그리고 피아노를 그는 [······] 빈에서 알반 베르크Alban Berg 와 에두아르트 슈토이어만Eduard Steuermann으로부터 사사하였다. 1928 년부터 1931년까지 그는 급진적인 현대음악의 시작이라는 의미를 담은 빈의 잡지 『시작Anbruch』의 편집장이었다."4) 프랑크푸르트로 돌아와서 그는 사회조사연구소와의 접촉을 강화했는데, 연구소 소장인 호르크하이머와 그는 대학 시절부터 공통의 이론적 관심을 공유하고 있었다.

훗날 아도르노는 호르크하이머의 70세 생일을 맞아 쓴 '막스 호르크하이머에게 보내는 공개편지'에서 이렇게 쓴다. "내가 당신을 아데마겔프의 심리학 세미나에서 처음 보았을 때, 나보다 8살 많은 당신은 전혀 학생으로 보이지 않았고 오히려 학문에 어느 정도 거리를 두는 부유한 집안의 젊은 신사처럼 보였습니다. 당신은 학습된 것을 다루는 일을 현실과 너무나 쉽게 혼동하는 여느 학자의 학문적 뒤틀림과는 거리가 멀었습니다. 당신의 말은 분별력과 통찰력이 있었으며 무엇보다도 독립적이어서, 나는 당신이 부지불식간에 신경 쓰지 않는 영역조차 충분히 뛰어넘은 것처럼 느꼈습니다."(GS 20.1, 156)

연구소의 주된 관심사는 독일에서 권위주의 국가로 귀결된, 시민[부르주아] 사회의 자기 해체적 과정의 원인에 대한 연구였다. 어째서 지배받는 인간이 자기 자신의 이해관계에 반하여 지배에 종속되어 자신을 지배와 동일시하는가를 이해하기 위하여, 호르크하이머의 비판이론은 맑스의 통찰들을 분석적 사회심리학으로 발전되는 정신분석과 결합시켰으며, 이제까지 독일에서 거의 알려지지 않은 경험적 사회조사 방법을 자신들의 분석에 통합하기 시작했다. 사회조사연구소에서 철학은 이러한 사태를 다루는 상호 학문적인, 또 부분적으로는 경험적인 연구들을 지연된 사회변혁에 관한 유물론적 이론과 체계적으로 결합하려는 과제를 안고 있었다. 이는 어디까지나 그것이 가능한 한에서, 여전히 사회변혁에 기여하기 위한 것이었다. 헤르베르트 마르쿠제Herbert Marcuse, 레오 뢰벤탈Leo Löwenthal, 에리히 프롬Erich Fromm 그리고 다른 저자들과 나란히 아도르노는 이러한 문제의식 속에서 음악이론가로서 상호 학문적으로 추진된, 사회 전체 과정에 관한 이데올로기 비판적인 이론에 착수했다.[5] 동시에 아도르노는 자신이 자율적인 형상들이자 사회적으로 규정된 생산물로 파악한 예술작품의 이중적 성격에 관한 해답을 얻기 위해 음악의 사회적 내용을 분석했다. 그는 음악의 사회적 내용을 사회학적으로 외부에서 밝혀낸 것이 아니라, 작품 자체의 미학적 형식 법칙의 분석을 통해 드러냈다.(GS 14, 14ff. 참조) 아도르노가 수행한 것은 음악의 확산과 수용, 나아가 생산의 사회적 조건과 결과에 관한 음악 내적인 분석들과 음악 사회학적인 연구들이었다. 그는 자신의 특수 분야인 음악으로부터 사회적 총체성에 관한 통찰들을 얻어 냈다. 동시에 그는 에른스트 블로흐Ernst Bloch와 게오르크 루카치Georg Lukács로부터 자극을 받고 또 그의 스승이자 친구인 발터 벤야민Walter Benjamin과 생산적인 교신을 하면서, 키르케고르에 관한 자신의 교수 취임 논문 속에서 철학의 사회적이면서 잠재적으로 비판적인 내용을 다루었다.(Vgl. GS 2)

"나는 벤야민을 정말로 자주, 적어도 매주 한 번은 만났고, 그가 프랑크푸르트에 살던 시기에는 아마도 더 자주 만난 것 같다"고 아도르노는 나중에 그가 크라카우어를 통해 벤야민을 알게 된 1923년 이후의 시기에 대해 썼다. "나중에도 정기적으로 그가 이곳[프랑크푸르트—옮긴이]을 방문할 때뿐 아니라 베를린에서도 그를 자주 만났다. [······] 그 당시 나는 새파란 젊은 나이였고, 그는 나보다 11살이 많았다. 나는 스스로를 [그로부터—옮긴이] 배우는 사람이라고 생각했다. 나는 엄청난 매력을 느끼고 그의 말을 경청했으며, 그에게 상세한 것들을 묻곤 했던 것을 기억한다. 더불어 그가 내게 준, 아직 출판되지 않은 원고들도 보았다."(GS 20.1, 173f.)

1931년 아도르노는 교수 자격을 취득했다. 토마스 만은 이렇게 증언한다. "그가 철학을 가르친 프랑크푸르트 대학교에서 그는 나치에 의해 쫓겨날 때까지 객원 강사로 일했다."[6] 그 후 그는 우선 독일에서 "겨울을 버티고자überwintern" 시도하면서 동시에 옥스퍼드에서 학문적 기반을 얻기 위해 노력했다. 1937년까지 아도르노는 정기적으로 프랑크푸르트로 돌아와 오래 머물렀다. 처음에는 오해도 있었고 자신과 잘 맞지 않는다는 생각을 하기도 했지만, 1938년에 그는 공동 연구원으로 사회조사연구소와 결합했고,[7] 그의 아내인 화학 박사 마가레테 카르플루스와 함께 미국으로 이민을 떠났다. 토마스 만이 기록했듯이, "1941년 이래 그는 우리의 주변 이웃으로 로스앤젤레스에 살고 있다."[8] 이곳에서 그는 자신의 이름을 [비젠그룬트에서] 아도르노로 바꾸었다.

이민 중에 시작된 사회조사연구소와의 공동 연구는 우선은 뉴욕에서, 이후에는 로스앤젤레스에서 밀접한 관계 속에서 수행되었으며, 이는 아도르노의 이후 활동뿐 아니라 미국에서의 삶이 주는 특수한 경험을 결정했다. 그는 미국에서의 삶을 견디기 힘겨워했지만 그로부터 무언가를 얻어내기도 했다. "미국에서 나는 문화를 맹신하는 소박함으로부터 해방되어, 문화를 외부에서 바라보는 능력을 획득하였다. 더 분명히 말하자면, 모든 사회 비판이나 경제의 우위에 대한 의식에도 불구하고 나에게는 정신의 절대적 중요성이 자명한 것이었으나, 이러한 자명성이 반드시 타당한 것은 아니라는 점을 나는 미국에서 배웠다. 정신적인 것에 대한 암묵적인 존경심이 소위 교육받은 계층을 훨씬 넘어서 존재하던 중서부 유럽과는 달리 이곳에서는 정신적인 것에 대한 존경심이 지배적이지 않았다. 이러한 존경심의 부재는 정신의 비판적 자기성찰을 촉구했다."(GS 10.2, 734) 아도르노에게 마찬가지로 중요한 것은 "실질적인 민주적 형태들의 경험, 즉 내가 두려워했듯이 그것들이 적어도 독일에서는 더 이상 형식적 게임의 규칙으로도 존재하지 않고 점점 더 그렇게 되어 갔던 반면에, 미국에서는 삶에 스며들어 있다는 경험이었다." 그는 이러한 사회적 경험을 맑스와 엥겔스로 소급되는, 이미 이민 이전부터 그에게 핵심적이었던 '진정한 휴머니즘'이라는 개념으로 표현했다.

이로부터 나는 진정한 휴머니즘의 잠재성을 알게 되었다. 그것은 낡은 유럽에서는 거의 찾아보기 힘들었다. 민주주의의 정치적 형태는 무한히 인간에 근접해 있는 것이었다. 이미 여러 번 불만을 토로한 적 있는 조급함에도 불구하고, 미국에서의 삶에는 평온함, 온화함 그리고 웅장함이 어울렸다. 그것은 1933년부터 1945년까지 독일에서 폭발했던 곪아 터진 음흉함과 질투심과는 완전히 구분되는 것이었다. [⋯⋯] 예컨대 독일에서는 사회학 연구에서 피실험자들의 다음과 같은 표현들, 즉 '우리는 아직 민주주의를 할 만큼 성숙하지 않았다'식의 표현들을 반복적으로 접하게 되는 반면, 소위 젊은 신세계[미국—옮긴이]에서는 지배욕이나 자기 경멸과 같은 표현들은 거의 생각하기 어려울 것이다. 나는 이를 통해 미국이 그러한 전체주의적 지배 형태로 전복될 위험으로부터 보호된다는 말을 하려는 것은 아니다.

아도르노는 이에 대한 증거를 『권위주의적 성격 연구』에서 경험적 사회조사의 수단을 통해 얻게 되었다. "그러한 위험은 현대사회 전체의 경향에 자리 잡고 있다. 그러나 아마도 미국의 파시즘적 흐름에 대한 저항력은 영국을 제외한 다른 여느 유럽 국가에 비해 크다 할 것이다."(GS 10.2, 735)[9]

유럽과 전 세계 대중문화 사업의 선구자 역할을 담당한 미국 문화산업에 대한 비판(GS 3, 141ff.), 그리고 1950년 미국에서 출간된 획기적인 저작 『권위주의적 성격 연구』를 통해 이민 중이던 아도르노는 민주주의 사회 자체의 양가성에 관한 통찰에 기여했다. 그에게 문화의 내적 모순이란 그것이 비인간적인, 억압적인 사회구성체의 토대 위에서 인간성을 약속한다는 사실, 그리고 결국 문화산업으로서 상품생산의 규칙에 완전히 종속되어 버릴 때 자신을 스스로 부인한다는 사실에 있었다. 그가 다름 아닌 '민주적' 국가에서 '권위적' 성격에 관해 연구했다는 사실은 단순히 개인사적으로 결정된 우연이 아닌 것이었다. 민주주의 사회의 자기파괴적 경향은 『권위주의적 성격 연구』[10]에서 유명해진 "F-스케일F-Skala"[2]을 통해 처음으로 경험적 사회심리 분석에 도입되었다. 그것은 어떠한 성격이 원인으로 작용하여 개인이 "반反민주적 선전에 특히 민감하게"(AC, 1) 되는지를 보여 주었다.

말하자면, 미국에서 아도르노는 자신이 음악미학적으로 영감을 준 토마스 만의 『파우스트 박사』만을 공동 작업한 것이 아니었다. 그는 『바그너 연구』(GS 13, 7ff.)와 『신음악의 철학』(GS 12)을 썼으며, 『미니마 모랄리아』와 호르크하이머와 함께 저술한 『계몽의 변증법』이 출간됐

2　F-스케일이란 『권위주의적 성격 연구』에서 아도르노와 그의 연구팀이 정리한 권위주의적 성격 유형을 말한다. F는 파시즘에서 따온 것이다. 이 연구를 통해 미국 샌프란시스코 인근에 사는 백인 중산층을 대상으로 자기중심주의, 반유대주의, 민족주의, 성적 관습 등에 관한 질문들을 던져 얻어낸 결과를 바탕으로 측정된 총 9개의 권위주의적 성격의 유형들을 발견하였다.

다. 그 뒤 그는 호르크하이머와 함께 1949년 프랑크푸르트로 돌아왔다. 이후 1960년대 초 그는 어째서 독일로 돌아왔는지에 대한 물음에, "자신의 정신적 실존의 연속성", 독일 철학 전통에 대한 자신의 사유의 변증법적 연관성, "오랜 이민 기간에도 영어는 기껏해야 다른 사람 정도로나 쓸 수 있을 만큼 배웠을 뿐인 데 반해, [독일어는—옮긴이] 내가 나 자신의 것으로 여기고 글을 쓸 수 있는 언어"이기 때문에, 그리고 이 나라에서는 시장과 여론의 압력으로부터 자유롭게 지낼 수 있다는 느낌 때문이라고 답했다. 그는 누군가 파시즘을 독일 민족의 특징으로 환원할 경우, 이는 파시즘의 사회-경제적 조건에 대한 통찰로부터 퇴보한 것이며, 따라서 "파시즘을 야기한" 정신적 환경에 소속되었다는 식의 집단 책임의 형성이라는 것도 의문스러운 것이라고 강조했다. 아도르노는 자신의 구체적인 삶과 역사의 경험이 발생했던 장소에서 비판적인 이론적 노동이 이어져야 한다고 생각했다. 그는 "그 안에 놓여 있는 자신의 근원에 대한 연속성과 믿음이 갖는 의미"와 "한 차례 일어난 일에 대한 교만과 완고함"을 혼동하지 않고자 했다. "그러한 믿음이 의미하는 바는, 자신의 경험이 그 핵심을 이루는 바로 그곳에서 무언가를 바꾸고자 시도하는 것이 좋다는 것이다. 나는 단지 나의 유년기를 보낸 곳으로 돌아오고자 했을 뿐이며, 이것은 궁극적으로는 사람이 자신의 생애 속에서 실현하고자 하는 무엇인가가 유년기를 새로이 붙잡으려는 시도와 다르지 않다는 감정에서였다. 나의 결정이 갖는 위험과 어려움을 나는 과소평가하지 않았다. 그러나 오늘에 이르기까지 나는 이 결정을 후회하지 않는다."(GS 20.1, 394f.)

1949년부터 아도르노는 프랑크푸르트 대학에서 철학과 음악사회학을 담당하는 객원교수를 역임했고, 7년 후에는 정식 교수로 임용되었다. 1950년 그는 새로 발족한 사회조사연구소를 호르크하이머와 함께 이끌었으며, 이를 통해 1950년대에 서독에서 비판 사회학이 출현하는

데 기여할 수 있었다.[11]

1960년대 아도르노는 신생 독일[서독]의 가장 중요한 비판적 지성이 되었다. 1963년부터 1968년까지 그는 독일사회학회 대표를 역임했다. 그의 에세이 모음집인 『프리즘Prismen』, 『개입Eingriffe』, 『표제어Stich-worte』(GS 10) 등은 학술적 영역을 뛰어넘어 영향력을 행사했다. 아도르노는 방송과 언론에서 예리한 표현을 구사하는 계몽주의자의 모습을 보여 주었으며, 예를 들어 성性 형법의 자유화를 격렬하게 옹호하였다.(GS 10.2, 533ff.)

아도르노에게 특히 중요한 것은 망각에 대항하는 투쟁이었다. 망각의 시도는 "과거의 극복"이라는 미명 하에서, "틀을 갖춘 사회formierte Gesellschaft"(루트비히 에어하르트[3])의 재건과 경제 기적을 가로막는 방해물들을 제거해 버리고자 했다. "아도르노는 그의 생애 마지막 25년간 나치즘의 지속적 생존을 주시하였다"고 데틀레브 클라우센Detlev Claussen은 적고 있다. "반드시 기억해야 한다는 의식은 아우슈비츠의 현재성에 대한 의식에서 나온 것이었다. 그는 현실성을 뒤쫓아 가지 않으면서, 그의 지성적 노력을 통해 여러 사람들로 하여금 경험을 반추할 수 있도록 도울 수 있었다."[12] 그의 영향력은 여기서 드러난다. 1960년대 중반, 소위 프랑크푸르트학파는 그 사이 저항운동의 멘토로 각인되었다. 베트남전쟁에 대한 반대 시위들, "코뮌Kommune 1"[4], 벤노 오네조르크의

---

3   Ludwig Erhard. 콘라트 아데나워에 이어 1963년부터 1966년까지 독일의 2대 수상을 지냈다. "틀을 갖춘 사회"란, 독일의 과거에 대한 어두운 기억에 매몰되어 현재 독일의 고도성장과 합리적인 사회의 변화를 보지 못하는 관점을 비판하기 위해 그가 사용한 용어다. 즉, 전후 독일 사회의 재건은 '틀을 갖춘 합리적 사회'라는 미래를 향해 나아가는 과정이라는 것이다. 아도르노는 이러한 노선에 반대하면서, 여전히 독일 사회의 현재 속에 나치즘의 요소들이 내재해 있다고 강하게 비판하였으며, 과거를 망각하려는 시도의 위험성을 경고하였다. 이러한 비판은 이후 1968년 학생운동의 모토로 수용된다. 에어하르트의 '질서 자유주의'에 관한 분석은 통치성이라는 주제와 연결되며 푸코의 『생명관리정치의 탄생(Naissance de la biopolitique)』에도 등장한다.

살해[5], 루디 두취케 암살 시도[6]는 이후 독일의 정치적 상황에 영향을 주었다. 여기서 드러난 것은 아도르노와 저항운동 사이에는 현재 사회에 대한 비판이라는 일치점이 있었지만, 사회의 변화를 추동하는 수단에 관해서는 차이가 존재했다는 사실이었다. 아도르노는 단지 대학 개혁만을 목표로 삼는 데서 나아가 나치즘과의 사회적 대결을 이끌었던 학생운동의 지향점에 관해서는 명백한 연대 의사를 표명했다. 그는 의회 외부에서의 저항운동의 긴급한 필요성을 보았고, 비상사태법에 대한 저항을 지지했으며, 악셀 슈프링어 출판사의 신문 발송을 저지하려는 학생들의 바리케이트를 정당한 것으로 옹호했다. 그러나 예컨대 헤르베르트 마르쿠제와는 대조적으로, 그는 모든 형태의 행동주의와 폭력 사용을 거부했는데, 이는 그것이 부당하게 스스로를 혁명적 행동이라 사칭한다고 보았기 때문이다. 행동주의와 폭력 사용은 아도르노에게 파시즘 직전의 반反민주주의적 잠재력에 관한 기억을 일깨웠다. 그는

---

4   "코뮌(코무네) 1"이란 1967년 1월 서베를린에서 정치적 동기에 따라 형성된 학생들의 거주공동체(Wohngemeinschaft)를 말한다. 이 운동은 부르주아 핵가족 모델과 보수적인 사회에 대항하여 성립되었으며, 작가 한스 마그누스 엔첸스베르거의 빈집과 미국에 체류하는 작가 우베 존슨의 빈 아틀리에를 점거하여 그곳에서 사회의 구속 없는 자유로운 공동체적 생활을 고수하다가 1969년 해산하였다. 이후 독일에서 거주공동체는 비록 정치적 성격은 탈각되었지만 오늘날까지도 학생들의 보편적인 거주 형태로 제도화되었다.

5   오네조르크는 1967년 6월 2일, 민주화운동을 탄압했던 이란 황제의 서독 방문에 항의하여 일어난 베를린 시위에서 경찰관 칼 하인리히 쿠라스의 조준사격으로 사망한 학생 시위대의 일원이었다. 그의 죽음은 이후 독일 전역에서 경찰 탄압에 항의하는 학생운동을 촉발했다.

6   루디 두취케는 동독에서 망명한 학생이었으며, 독일 학생운동 조직인 SDS의 베를린 지역 리더를 맡고 있었다. 1968년 4월 11일, 그를 암살하려던 네오파시스트 청년 요제프 바흐만에 의해 머리에 총 세 발을 맞았지만 목숨을 유지할 수 있었다. 그러나 그 여파로 그의 건강은 악화되었으며, 후유증을 앓다가 1979년 사망하였다. 루디 두취케의 암살 시도 이후 독일 학생운동 세력은 이 암살이 우파 언론 『빌트(Bild)』지의 선동에 의한 것이라고 규정, 빌트지를 발간하는 악셀 슈프링어 출판사 앞에서 항의 시위를 벌였다.

죽기 직전 한 일간지 인터뷰에서 서독에서의 급진 민주주의 정치의 가능성에 관한 의견을 이렇게 표명했다. "결정적인 분기점은 아마도 현재의 사회적이고 기술적인 조건들 하에서 변혁적 실천이란 오로지 비폭력적이고 전적으로 기본법[7]의 틀 내에서 사고될 수 있다는 데에 있을 것입니다."(GS 20.1, 399)

아도르노의 철학적 작업은 이 최후의 시기에 그의 후기 저작인 『부정변증법』(1966), 그리고 1970년 미완결된 채 유고로부터 편집된 『미학이론*Ästhetische Theorie*』의 집필에 집중하는 것이었다. 많은 사람들은 그가 정치적으로 참여하지 않았다는 사실에 대해 불평하였다. 아마도 그는 그의 강의 활동이 이 시기 학생 봉기로 인해 방해를 받는 것에 대해 불안감을 느낀 것 같다. 즉, 아마도 봉기한 학생들은 그를 잘못된 판단으로 이끌었던 것 같다. 그는 1969년 프랑크푸르트 대학 학생들에 의한 사회조사연구소의 점거에 대한 두려움으로 인해 경찰에 협조를 요청했던 것이다. 여기에 더해, 그가 발터 벤야민의 유고 편집을 맡은 것에 반대하는 캠페인이 벌어졌다. 그는 벤야민이 이민 기간에 사회조사연구소에 의존해야 했다는 사실을 남용하여 이후 벤야민의 유고들을 조작했다는 부당한 비난까지 받았다. 1969년 7월, 그의 박사 과정 제자인 한스-위르겐 크랄Hans-Jürgen Krahl은 치안교란죄로 프랑크푸르트 법원의 재판을 받았다.[8] 아도르노는 이 재판에서 진술한 이후에, 아내와 스

---

7   독일의 기본법(Grundgesetz)은 서독 헌법을 의미한다. 1948년 5월 8일 제헌의회에서 제정되었고 이듬해 공식 선포되었다. 서독 지역만을 대상으로 하는 임시적 성격이 강해 헌법이라는 표현 대신 기본법이라는 명칭을 택했지만, 동독과의 통일 이후에도 계속 사용되고 있다.

8   한스-위르겐 크랄은 아도르노의 박사 과정 제자였으며, 프랑크푸르트 대학 학생운동 조직 SDS의 리더였다. 1968년 1월 학생 시위대가 사회조사연구소를 점거할 때 그는 이 운동을 이끌었고, 이 때문에 아도르노와의 관계가 악화되었다. 크랄과 학생 시위대는 비판이론가인 아도르노가 자신들을 경찰에 신고하여 해산을 요구했다는 사실에 격분했고, 거꾸로 아도르노는 제자들과 시위대가 우파 기관이 아닌 사회조사연구소를 점

위스에서 휴가를 보내기 위해 프랑크푸르트를 떠났다. 그곳에서 아도르노는 1969년 8월 6일 심장마비로 사망했다.

거하여 연구와 학술 활동을 방해했다는 사실에 분노했다. 사건이 있은 후, 아도르노의 경찰 투입 요청에 항의하기 위해 여성 시위대 세 명은 아도르노의 강의에 난입해 알몸을 드러내며 그를 조롱하는 퍼포먼스를 연출했고, 이에 충격을 받은 아도르노는 교육 활동을 접고 이듬해 심장마비로 사망했다. 이 시위 퍼포먼스가 그의 죽음에 직접적인 영향을 주었는지는 불분명하지만, 그가 몹시 수치심을 느끼며 말년을 보냈으며, 그와 학생운동 진영 사이에 감정적인 간극이 생겼다는 사실은 분명하다. 본문에 소개된 1969년 7월의 재판에서 아도르노와 크랄은 마지막으로 조우했고, 양측은 상대방을 비난하는 진술을 했다. 아도르노는 다음 달 사망했으며, 크랄은 이듬해 2월 교통사고로 사망한다. 이후 아도르노와 68 학생 시위대 사이의 이러한 갈등 관계와 비극적 결말을 어떻게 평가할 것인가 하는 것은 비판이론을 계승하는 이론가들에게 첨예한 문제가 된다.

2.

비판

1969년 6월 아도르노는 정치적 공론장과 철학에서 비판의 개념과 과제에 관해 성찰한 글을 『차이트Zeit』지에 기고했다. 여기서 아도르노는 이중적인 관점에서 비판적인 자세를 견지한다. 즉, 그는 '비판의 억압'뿐 아니라 '비판의 기능화'에 대해서도 논쟁을 제기했다. 그에게 양자는 모두 잘못된 것이었다. 그는 이렇게 쓴다. "나에게는 마치 공적인 비판의 정신은 그것이 정치적 그룹들에 의해 독점되어 공적으로 순응해 버린 이래로 확연한 후퇴를 겪은 것처럼 보인다. 희망컨대 내가 틀렸기를 바란다."(GS 10.2, 792) 이러한 표현에서 감지되는 것은, 학생 봉기의 논쟁 속에서 비판이론이 정치적 투쟁에 개입하지 않고 있다는 비난을 계속해서 받아왔다는 사실에 대한 아도르노의 불쾌함이다. 아도르노는 이러한 비난 속에 비판에 적대적인 독일적 전통의 변종, 즉 비판가에게 언제나 긍정성의 통행 증명서를 요구하는 태도가 자리 잡고 있다고 보았다. 아도르노는 68 시위대의 실천 숭배를 고찰하면서 이렇게 말한다. "직접적인 실천으로의 적용을 용인하는 긍정성에 대한 집단적 강요는 그러는 사이 사회에 대한 가장 거친 대립적 자세를 보이는 사람들을 사로잡았다. 결국 이를 통해 그들의 실천주의는 지배적인 사

회적 경향에 순응해 버렸다."(GS 10.2, 793)

　학생운동의 행동주의는 오늘날 역사가 되었지만, 그러나 다른 형태의 행동주의는 예전과 마찬가지로 여전히 존재한다. "권력을 갖지 않고, 자신의 의견을 관철시키지 않고, 공적인 위계질서에 자신을 편입시키지 않고 비판을 수행하는 사람은 침묵해야 한다."(GS 10.2, 789) 아도르노는 정치 공간에서 여전히 통용되는 반反개인적인, 권력에 집착하는 선입견을 이렇게 묘사했다. 예나 지금이나 (사회) 비판가들을 입 다물게 만드는 이러한 주장은 여전하다. 즉, 비판을 수행하는 사람은 어떻게 그것을 개선할 수 있는지에 관해서도 반드시 말해야 한다는 것이다. 아도르노가 언급했듯, 그래서 에리히 케스트너[1]는 '그렇다면 긍정적인 것은 어디에 있는가'라는 위선적인 질문으로 치장한 이러한 비난과 씨름해야 했다.

　그러나 오늘날에도 이러한 상황이 적용되는가? 오히려 비판은 호황을 누리고 있지 않은가? 누구나 비판적이고 싶어 한다. "비판적 사고"는 상대적으로 좋은 직업에 채용될 수 있는 전제가 되었다. "비판적 소비자"는 소비 영역에서의 고매한 이상이 되었다. 비판적 질문을 던지지 않는 토크쇼 진행자는 누구에게도 설득력을 주지 못하며, "비판 능력"은 시민의 미덕으로 간주된다. 그러나 이러한 가상은 기만적이다. 왜냐하면 근원에 대해 질문을 던지는 비판은 여전히 일종의 부정적인 "이미지"를 갖고 있기 때문이다. 서독에서 "급진주의자 법령"[2]이 재앙적 결

1　Erich Kästner. 풍자소설과 소년문학을 남긴 시인이자 소설가. 나치 시대에 집필 금지, 분서갱유 등의 박해를 받아 스위스로 피해 작품을 쓰며 연명하기도 했다.

2　흔히 독일은 민주주의의 선진국으로 불리지만, 나치즘을 겪은 뒤 곧이어 동서 분단의 와중에 독일 사회는 사상과 표현의 자유 면에서 매우 보수적인 입장을 취하기도 한다. 급진주의자 법령은 정치적 급진주의자들을 정치적으로 배제하는 조항을 의미하며, (좌우를 막론하고) 독일 헌법을 부정하는 사람들의 공공기관 취업을 금지하는 것을 골자로 한다. 이 때문에 독일에서는 공무원이나 공공기관 직원의 채용 시 연방헌법수호청(Verfassungsschutz)의 신원조회를 거쳐야 했다. 개인의 직업 선택의 자유를 정부가 금지하

과를 초래했던 1970년대와 마찬가지로 지금도 여전히 그러하다. 예나 지금이나 소위 '단순히 파괴적인' 비판에 대한 [분노의] 감정은 종종 사회적인 병폐를 인식 가능하게 만들지만, 어떠한 처방전을 제시하지 않는 사람들로 하여금 입을 다물게 만드는 데 기여한다. 그러나 비판이 부정적이라는 사실은 어쩔 수 없는 일이기도 하다. 어떤 것을 비판하거나 누군가를 비판하는 사람은 부정적인 태도를 견지한다. 그러는 한 실제로, 비판이 하나의 파괴적인 계기를 갖는다고 말할 수 있다. 이에 반해 일상적 언어는 "건설적 비판"을 내세운다. 그것은 파괴하지 않으며, 개선에 이바지한다는 것이다. 그러나 직업적인 비판가[비평가][3]들은 비판이 좋은 의도에서, 건설적인 제안들을 통해 사랑받게 (게다가 계산 가능하게!) 될 때에만 효력을 얻어서는 안 된다는 주장을 고수한다. 비판되는 바를 오히려 실행하고자 하거나, 최소한 어떻게 그것을 행해야 하는가를 알아야 한다고 주장하는 사람으로부터 비판이 비난받을 때, 비판을 그냥 수용하고자 하는 사람은 일종의 예방접종의 전략을 따른다. 현대 부르주아 사회에서 확산된 노동 분업의 과정에서 생산자와 비판가는 서로 분리되었다. 헤겔은 누군가에게 신발이 잘 맞는지를 판단하기 위해서 구두공이 될 필요는 없다고 쓴 바 있다. 그러나 다른 한편으로 그것은 보완적인 예방접종 전략이 될 수도 있다. 비판은 그것의 규범적 전제들을 시야에서 놓쳐 버릴 때 스스로 가볍게 될 위험에 빠진다. 비판은 이로부터 보호받아야 한다. 아도르노가 속해 있는 이론 전통에서의 비판의 기능에 대한 고찰은 여기에 어떠한 도움을 줄 수 있을 것이다.

는 조치에 대한 뜨거운 논쟁 속에 이후 폐지되었으며, 당시 채용이 금지된 피해자들은 현재 피해보상과 신원 구제 소송을 제기하고 있다.

3   Kritik은 '비판'이라는 의미 이외에도 '비평'으로도 번역될 수 있으며, Kritiker 역시 '비판가'로도, '비평가'로도 번역될 수 있다. 이에 따라 앞으로 이 단어는 독자의 매끄러운 독서를 위하여 철학과 정치에 관해서는 '비판'으로, 문학, 미학, 예술 등을 지칭할 때에는 '비평'으로 번역하기로 한다.

비판은 사유 자체의 본질적인 측면이다. 우리가 이성적으로 성찰할 때, 즉 우리가 체계적이고 종합적으로 사고할 때, 이미 우리는 비판적인 태도를 취하고 있는 것이다. 비판한다는 것은 구분하는 것이며, 근거를 가지고 결정하는 것이다. "비판Kritik"과 "위기Krise"는 단순히 단어의 역사적인 측면에서만 서로 결합되어 있는 것이 아니다.[13] 비판은 위기의 상황에서 '현존에 대한 부정'으로서 정점을 이룬다. 그러나 이 부정의 객관적 목적은 더 나은 것, 즉 긍정적인 것을 산출하는 것이다. 비판이 스스로를 '구성적'이라고 부를 수 있는 것도 이 때문이다. 계몽의 시대 이래로 비판의 부정적인 측면과 긍정적인 측면(또는 그 파괴적인 측면과 건설적인 측면)이 어떻게 서로 매개되어 있는가에 관한 숙고들이 이루어졌다. 계몽사상가들은 그 해결의 전제를 하나의 깨달음을 통해 얻었다. 즉, 비판이란 고립된 과제가 아니라, 이미 항상 철학의 일부라는 것이다. 물론 한편으로 문학비평가들과 예술비평가들이 있고 다른 한편으로 철학자들이 있지만, 비판의 방법과 목표 설정은 고유하게 철학적인 것이다. 에른스트 카시러Ernst Cassirer는 이 때문에 모든 지도적인 시대의 정신들에는 "철학과 문학적–미학적 비평 사이의 인격적 연합체"가 존재한다고 말했다. "그들 중 누구에게도 이러한 연합체는 우연적인 것이 아니며, 언제나 그리고 도처에 하나의 심층적이고 내적–필연적인 사태의 연합체가 문제 자체의 근저에 놓여 있다." 그가 파악한 바에 따르면, 계몽은 철학과 비판의 "공동체성"을 하나의 "근원적이고 실체적인 의미"로 지닌다. 계몽은 "철학과 비판이 간접적인 효력 면에서만 관련이 있고 서로 일치한다고 믿은 것이 아니라, 이 양자에게서 하나의 본질적 통일성을 발견하고 그것을 추구하였다."[14]

18세기에 비판이 철학과 미학에서 핵심 단어가 되었다는 사실은 사회적 구조 변동과 관련이 있다. 번영하는 시민사회는 자신이 주도권을 쥐고 있었던 공론장의 영역에서 형태를 갖추었다. 미학적 비평과 정치

적 비판이 양산된 커피숍과 살롱을 갖춘 도시의 생활양식은 여기서 핵심적 역할을 담당했다. [15]

　계몽 속에서 부르주아 계급은 그 자신에 걸맞은 대결의 형태를 만들어 내고는 현존하는 사회 형태에 비판적으로 대항했다. 독일에서 계몽의 비판적 충동을 밀고 나아간 것은 다름 아닌 칸트였다. 아도르노는 칸트의 비판철학이 "사회를 그 스스로 초래한 미성숙으로부터 해방되어야 한다고 보려 했다"는 점에서, 그리고 칸트가 "타율성, 즉 타인에 대한 복종과 대립하여 자율성, 즉 자신의 통찰에 따른 판단을 가르쳤다"는 점에서 "계몽주의자 칸트"에 동의를 보낸다.(GS 10.2, 786) 헤르베르트 슈네델바흐Herbert Schnädelbach가 서술하듯,

> 칸트에게서 이성의 자기 연관성은 지성의 성과를 체계화하기 위한 토대일 뿐 아니라, 그러한 성과를 비판하기 위한 토대이기도 하다. 지성의 비판, 즉 그 성과의 한계 규정은 진정 이성의 자기비판이다. 『순수이성비판』이라는 제목의 유명한 이중적 의미 역시 이를 보여 준다. 비판하는 이성과 비판되는 이성은 서로 다른 것이 아니다. 마찬가지로 [……] 칸트에게 비판 능력은 자기 자신을 파악하는 이성의 본질적 특징 [……] 이다. 자기 자신의 맹목성과 어리석음에 대항하는, 이성의 자기파괴와 자기소멸에 대항하는 이성의 자기비판, 이것은 아마도 칸트의 이성 개념이 현재에 제공하는 가장 중요한 유산일 것이다. [16]

　칸트는 그의 비판 개념을 학문적 작업으로 제약하지 않았으며, 바로 그러한 이유에서 그것은 사회적으로 영향력을 지닌다. 이것 역시 직접적으로 칸트의 유산에 속한다. 칸트에게 비판은 공론장의 과제였다. 점

진적으로 형성되고 있었던 시민사회에서 공론장 영역에는 하나의 중요한 기능이 속하게 된다. 그것은 사회적 집단의 학습 과정과 교육과정을 주도하는 것이었다. 이 과정은 사회적 집단을 인간의 자기규정에 필요한 자기의식적 심급으로 만들 수 있을 것이었다. "예술비평, 문학비평, 연극비평 그리고 음악 비평 단체들을 망라하여, 성숙한 또는 스스로를 성숙하다고 이해하는 청중들이 수행하는 비전문가적 판단이 조직되었다."[17] 정치적이고 철학적인 토론에서도 같은 상황이 전개되었다. 위르겐 하버마스Jürgen Habermas가 말하듯, 부르주아[시민] 층은 "초기의 커피숍, 살롱, 오찬 모임 등과 같은 단체들로부터 성장했으며, 이제 언론과 직업적 비판의 매개 심급을 통해 결속하는 청중을 형성하였다. 그들은 문학적 토론의 공론장을 형성하였으며, 이러한 토론 속에서 소小가족적 친밀성을 갖는, 넓은 공감대를 형성하는 주체성이 생겨났다."[18]

계몽은 "인간의 자기 자신에 의해 초래된 미성숙으로부터"[19] 개인적, 사회적인 탈출이라는 목표 설정으로서의 "기획"으로 이해된다. 그것은 "자신의 이성을 모든 측면에서 공적으로 사용"[20]할 수 있는 자유를 요구한다. 이러한 자유는 달성되고 지켜져야 한다. 이때 불가결한 것이 비판이다. 아도르노가 말하듯, 이 때문에 비판은 "모든 민주주의에 본질적이다. 민주주의는 비판의 자유를 요구할 뿐 아니라, 비판적 충동을 필요로 한다. 민주주의는 바로 비판을 통해 정의되는 것이다. 이러한 생각은 역사적으로 볼 때, 로크에서 몽테스키외와 미국 헌법을 거쳐 오늘날에 이르기까지 모든 민주주의가 근거를 두고 있는 권력분립의 개념이 그 중핵을 비판에 두고 있다는 점에서 현재성을 갖는다."(GS 10.2, 785)

이처럼 계몽에서 명확하게 드러나는 것은 비판의 부정적 측면이 그 긍정적 측면과 완전히 분리되지 않는다는 점이다. 비판은 비진리, 허위, 가상을 해체하고자 시도하며, 이를 통해 참된 것, 올바른 것, 그리고 본질적인 것의 구성을 위한 필수적 사전 작업을 이끌어 낸다. 그러나 이것은 단순히 이론적인 문제이기만 한 것이 아니다. 맑스가 말하듯, 비판은 두뇌의 열정이 아니라 열정의 두뇌인 것이다. 한편으로 우리가 받아들일 수 없는, 변혁해야 할 사회적 관계들에 대항하는 열정적인 투쟁이 서 있다. 그리고 다른 한편, '이러한 관계들의 본질이 무엇인가, 무엇이 이 관계들을 내적으로 만들어 내는가, 무엇을 통해 이 관계들은 인간을 존중하는 관계들과 구분되는가?' 등에 대해 질문하는 성찰이 서 있다. 허위적이고 악한 관계들에 대항해 투쟁하려는 노력의 열정은 "두뇌" 없이는 불발로 그치고 만다. 심장의 앙가주망Engagement을 위해서는 이성의 성찰이 필요하다.

여기서 거론되는 것은 19세기와 20세기의 비판이론이 전개한 비판 개념이다. 맑스에게서 철학은 우선 "모든 현존하는 것에 대한 가차 없는 비판"으로 전환되었다. "가차 없다는 것은 비판이 그 결과를 두려워하지 않을 뿐 아니라, 마찬가지로 현존하는 권력과 형성하는 갈등에 대해서도 두려워하지 않는다는 의미"[21]를 나타낸다. 나아가 맑스에게서 철학은 학문적인 "정치경제학 비판"으로 전환되었다. 현존하는 상태가 이성, 그리고 연대적인 인간 실천이라는 인도주의적 목표 규정에 비추어 볼 때 정당화될 수 없는 상황에서, 모든 현존하는 상태에 대한 가차 없는 비판가로서 맑스는 철저하게 계몽의 전통에 서 있었다. 그러나 비판을 또한 비판의 토대 자체에 적용함으로써, 그는 전승에서 벗어난 급진적 이데올로기 비판가가 되었다. 그가 보여 준 것은, 시민[부르주아]적인 공론장과 그것의 정치적인 기관들은 계몽적 비판의 출발 지점이었던 보편적 해방의 요구를 저해하는 경제적 전제들에 토대를 두고 있다는 사실이다. 부르주아 사회의 핵심에는 자본의 가치 증식 과정이 놓여 있다. 이것은 잉여가치를 얻기 위한 노력에서 비롯하는데, 잉여가치는 다름 아닌 임금노동자 계급으로서 부르주아 사회의 일부분이지만,

동시에 그 사회로부터 배제된 사람들에 의해 생산된다. 그들은 자유로운 상품 소유자지만, 또한 그들은 시장에 판매할 자신들의 노동력 이외에 어떠한 상품도 가지고 있지 못하다. 따라서,

> 당국의 규정으로부터 부르주아 사회의 해방은 [……] 사인私人들의 상호 교류 속에서 권력의 중립화로 이어지지 않는다. 그 대신에 부르주아적 계약의 자유의 형태들 속에서, 특히 소유주와 임금노동자 사이에 새로운 권력 관계들이 형성된다. 이러한 비판은 부르주아 공론장의 이념이 기대고 있는 모든 허구들을 파괴할 것이다. [……] 맑스가 대결했던 공론장은 보편적 접근 가능성이라는 그 자신의 원칙과 모순을 빚었다. 청중들은 더는 국민과의 동일시를 요구할 수 없었고, 부르주아 사회는 더는 사회 자체와의 동일시를 요구할 수 없었다.[22]

20세기의 비판이론은 이러한 맑스의 인식을 계승한다. 1930년대 호르크하이머와 사회조사연구소에게 중요했던 것은 해방, 자율성 그리고 성숙이라는 계몽적 이념을 이어받으면서도 동시에 어째서 인간이 겉보기에 자유로운 영역들로부터 새로운 낡은 지배를 인정하게 되었는가에 관한 설명을 제시할 수 있는 이데올로기 비판 개념을 발전시키는 것이었다. 이러한 고찰은 맑스의 이론을 권위적 지배의 정당성 이데올로기로 만든 소비에트식 날조에 대한 비판을 포함한다.[23] 이런 의미에서, 비판적 사유는 이성과 전 사회적 재생산과정의 유착을 파악하려는 목표를 갖는다. 맑스에게서와 마찬가지로 비판의 방법론적 측면과 내용적 측면은 여기서 상호 이행한다. 비판이론에게 중요한 것은 사회 전체의 변혁이다. 이때 그 규범적 척도는 "사회적 불의의 지양에 대한

관심"[24]이다. 여기서 비판은 또한 자기반성적이다. 즉, 비판은 그 척도를 비판의 대상이 되는 사태 자체에서 일부 차용한다. 아도르노에 따르면, 비판의 일차적 동기는 "현실을 그것이 기대고 있는 규범과 대조시키는 것이다. 현실은 '규범을 따르면 더 나아질 것이다'라는 태도로 규범에 의존하고 있다."(GS 10.2, 792f.) 따라서 사회는 그것이 모든 사람의 것이어야 한다는, 그리고 모든 개인에게 그들의 역량에 따른 좋은 삶을 보장해야 한다는 객관적인 요구를 얼마나 이행하고 있는가 하는 관점에서 평가된다.

호르크하이머가 그의 대표 논문인 「전통 이론과 비판이론Traditionelle und kritische Theorie」에서 전개하듯이, "실천적인 목적을 정당한 방식으로 사유를 통해 규정하고자 하는 시도"[25]는 자유로운 인간 공동체로서 도래할 사회의 이념을 제시하며, 그것이 현재의 기술적 수단들을 통해 어떻게 가능한가를 보여 주고자 한다. 그러나 아도르노가 말하듯, 비판으로부터 발생하는, 이러한 도래할 개선된 사회에 대한 이념을 통해 19세기 독일에서는 또한 시민적 사유의 자발적인 자기통제가 나타나기도 했다. 아도르노에 따르면 시민적-해방적인 정신의 사유를 향한 몸짓은 모순을 그 특징으로 하고 있다. 철학은 그 자신의 속박에서 풀려난 비판을 "침묵시키려" 시도한다는 것이다. 이것은 정치적으로 권위적인 "비판에 대한 적대"(GS 10.2, 786f.) 속에 통합되는 시도를 말한다. 아도르노에 따르면, "개별 시민들이 현실에 투항"해야 한다는, 『법철학』에서 비롯하는 헤겔의 관료국가 학설로부터, 비판가를 "분열자" 또는, 괴벨스의 표현대로, "트집쟁이"로 "비난"하는 태도가 직접적으로 귀결된다.(GS 10.2, 787f.) 아도르노는 "비판에 대한 독일적 선입견"을 위험스러운 "권력과의 동일시"로 사회심리학적으로 소급하는데, 그는 그의 말년의 공개적인 작업에서 이러한 동일시에 맞서 투쟁했다.(GS 10.2, 788과 790 참조)[26]

3.

이성의 자기비판

1933년 독일에서 더 이상 권력과 자신을 동일시하지 않으려 하거나 그럴 수 없었던 사람은 떠나야 했다. 그가 자신의 삶을 소중히 생각했다면 말이다. 파시즘에 의해 독일이나 유럽에서 추방된 다수의 비판적 지식인들에게 이민은 이중적 의미에서 결정적인 경험이 되었다. 그것은 권위주의 국가를 탄생시키고 그 안에서 번성했던 특수한 사회적 삶의 내용을 회고적으로 해명해 주었다. 또 그것은 "상처받은", 소외된, 전적으로 허위적인 삶 속에서 더 나은 삶에 대한 윤곽을 부정을 통해ex nega-tivo 규정하라고 강요하는 자극이 되기도 했다. 중요한 것은 개인의 의미 상실을 이해하고, 현대성의 엄격한 사회적 운동법칙으로의 개인의 종속을 개념화하는 것이었다. 이 운동법칙은 막스 베버에 의해 "쇠 우리stählernes Gehäuse"로, 맑스에 의해 "가치법칙"의 규율 하에서의 소외로 묘사된 바 있다. 자연법칙적 필연성의 특징을 지니는 것처럼 보이는 현대성의 표징은 명확하게 확인하고 해독할 수 있지만, 숙명론적으로 받아들여져서는 안 되는 것이었다. 사회비판적인 이론가들과 예술가들은 개인의 소멸 위협에 직면하여, 무방비 상태의, 위협받는 개인이 겪는 경험 속에서 커지게 된, 역설적으로 제기된 책임을 표현하고자 했다. "참으로, 나는 어두운 시대에 살고 있구나!"라고 베르톨트 브레히트 Bertolt Brecht는 그의 유명한 시 「후손들에게An die Nachgeborenen」에 적었다. 그는 발터 벤야민이 나치로부터 도피할 수 있도록 도와주기도 했다. 이 시에는 이어서 이런 구절이 등장한다. "순진무구한 단어는 어리석은 것이다. 매끄러운 이마는/ 무감각함을 드러낸다. 웃는 자는/ 끔찍한 소식을/ 아직 듣지 못했을 뿐이다./ 나무들에 대한 대화는 거의 범죄일 뿐이다/ 그것이 수많은 악행에 대한 침묵을 포함하기 때문이다./ 이 시대는 도대체 어떤 시대란 말인가!"[27]

여기에 상응하는 이론적 고찰은 아도르노의 『미니마 모랄리아』의 「박사님 감사합니다」라는 제목의 아포리즘(단문短文)에서 찾아볼 수 있다. 아포리즘 모음집인 이 책은 자신의 삶에 토대를 둔, 사회적 구조와 일상생활의 형태 변화에 관한 가장 민감한 고찰들뿐 아니라 그의 철학과 사회 이론의 핵심적 모티브들을 포함하고 있다. 이런 이유로 특히 아도르노가 "상처받은 삶에서 나온 성찰"이라는 부제를 붙인 이 저작이 계속해서 참고될 것이다.

「박사님 감사합니다」에는 이런 구절이 등장한다. "더 이상 순진무구한 것은 존재하지 않는다. 작은 기쁨들, 사유의 책임에서 면제된 것처럼 보이는 삶의 표현들은 고집 센 어리석음, 그리고 냉혹하게 스스로 눈을 감는 계기를 가질 뿐 아니라, 정반대의 것에 기여하기도 한다. 만개한 나무는 사람들이 공포의 그늘 없이 그 만개함을 지각하는 순간에는 거짓말을 하는 것과 같다. '얼마나 아름다운가'는 아름답지 못한 존재의 치욕에 대한 변명이다."(GS 4, 26) 아도르노는 개인적 현존과 사회의 전체 상태 사이의 간극에 대한 절망적 경험을 정교하게 첨예화했다. 사회의 몰락은 개인의 집단적 제거 속에서 성큼 다가왔다. 자연적 사물의 무개념적, 무주체적 존재조차도 도덕적 의미에서의 진리와 거짓의 척도에 예속되어야 한다는 것이다. 사회적 사건의 완전한 광기 속에서는 사물화된 인간들뿐 아니라 사물들조차도 그 참된 존재의 권리를 빼앗기며, 타자를 위한 존재가 될 뿐이다. 이성적으로 조율된 사회와 자연의 전체에 대한 주체의 객관적 요구는, 제2의 자연[1]으로 등장하는 사회의 비이성 상태에 의해 부조리한 방식으로 이끌린다. 이제 제1의 자연에서의 사물들은 주체의 거울 속에서 거짓말쟁이로 나타난다. 왜냐하면 그것은 자기 자신을 위한 존재라는 탁월한 삶의 유토피아를 거짓으로 꾸며 내는 것처럼 보이기 때문이다. 그러나 아도르노에 따르면, 올바른 삶의 가능성이 완전히 차단되었다는 잔혹한 통찰로부터, 그러한 삶의 가능성을 완전히 끝내지 않기 위해 주체에게 필요한 어떠한 힘이 자라날 수 있다. "공포를 직시하고 감내하며, 단호한 부정성의 의식 속에서 더 나은 상태에 대한 가능성을 붙잡으려는 시선 이외에는 어떠한 아름다움도, 어떠한 위안도 더 이상 존재하지 않는다."(GS 4, 26) 이것이 아도르노의 모든 이론적이고 미학적인 작업의 근저에 놓여 있는 핵심적 모티브다. 그렇다면 더 나은 상태란 오로지 현존하는 부정적인 것에 대한 부정으로서 나타날 수 있을 것이다. 보통 사람들이—동의하거나 반대하면서—아도르노의 "부정주의"의 특징이라고 고찰하는 이론

---

1 원래 헤겔에게서 유래한 개념으로, 인간의 외적 자연이 아니라 인간이 스스로 만들어 낸 자연을 의미한다. 구체적으로는 제도적, 객관적 사회 현실을 지칭한다. 이를 '제2의 자연'으로 부르는 이유는 그것이 자연으로부터 유래한 것이 아님에도 불구하고, 인간에게 자연과 같은 법칙적 강제성과 구속성을 행사하며, 인간의 본성을 형성하는 결정적 조건이 되기 때문이다. 루카치는 이 개념을 비판적인 의미로 전용하여, 제2의 자연을 '소외된, 사물화된 세계'로서 이율배반적 사회적 관계로 파악했다. 아도르노에게서도 루카치적인 용어 사용의 영향이 발견되며, 제도화된 사회적 질서가 개별자에게 행사하는 힘을 비판하려는 의도가 드러난다. 따라서 아도르노에게서 개인의 자연발생적인, 직관적 의식은 제2의 자연으로서 사회적 관계에 의해 구조화된 것으로 고찰되며, 비판적, 변증법적 사유는 이러한 의식의 자연발생성에 맞서 그 이면에 존재하는 (제2의 자연으로서) 사회적 관계의 억압적 성격을 폭로하는 것을 목표로 삼는다. 앞선 인용문에 등장하는 '만개한 나무'는 제1의 자연에 속하지만, 제2의 자연인 사회적 관계의 총체성이 갖는 억압성으로 인해 제1의 자연 역시 더는 순진무구한 상태로 남아 있지 않다. 제2의 자연은 결국 제1의 자연 자체의 성격을 규정하는 힘으로 나타난다.

적이고 실천적인 경향은 '현존하는 부정성에 대한 규정적 부정' 속에서 그러한 부정성의 극복을 예시하는 것 이외에 어떠한 의미도 가지고 있지 않다. 규정적 부정은 위협받는 개인들에게 "위안"을 건넬 수 있는 최후의 심급이다.

규정적 부정

우리가 다루고 있는 것은 아도르노 철학의 결정적 출발점이다. "규정적 부정bestimmte Negation"[2]은 헤겔 철학의 근본 범주였다. 그것은 헤겔 철학의 방법론적 원칙으로 고찰될 수 있다. 그러나 여기에는 문제가 있는데, 왜냐하면 이러한 고찰은 헤겔이 근본적으로 반대했던 내용과 방법의 분리를 전제하고 있기 때문이다. 헤겔에게서 모든 방법론적 논의들은 대상으로부터 고립된 것이 아니라, 오로지 각각의 대상들을 거쳐 등장한다. 헤겔에게 변증법은 대상 자체의 파악된[개념화된begriffene] 운동이다. 아도르노는 이러한 요구를 자신의 것으로 수용한다.

---

2 규정적 부정은 헤겔 변증법 철학의 제1원리다. 헤겔에 따르면 전통 철학은 부정성을 무, 즉 공백과 동일시했으며, 부정과 긍정을 추상적으로 대립시켰다. 그러나 어떤 것이 자기 존재의 규정을 얻기 위해서는 그것이 아닌 것과의 (부정적) 관계 속에서 자신의 규정을 정립해야 한다. 예컨대 '사과'는 '배'가 아닌 과일이며, 따라서 '사과'라는 개념의 규정 속에는 이미 '사과가 아닌 것', 즉 사과의 부정이 내포되어 있다. 이렇듯 어떠한 개념에 대한 (긍정적) 규정은 이미 부정적 내용을 포함한다는 의미에서, 부정성은 단순한 '없음'이 아니라 그 자체로 어떤 긍정적인 내용을 산출한다. 이러한 의미의 부정성을 헤겔은 (단순한 없음, 공백이라는 의미에서의) '추상적 부정성'에 대립하는 의미에서 '규정적 부정성'이라고 불렀다. 이렇듯 부정성이 어떤 본질적이고 구성적인 역할을 담당한다는 사고는 아도르노의 부정변증법 철학에 결정적인 영향을 미치며, 이 지점에서 아도르노는 헤겔의 (비판적) 제자라고도 할 수 있다. 헤겔과 아도르노의 규정적 부정 개념과 그 비판적 기능에 관한 설명으로는 옮긴이의 논문인 「규정적 부정과 내재적 비판: 헤겔과 아도르노의 비판적 방법론」, 『철학』 130권, 2017을 참조.

헤겔의 체계에서 사유는 자신의 진행 과정의 모든 단계에서 항상 자기 자신으로 머물러 있어야 한다. 따라서 사유는 그 대상과 분리되어 있다. 그러나 이를 통해 사유는 동시에 대상과 부정적으로 관계한다. 헤겔은 대상의 내재적 연역을 규정적 부정으로 파악한다. 자기반성, "사유의 사유"(아리스토텔레스)는 헤겔에 따르면 대상으로부터 고립된 채 얻어질 수 없다. 다시 말해, 사유는 언제나 동시에 어떤 것에 대한 사유인 것이다. 헤겔 관념론의 형이상학적, 인식론적 근본 전제는 개별자, 즉 개별적 존재자 또는 개별적 개념은 부정을 통해 구성된다는 것이다. 왜냐하면 그것은 하나의 계기로서 총체성에 포함되어 있으면서, 또한 개별자로서 총체성과는 구분되기 때문이다. 즉, 개별자는 부정적으로 총체성에 관계하며, 전체의 부분으로 파악될 때에는 다시금 부정된다. 개별 존재자는 자기 자신의 의식에 도달하기 위해, 처음에는 전체로부터 분리되어야 하지만, 다시금 그 상위의 전체에 통합된다. 즉, 개별적 사유 규정은 체계적인 개념적 구성의 일부분이 된다. 헤겔에 따르면 이러한 부정 속에서 총체성, 절대자가 생성된다. 그리고 이 모든 계기들, 즉 모든 관계항들은 개념화된 것으로서, 자신이 근원적으로 발생한 근거로 회귀한다. 다만 이는 다시 한번, 자신을 전체로부터 구분 짓기 위해서다.

헤겔에게 부정의 부정은 세계 진행의 동력이자, 사유의 논리적 과정의 운동법칙이 된다. 헤겔에 따르면 모든 사물은 그 자신의 내재적 부정성의 특징을 갖는다. 즉, 그것은 자신이 아닌 모든 것들과 부정적으로 관계하는 한에서만 그 자신이다. 그리고 모순, 즉 내재적 부정성들의 상호 충돌은 부정의 부정이라는 과정으로서, 세계 전체의 과정을 추동하는 것이다. 그러나 규정적 부정은 헤겔에게 부정성의 지양Aufhebung³으로, 즉 논리적 귀결에 따라 긍정성으로 파악된다. 왜냐하면 부정의 부정 속에서 규정적 부정은 그 자체 "지양"되며, "이러한 [……] 자기 자신에 대한 즉자적an sich 관계는 긍정"²⁸⁾이기 때문이다. 절대적 매개로서 보편적 부정성은 관념론의 마술 지팡이를 통해 긍정적 원칙으로 변신한다.

헤겔의 절대적 관념론은 사유의 원칙을 타당하고 불가피한 것으로 인식하였다. "내가 하나의 대상을 생각함으로써, 나는 그 대상을 사유로 만들며 그것으로부터 감각성을 받아들인다. 나는 그 대상을 본질적으로 그리고 직접적으로 나의 것으로 만든다. 왜냐하면 비로소 사유 속에서 나는 나로 남으며, 개념적 파악은 대상을 꿰뚫어 보는 것이기 때문이다. 이제 대상은 더 이상 나와 대립하지 않으며, 본래 나에 대립했던 것을 내가 나의 것으로 취하는 것이다. 아담이 이브에게 '너는 내 육신으로부터 나온 육신이며, 내 다리로부터 나온 다리'라고 말하듯, 정신은 '이것은 나의 정신으로부터 나온 정신이며, 타자성Fremdheit은 소멸했다'고 말한다. 모든 표상은 일반화이며, 이것은 사유에 속한다. 어떤 것을 보편적인 것으로 만든다 함은 그것을 사유하는 것을 의미한다."²⁹⁾ 헤겔에게 보편자와 특수자의 매개는 규정적 부정의 특수한 형태

---

3   지양(Aufhebung)이란 헤겔 변증법에서 유래된 개념이다. 이 단어는 동사 aufheben에서 파생되었는데, 여기에는 1) '제거하다', 2) '보존하다'라는 서로 대립하는 두 의미가 내 포돼 있으며, 동시에 이 단어 자체의 조합은 위로(auf) 끌어올리다(heben)라는 의미가 있어, 3) '고양시키다'라는 의미까지 포괄하고 있다. 종합하면, 변증법적 '지양'이란, 이 성적 인식이 어떤 대상의 유한성과 모순성을 근거로 그 대상의 현 상태를 소멸시키면서, 동시에 이를 통해 기존의 제한된 상태를 넘어 대상의 참된, 본래적인 요소를 보존시키고, 이를 토대로 하여 이 대상을 더욱 고차적인 단계로 고양시키는 과정을 의미한다. 부정의 부정을 통해 새로운 긍정에 도달하는 변증법적 운동 과정을 총괄하는 개념으로 이해될 수 있다. 본래 아도르노는 부정의 부정 혹은 지양 등 헤겔의 (긍정) 변증법 도식이 대립물을 인위적으로 종합시킨다는 이유로 이에 대해 매우 비판적이지만, 이 책의 지은이 역시 지적하듯, 어떤 의미에서 아도르노에게도 지양의 모티브가 발견되는 것이 사실이다.

다. 그가 여기서 전제하는 것은, 사유의 원칙이 또한 존재의 원칙이기도 하다는 것이다. 이러한 관념론적인 탈취는 사유가 존재를 규정한다는 가정의 토대를 이룬다. 이러한 가정은 존재 자체가 사유, 이념이라는 전제하에서 조화를 이룬다. 그럼에도 실제로 헤겔은 오로지 사유의 원칙을 전개할 뿐이다. 이를 통해 그는 인간들의 사회적 관계 ― 그리고 또한 우리와의 관계 속에 서 있는 자연 ― 는 실제로 이성에 의해 구성되어 있다는 것을 보여 주고자 했다.

　19세기 비판이론의 철학적 창시자인 맑스는 이러한 통찰로 후퇴하지 않으면서도, 규정적 부정이라는 헤겔 사유의 특징 그 자체를 '규정적으로 부정'하고자 했다. 그가 시도한 것은 우선 헤겔 사유의 비진리를 드러내고, 나아가 그것의 진리 계기를 변화된 형태로 수용하고자 하는 것이었다. 초기의 맑스에게서는 이미 아도르노의 관념론 비판의 근본적 모티브들이 나타나 있다. 이것은 특히 맑스가 헤겔의 정치철학을 내재적으로 비판하는 곳에서 명확히 드러난다. 그는 대상의 운동을 주시하라는,[30] 즉 그것을 그 고요한 본성에 합당하게 재현해야 한다는 헤겔의 요구를 진지하게 받아들인다. 그리고는 헤겔이 이러한 요구를 충족하지 못한다는 것을 보여 준다. 왜냐하면 정치적 현실성에 대한 헤겔의 사변적 구성은 현실적 대상과 그 참된 규정들을 사유의 규정 속에서 해소시켜 버리기 때문이다. 맑스는 헤겔 사변철학에서의 주어와 술어의 전도[4]를 폭로하고자 했던 포이어바흐의 유물론적 "사변철학 비판"[31]

4　포이어바흐는 헤겔의 절대정신 개념이 그 기독교적 본성에 따라 인간의 물질적 삶을 관념론적으로 전도시켰다고 비판한다. 즉, 헤겔의 철학적 명제에서는 절대성, 관념 등 정신이 주어가 되고, 인간의 물질적 존재는 술어가 된다. 그러나 포이어바흐가 보기에는 인간의 물질적 존재야말로 주어가 되어야 하고, 정신의 운동은 술어가 되어야 했다. 따라서 그는 헤겔에게서는 주어와 술어의 전도가 일어난다고 비판한다. 그에 따르면, '신은 인간을 창조했다'라는 명제는 '인간이 (자신의 필요에 의해) 신을 창조했다'라는 명제로 바뀌어야 했다. 포이어바흐는 이러한 방식으로 기독교와 헤겔 관념론이 주어와 술어가 물구나무 선, 전도된 세계를 만들어 냈다고 주장한다. 청년 맑스는 이러한 포이

을 계승한다. 이것이 의미하는 바는 헤겔 철학에서 활동적인 원칙, 즉 주어로 등장하는 것은 실은 도출된 것, 귀속된 것, 즉 주어의 술어로 인식되어야 한다는 것이다. 중세 말기의 유명론이 보여 주고자 했던 바는 형이상학적 원칙으로서 개별적인 사물들, 구체적으로 존재하는 사물들에게 그 본질을 부여하는 것은 그 자체로 존재하는 본질, 보편자가 아니라는 점이다.[32] 마찬가지로 포이어바흐는 헤겔에게서 드러나는 이념의 실체화를 탈주술화하고자 시도했다. 다시 말해, 그는 마치 그 자체로 존재하는 실체적 이념, 즉 세계 진행의 주체로서 본질적으로 모든 사물의 근저에 놓인 이념이 존재한다는 가상을 분쇄하고자 했다.

맑스의 논리학과 존재론의 전도에 대한 비판은 정치적으로 첨예해진다. 맑스에 따르면 헤겔 철학은 사태의 고유한 논리를 좇는 것이 아니라, 사유 규정들의 논리를 전개하여 이를 사태에 덧씌울 뿐이다. 헤겔은 개념의 자기 전개를 사태의 자기 전개로 치환하기 때문에, 객체, 즉 정치적 실재를 개념과 개념의 자기운동의 우연적 계기의 연속으로 탈각시킨다. 그는 『법철학』에서 국가의 "내적 필연성"을 연역함으로써, 국가 내에서 특수자의 이해利害와 보편자의 이해를 논리적 범주들을 통해 서술한다. 이러한 헤겔의 시도에 대해 맑스는 미시 분석적으로, 어떻게 헤겔이 실재적이고 역사적이며 사회적인 (재)생산과정의 순환으로부터 도출된 사유 규정들을 실체적인 힘과 혼동하는지를 보여 준다.

어바흐의 헤겔 사변철학 비판, 특히 주술 전도라는 비판 방법에서 영감을 얻었다. 이러한 맥락에서 그는 자본주의적 사적 소유를 인간의 본성을 소외시키는 관계로 비판한다. 그러나 맑스는 '인간의 물질적 존재'를 단순히 자연적 인간 본성으로 이해하는 포이어바흐를 넘어 구체적 사회 현실로 파악한다는 점에서, 포이어바흐의 소박한 자연주의적 유물론의 한계도 넘어서고자 했다. 나아가 후기의 맑스는 정치경제학 비판을 저술하기 위해 구체적 사회 현실을 개념적, 범주적으로 서술함으로써 현실에 대한 비판적 서술을 수행하기 위해 다시금 헤겔 철학의 요소들에 근접한다. 따라서 헤겔-포이어바흐-맑스의 관계는 (정설 맑스주의에서 주장하듯) 단순하지 않으며, 맑스의 사유의 전개는 일직선상의 과정을 밟아 나아가는 것이 아니라는 사실도 덧붙여야 한다.

이념은 신비화되어 강력한 힘을 갖는 본원적인 존재로 격상된다. 논리적 범주들은 주체가 된다. 구체적인 내용은 형식 속에 해소되며, 국가의 개념적 규정들은 그 자체로 대상이 되는 것이 아니라 형이상학적인, 그 자체로 존재하는 규정들로 파악된다. "사유가 정치적 규정들 속에서 구현되는 것이 아니라, 현존하는 정치적 규정들이 추상적 사유 속에서 증발되어 버리는 것이 철학적 노동이다. 사태의 논리가 아니라 논리의 사태가 철학적 계기가 된다. 논리학이 국가의 증명에 기여하는 것이 아니라, 국가가 논리학의 증명에 기여한다. [……] 그리하여 전체 법철학은 논리학의 삽입구가 된다."[33]

아도르노는 이러한 생각을, 헤겔의 사회 모델도, 맑스의 사회주의에 대한 확실성도 낡은 것이 되어 버렸음이 자명해 보이는 역사적 국면 속에서 현재화하였다. 그는 모순을 통과하여 정신과 현실 속에서 생성되어야 할 전체에 대한 헤겔의 편파적 관점은 사회적 총체성의 체계적 필연성을 통해 개인을 종속시키는 것으로 이어졌다고 보았다. "개념 속에서 구성되는 보편과 특수의 화해가 오늘날까지도 수행되는 일이 없이, 전사前史[5] 속에서 인간의 머리 위에 있는 객관적 경향이 개별적인 것의 무화를 통해 관철된다는 사실은 헤겔에게서는 일그러진 형태를 띠고 있다. 그는 압도적인 차가움을 지닌 채 다시 한번 특수자의 해소를 선택한다. 그는 어디서도 전체의 우위를 의심하지 않는다."(GS 4, 15) 아도

---

5   전사(Vorgeschichte)는 칸트, 헤겔 등 독일관념론과 맑스가 사용하는 역사철학 용어다. 참된 역사, 즉 인간이 주체적으로 자기 자신을 완성해 가는 역사가 도래하기 이전의 분열된 상태를 지칭하기 위해 이 용어가 사용된다. 칸트에게는 영원한 평화와 세계시민 사회의 도래 이전의 상태를, 헤겔에게는 근대 법치국가에서 자유가 실현되기 이전의 상태를, 맑스에게는 해방된 사회 이전의 계급사회와 '필연의 왕국'의 지배를 의미한다. 이렇듯 현재까지의 역사는 분열된 상태의 화해가 실현되기 이전 상태라는 점을 강조하는 의미에서 주로 사용된다. 칸트, 헤겔, 맑스 역사철학의 교차 내지 분기 지점에 대한 설명은 옮긴이의 책 『앙겔루스 노부스의 시선: 아우구스티누스, 맑스, 벤야민. 역사철학과 세속화에 관한 성찰』(에디투스, 2018)의 103-118쪽을, 전사 개념에 대한 설명은 154-158쪽을 참조.

르노는『헤겔에 대한 세 편의 연구Drei Studien zu Hegel』에서 헤겔의 관점이 계몽주의 철학, 특히 칸트가 주창한 개인의 자율성이라는 허구를 근본적으로 청산했다는 사실을 강조한다.(GS 5, 290 ff.) 문제는 헤겔이 이러한 허구를 잘못된 이유에서 깨부순다는 점에 있다. 그는 시급히 필요한 개인의 자율성이 전혀 실현되지 않았다는 사실을 보여 주고자 한 것이 아니라, 오히려 사회적으로 실현된 모든 개인의 자율성의 관점, 즉 "보편의 우위"(GS 6, 306)에 대한 특수성의 권리란 공허한 유토피아 이외에 아무것도 아니므로, 우리가 그것을 부디 잊어버려야 한다는 것을 보여 주고자 했던 것이다.

그러나 개별적인, 자유로운 자기규정과 사회적 전체 사이의 화해의 약속이 실행되지 않는 한—비로소 연대적 인간성만이 이를 실행할 수 있을 것이다—우리는, 아도르노가 맑스를 따라 보여 주듯, 여전히 "전사" 속에 살고 있는 셈이다. 맑스는 부르주아 사회구성체가 이러한 전사의 최후 단계일 것이라고 상정했다. 왜냐하면 그것은 이미 인간적 역사의 근본적인 구성 요소들을 포함하고 있으며, 인류의 해방 과정의 시초를 촉발하고 있기 때문이다. 그가 보기에, "부르주아적 생산관계는 [……] 사회적 생산과정의 최후의 적대적 형태다. 적대적이라 함은 개인적 적대라는 의미가 아니라, 개인들의 사회적 생활 조건으로부터 발생한 적대를 말한다." 그러나 맑스는 또한 다음과 같이 확신한다. "부르주아 사회의 모태에서 발전되는 생산력들은 동시에 이 적대를 해소할 물질적 조건을 창출한다. 따라서 이 사회구성체와 더불어 인간 역사의 전사는 종결된다."[34]

20세기의 비판이론은 이러한 확신을 더 이상 갖고 있지 못했다. 아도르노에 따르면 "전사"는 예측 불가능한 수준으로 연장되었지만, 동시에 "부르주아 사회"는 결정적으로 변형되었다. "객관적 경향", 즉 "객관적인 힘"(GS 4, 15, 13)은 아도르노가 보기에 잉여가치를 추구하는 상품

생산 과정에 의해 규정되는 특징들이다. 아도르노에 따르면, 현재의 사회는 생산과정의 감독 하에 서 있다. 즉, 생산과정은 오늘날까지 지속하는 현대사회 속에서 자립화되어 스스로 자신의 인간적 가능성을 왜곡하고, 인간의 생존을 가능하게 만들기는커녕 주체 없는 총체성으로서 인간을 부속품으로 격하시켰다. "개인과 그의 의식에 선행하는 객관성의 경험은 총체적으로 사회화된 사회의 통일성의 경험이다"(GS 6, 309)라고 아도르노는 『부정변증법』에서 서술한다. 여기서 아도르노는 헤겔이 강조한 "절대적 동일성의 철학적 이념"(GS 6, 309)이 왜곡된 형상으로 실현되었다고 인식한다. 맑스와 마찬가지로 아도르노는 동일성이나 전체가 논리적 모순을 거쳐 실현되지 않았으며, 오히려 최상의 실재적인, 고통스러운 사회적 적대를 통해 실현된 것이라고 보았다. 이 때문에 그는 『정신현상학』에서 세계 전체와의 연관성 속에 등장하는 헤겔의 유명한 명제인 "진리는 전체다. 전체는 오로지 그 전개를 완성하는 본질이다"[35]를 뒤집는다. 아도르노는 사회적 전체를 겨냥해 이렇게 말한다. "전체는 비진리(허위)다."(GS 4, 55)

비판이론에서 전체 개념은 포기될 수 없는 것인데, 이는 비판이론이 이 개념 없이는 자신의 대상인 사회를 파악할 수 없기 때문이었다. 이런 조건에서 아도르노는 헤겔을 이어받고 있다. 그러나 전체에 대한 '비판적' 개념은 '현존하는 전체에 대한 실천적 변혁'의 관점을 선취해야 한다는 것을 전제한다. 그런 점에서 아도르노는 맑스 이론의 해방적, 혁명론적 노선을 따라가고 있다. 맑스가 보기에 규정적 부정은 이론적인 비판일 뿐 아니라, 무엇보다도 실천적인 비판이었기 때문이다. 맑스에 따르면 관념론 철학은 그 자신의 역사적이고 사회적인 토대를 부정한다. 맑스는 "인간을 천대받고 구속받고 버림받으며 경멸당하는 존재로 만드는 모든 관계를 전복시키는 정언명령"[36]을 통해서 이러한 부정을 다시금 부정한다. 그러나 헤겔이나 맑스와 달리 ─ 『미니마 모랄리아』에서 이들의 철학은 호르크하이머의 용법을 가져와 "전통 이론"과 "비판이론"으로 분류된다(GS 4, 170)[37] — 아도르노는 형이상학적이거나 역사적인 화해의 관점조차 더 이상 제시하지 않는다. 맑스가 보기에는, 철학의 내용을 변혁적 실천을 매개로 사회적 현실로 증명해 낼 가능성이 실현될 순간이 도래했다.[38] 아도르노에 따르면 이 가능성의 실현은 오늘날 지속적으로 차단되고 있다. 그의 눈에는 19세기의 관념론 철학과 유물론 철학이 약속했던 자유와 자율성을 실현할, 자유로운 사회를 정치적으로 실현하기 위한 전례 없는 기회는 상실된 것으로 보였다. 평의회 공화국$_{\text{Räterepublik}}$[6] 기획의 좌절 이후 민주적인 중간기[독일 혁명과 바이마르공화국 시기]는 권위주의 국가로 귀결되었는데, 이 권위주의 국가는 독일의 위대한 철학의 정당한 유산인 비판적 지식인들을 국외로 추방했다. 이러한 좌절은 아도르노에게 정치적 전환점이 되었다.

계몽의 이중적 성격

『미니마 모랄리아』를 쓰는 와중에, 아도르노는 호르크하이머와 함께

---

6 1918년 11월 일어난 혁명의 분위기 속에서 바이마르공화국이 성립되고, 독일 바이에른 주에는 독립사회민주당(USPD) 주도 하에 자유국가(Freiheitsstaat)를 표방하는 진보적인 정부가 들어섰다. 그러나 여기에 만족할 수 없었던 혁명 세력은 1919년 4월 뮌헨에서 러시아의 소비에트를 모방한 노동자 평의회(독일어로 레테Räte라고 한다)를 권력의 기초로 삼는 사회주의 공화국을 표방하며 정치적 자치를 시도했다. 4주간 지속된 평의회 공화국은 밤베르크를 중심으로 일어난 우익 의용대에 의해 군사적으로 침탈되어 무려 2천여 명이 학살되면서 역사의 뒤안길로 사라졌다. 이후 바이에른 주는 급속도로 우경화되면서, 급기야 1923년 히틀러의 뮌헨 폭동 이후 나치즘의 발원지가 되었다. 사회주의적 성격을 지니고 있었던 바이에른 주 평의회 공화국의 붕괴와 혁명의 실패, 나아가 바이마르공화국 자체의 붕괴와 나치즘의 집권은 이후 프랑크푸르트학파의 비판적 지식인들이 대결해야 했던 역사적인 문제가 되었다.

비판이론의 중대한 철학적 저작인 『계몽의 변증법』을 저술했다. 이 책은 사회조사연구소의 집합적 연구에서 1940년대 시작된 개별적인 철학적 작업으로의 이행을 나타냈다. 그것은 전환된 역사적이고 사회적인 상황에 대한 반응이었다. 이들의 눈에는 세계의 나머지 부분은 파시즘에 대해 단지 정치적, 경제적 전체주의를 향한 보완적 경향만을 대립시킬 뿐이었다. 이러한 파시즘의 개선 행렬에 직면하여, 상호 학문적 지향을 갖는, 여전히 혁명적 변화를 희망하는 유물론적 이론을 통해 작업을 수행한다는 것은 이 저자들에게는 더 이상 확실해 보이지 않았다. 『계몽의 변증법』에 따르면, 오히려 이 시점에 주목해야 하는 사실은 "어째서 인류는 참된 인간적 상태에 도달하는 대신에 새로운 종류의 야만으로 퇴보했는가"(GS 3, 11) 하는 것이다. 이를 설명하기 위해서 이 책은 현대적 합리성과 신화가 상호 결합하였다는 변증법적 테제를 내세운다.

지그프리트 크라카우어는 이미 1927년 그의 에세이 『대중의 장식Das Ornament der Masse』에서 이러한 생각을 정식화했다. 부흥기의 베를린에서 춤을 췄던 틸러 걸스Tiller-Girls[7]의 형상과 같은 현대 대중문화의 미학적 형식들에 관한 그의 천재적 분석들 속에서는 대중문화의 표면에 드러나는 현상과 그 사회적 근거 사이의 구조적 관계들이 형성되었으며, 이 구조적 관계들은 하나의 역사적 지표를 가지고 있었다. 크라카우어는 이성과 자연의 변증법 —신화의 합리성과 합리성의 신화적 성격에 관한 변증법 —을 일종의 포장으로 보았는데, 이 포장 위에서 타율적으로 결정된 인간의 전사前史 속에서 미해결된 것이 인간의 사회적 삶의 가장 현대적 형태들 속에서 강박적으로 그리고 구원되지 않은 채 반복되고 있다는 것이다. "역사의 과정은 신화 속에서 대지와 하늘을

---

7   존 틸러(John Tiller)가 고안한 춤 공연팀을 일컫는다. 이들의 공연은 다수의 여성들이 한 몸처럼 수행하는 집단 군무, 특히 발을 높이 차는 동작으로 유명하다.

지배했던 자연의 힘에 대항하는 나약하고 희미한 이성에 의해 쟁취된다. 신들의 황혼 이후에도 신들은 물러나지 않았으며, 인간의 외부와 내부에 있는 오래된 자연은 지속하고 있다."[39] 그러나 이러한 지속은 개념화되지 않는다. 보수주의자들의 유기체적 사회 이론과 민족주의자들의 공동체에 대한 광적 집착 속에서는 화해되지 않은 자연이 잘못된 형태로 주장되고 있다. 그러나 그에 대한 반대 극인 "계몽의 기획"에서도 사정은 본질적으로 다르지 않다. 앞을 향해 나아가는 계몽 기획의 합리성은 결코 자기 자신에게로 돌아오지 않는다. 크라카우어는 점점 더 합리적으로 계산되고 구성되는 어떤 경제 영역의 산물을 통해 이를 보여 준다. 이 영역은 1920년대 등장한 대중문화를 말한다. 그는 대중문화의 모순적 동일성에 대해 거론한다. 대중문화의 형식적인 표면상의 합리성은 노동 분업적인, 곧 테일러주의적으로 분해된 구조에서 기인하는 것이다. 이 구조는 무의미한 개별 부분들을 통합하여 이루어지는데, 이 개별 부분들이란 바로 개별 인간을 말한다. 그러나 이들 인간들의 자연[본성], 그들의 개별적 특수성과 욕구 등은 고려되지 않는다. "대중의 장식은 지배적 경제체제에 의해 추구된 합리성의 미학적 반영이다."[40]

자본주의 시대는 탈주술화를 향한 노정 위에 있는 시기이다. 오늘날의 경제 체제에 귀속된 사고는 이전에는 허용되지 않았던 자연에 대한 [……] 지배와 이용을 가능케 하였다. [……] 그러나 자본주의적 경제체제의 합리성은 이성 자체가 아니라 희미해진 이성이다. 어느 특정한 순간부터 이성은 그 자신이 참여하고 있는 진리를 곤경에 빠트려 버렸다. 이성은 인간을 포함하지 않는다. 인간에 대한 고려를 통해 생산과정의 주기가 조절되는 것도 아니고, 경제적이고 사회적인 조직체가 인간 위에 건립되는 것도 아니며, 어느 지점에서 인간의 근거가 체제의 근거가 되는 것도 결코 아니다. 왜냐하면 중요한 것은 자본주의적인 사고가 인간을 역사적으로 성장하는 형상으로 돌보아야 한다는 것이 아니고, 그것이 인격성으로서의 인간을 가만히 내버려두어야 한다거나 그 자신의 자연에 의해 제기된 요구들을 만족시켜야 한다는 것도 아니기 때문이다. 이러한 견해의 대변자들은 자본주의적 합리주의가 인간을 박해한다면서 자본주의를 비난하고는, 자본주의보다 더 바람직한 방식으로 인간성을 내포할 공동체의 새로운 도래를 열망한다. [그러나 이러한 비판가들은] [……] 자본주의가 지닌 결함의 핵심을 놓치고 있다. 자본주의는 너무 많이 합리화하고 있는 것이 아니라, 너무 적게 합리화하고 있다. 자본주의가 담지하는 사고는 인간의 근거로부터 말해지는 이성을 향한 완성을 거역한다.[41]

아도르노와 호르크하이머는 『계몽의 변증법』에서 더 이상 "인간"에 관해 언급하지 않는다. 이들의 논증은 방법론적으로 더 이상 크라카우어에게서와 같이 현상학과 생철학을 비판적 맑스주의[42]와 결합시키는 것으로 특징지을 수 있는 것이 아니다. 그럼에도 이성과 신화의 혼합이라는 『계몽의 변증법』의 근본 동기는 크라카우어로 소급된다. 크라카우어는 이러한 사고를 다음과 같이 요약한다. "대중적인 장식裝飾이 이성의 측면에서 인식된다면, 그것은 추상적인 의복을 걸친 신화적 숭배로 나타날 것이다."[43] 그에 따르면, 멀지 않은 시점에 파시즘이 동원하게 될 대중의 장식은 신화적인 의복을 걸친 추상적인, 즉 이 경우에는 외적이고, 신뢰받지 못하는 숭배로 읽힐 수 있다.

『계몽의 변증법』이 얻은 또 다른 주요한 영감의 원천은 에세이집 『일방통행로』(1928)와 「역사의 개념에 관하여」(1940)의 테제들에서 전개되는 발터 벤야민 철학의 모티브들이었다. 『일방통행로』에서 벤야민은 어린아이들의 행동 속에서 드러나는 인류의 애니미즘적-주술적 시대의 반복, 그리고 목적 지향적 합리성이라는 방향 설정을 향한 점진적 이행을 신화적 사고와 계몽적 사고의 혼합으로 해독한다. 세계의 탈주술화와 주술에 홀린 상태는 좋은 의미로든 나쁜 의미로든 서로 분리할 수 없는 것이다. 집에 숨어 있는 아이들은 대상에 미메시스적으로 밀착하고, 그런 방식으로 대상을 다루는 법을 배운다.

커튼 뒤의 아이는 스스로 바람에 나부끼는 하얀 것, 유령이 된다. 아이는 식탁 밑에 웅크리는데, 식탁의 다리는 네 개의 기둥이 되어, 아이를 나무로 된 사원의 우상으로 만들어 준다. 그리고 문의 뒤에는 또 다른 문이 있는데, 그것은 두터운 가면으로 여겨지며 매혹적인 것이 된다. 아이는 마술 사제가 되어 머릿속에 의미 없이 떠오르는 모든 것들에 주술을 건다. [……] 이제 집은 가면들의 병기고인 것이다. 그러나 일 년에 한 번 비밀스러운 장소에서 그 비어 있는 눈구멍에, 꽉 다문 입에 선물이 놓이게 된다. 마술적 경험은 과학이 된다. 아이는 기술자가 되어 음침한 부모의 집에서 마법을 벗기면서, 부활절 계란을 찾는다.[44]

『계몽의 변증법』에서 더욱 중요했던 것은 벤야민이 그의 최후의 저작에서 역사에 관해 제시한 파국적인 관점이었다. 「역사의 개념에 관하여」의 9번 테제에서 벤야민은 파울 클레의 작품 〈앙겔루스 노부스 Angelus Novus〉의 이미지로부터 "역사의 천사"의 알레고리의 영감을 도출한다. 피안彼岸 관점에서 이 천사에게 드러나는 것은, 우리에게 "일련의 사건들"로 나타나는 인류 전체의 역사적 과거가 "폐허들로 뒤덮여 있으며 이 폐허들을 그의 발 앞에 쌓아 놓는 유일한 파국"이다. "그는 그 자리에 머물러 죽은 자를 깨우고 파괴된 것을 모으고 싶어 한다. 그러나 천사의 날개를 사로잡은, 그가 날개를 접을 수도 없을 만큼 강한 폭풍이 천국으로부터 불어온다. 천사 앞의 폐허더미가 하늘로 치솟으며 쌓여 가는 동안, 이 폭풍은 그의 등이 향하고 있는 미래로 그를 끝없이 몰아넣는다. 우리가 진보라고 부르는 것은 이러한 폭풍이다."⁴⁵⁾

벤야민은 제2인터내셔널이 가지고 있었던 보편사적인 진보의 신조에 대한 격렬한 저항을 혁명에 대한 자신의 새로운 테제를 통해 표현한다. 그에 따르면, 자신의 개념에 부합하는 혁명은 역사를 완성하는 것이 아니라 "역사의 연속체를 폭파"⁴⁶⁾해야 한다. 벤야민은 파시즘에 의한 모든 혁명 세력의 파괴에 관한 시선을 담아 다음과 같이 쓴다. "진보의 표상에 대한 비판"⁴⁷⁾은 패배자들, "억눌린 자들"의 관점으로부터 "오늘날 우리가 사는 '비상사태'가 예외가 아니라 상례가 되었다는 점을 가르쳐 준다. […] 우리가 지금 체험하는 것들이 20세기에도 '여전히' 가능하다는 사실에 대한 놀라움은 결코 철학적인 놀라움이 아니다. 이 놀라움은 그것이 생겨나게 하는 역사에 관한 표상이 유지될 수 없다는 인식이 전제되지 않으면 다른 어떤 인식의 출발점도 되지 못한다."⁴⁸⁾ 이에 따르면 역사는 오로지 부정적으로 재구성될 수 있을 뿐이다.

『계몽의 변증법』의 저자들은 벤야민의 부정적 역사철학을 이성 비판의 영역으로 전치한다. 20세기는 계몽의 목표를 실현하였다. 합리성과 과학은 전면적으로 확장되었다. 자연을 지배하고 인간에게 자립적인 삶을 허용하려는 이전의 신화적인 시도들, 즉 호르크하이머와 아도르노에 따르면 계몽의 역사적 이전 형태들은 기술과 산업에 의해 대체되었다. 진보의 합리성은 신화적 세계 해석이 주는 확실성을 해체하였다. 이성의 지속되는 형식화 과정은 영원한 신들의 황혼으로 기술되었으며, 이는 결국 확장된 "자본의 합리성"⁴⁹⁾의 감독 하에 신의 죽음으로 정점에 도달하였다. 그러나 이는 오로지 탈주술화된 전前 합리적 이상理想의 자리를, 형식화된, 과학적으로 축소된 체계적 이성이라는 [또 다른]

우상화된 허위적 이상으로 대체하는 것에 불과하다. 호르크하이머와 아도르노는 계몽의 개선 행렬 속에서 그 대립물을 보았다. 이성은 지배의 수단이 되었다. 과학적 합리성은 적합한 것이든 그렇지 않든 상관없이 모든 것을 종속시키는 굳어 버린, 폐쇄된 체계가 되었다. 현대적 생산력의 가장 발전된 상태는 상상할 수 있는 가장 강력한 파괴, 전쟁, 그리고 산업적으로 조직화된, 대규모의 인간 학살에 기여했다. 이러한 점에서 계몽은 실현되지 않았다. 혹은 호르크하이머와 아도르노가 정식화했듯이, "계몽은 신화로 후퇴했다."(GS 3, 16)

이러한 계몽의 "자기파괴" 과정은 계몽의 "자기반성"을 통해 중단되어야 한다.(GS 3, 12f.) 저자들은 이성으로부터 벗어나려 하지 않으며, 이성의 "타자"를 치료약으로 제시하려 시도하지도 않는다. 오히려 그들은 이성의 급진적 자기비판의 토대를 구상하고자 했다. 그들은 "계몽의 해체를 자신들의 가장 고유한 과업으로 여기는 유행 이데올로기"(GS 3, 63)와 투쟁했다. 이를 통해 그들은 슈펭글러Spengler, 클라게Klage 또는 보르하르트Borchardt의 반동적인 계몽 비판과 문명 비판과 명백하게 구분된다. 물론 모더니티에 대한 이들의 냉철한 부정적 평가는 호르크하이머와 아도르노에게 어느 정도 영향을 주기도 했다.(GS 10.1, 47ff. 참조) 그러나 호르크하이머와 아도르노는 계몽에 대한 퇴폐적 이론을 정식화하려는 것이 아니었다. 그들은 "계몽의 이중성"을 강조했다. 이 이중성은 "역사적 기본 모티브로서" 하나의 특정한 정신사적 시대에 속하는 것일 뿐 아니라, 니체의 흔적 속에 진일보하는 사유로 이해되는 계몽의 개념 자체에 속하는 것이다. 따라서 계몽에 대한 분석은 "전승된 역사의 시초로 확장"(GS 3, 62)된다.

이 책은 5개의 장과 1개의 아포리즘 모음을 포함하고 있다. 우선 변증법적인 "계몽의 개념"이 전개된다. 이어지는 「보론」에서 아도르노는 『오딧세이아』의 독해를 통해 현대 주체성의 발생을 재구성한다. 길을 헤매고, 지략을 통해 목숨을 부지하는 영웅[오디세우스]은 "시민적 개인의 [……] 원형"으로 해석된다. "이 개념은 방랑하는 자가 그 태곳적 유형을 보여 주는 통일적인 자기주장 속에서 태어났다."(GS 3, 61) 아도르노가 보여 주고자 한 것은 신화에서 발생한 서사시에는 이미 주체의 자율성이라는 계몽의 기본 모티브가 그 자신도 의식하지 못하는 변증법적 형태 속에 기입되어 있다는 것이다. 호르크하이머는 두 번째 「보론」에서 계몽과 도덕철학 사이의 연관성을 분석한다. 그에 따르면 시민적 사유는 그 이상을 과학적 이성의 빈틈없는 체계성 속에 가지고 있었다. 그러나 과학적 이성은 그 자신으로부터 도덕적 직관을 합리적으로 정당화하는 데에서 무능함을 드러냈으며, 따라서 이를 무기력한 도덕적 선언들로 이끌었을 뿐이었다. 이에 반해 사드de Sade와 니체 같은 시민계급의 비도덕주의적인 어두운 작가들이 성취한 것은 "계몽의 귀결"을 "그 옹호론자들과 달리" "조화로운 교설을 통해 왜곡하고자 시도"했다는 것이다. "그들은 형식주의적인 이성이 비도덕이 아니라 도덕과 더 밀접한 연관성 속에 서 있다고 날조하지 않았다. 밝은 저자들이 이성과 악행 사이의, 시민사회와 지배 사이의 뗄 수 없는 결합을 부인함으로써 지켜냈다면, 저 저자들은 가차 없이 충격적인 진실을 발설하였다."(GS 3, 139) 「문화산업」 장에서 전개된 아도르노의 사유에 따르면, 신화의 기본 모티브인 동일한 것의 영원한 회귀[8]는 20세기 대중문화의 원칙이기

---

8 '영원회귀'는 니체의 형이상학적 핵심 개념 중 하나로, 모든 존재의 생명은 힘에 의지함을 따르는 끝없는 반복적 생성 운동 속에 놓여 있다는 의미를 담고 있다. 니체는 근대 계몽주의의 진보 사관에 대항하여 고대인들의 사고방식이었던 시간의 반복이라는 주제를 소생시켰는데, 아도르노는 이러한 니체의 진보 비판을 일부 수용하여, 대량생산을 주요 특징으로 하는 20세기 산업사회, 그리고 문화산업에 이르러 동일한 것의 무한한 반복이 사회의 주요 특징이 되었다는 사고를 제시한다. 즉, 아도르노는 '동일한 것의 반복'이라는 니체의 아이디어를 수용하지만, 그것을 니체와 같이 형이상학적 명제로 제시한 것이 아니라, '자본주의적 생산과 재생산의 시간성'이라는 주제를 담아 내기 위한 비판적 개념으로 차용한다.

도 하다. 20세기 대중문화는 최상의 기술적 상태에서 생산되며, 그 생산물을 통해 소비자들을 항상적인 반복의 굴레 속에 가두어 놓는 것이다. 결론적으로 두 저자는 「반유대주의의 요소들」이라는 장에서 합리성의 역사적 운동으로서 계몽의 좌절을 분석한다. 여기에는 레오 뢰벤탈의 영향 역시 드러난다. 이 장에서는 사회심리적이고 경제 비판적인 모티브들이, 이후 점차 비판이론에 불가피해지는 미메시스적 태도에 관한 이론과 결합된다. 파시스트 선동가들은 인종학살을 시작하기 위해, 그들이 증오했던 유대인의 특징들과 희생자들의 행동 양식을 닮아 갔다. 인종학살 속에서 가해자들은 퇴행적으로 그들의 태곳적 폭력 충동들을 펼쳐 낼 수 있었던 것이다. 그러나 선동가들의 트릭, 그리고 과학적-기술적으로 관리되는 인종학살은 최상의 합리적인 기획이었다. 지배의 지속을 위해 개인들의 퇴행적 욕구들을 이용하기 위해서, 초기[전前 합리적] 발전 단계에 속하는 모방의 충동은 권위적 지배에 동원된다. 문명은 자기보존을 위해 문명 이전으로의 퇴행을 이용하며, 이를 통해 자신의 성과가 실패했음을 보여 준다. 『계몽의 변증법』은 호르크하이머의 아포리즘 모음집을 끝으로 마무리되는데, 여기서는 이 책의 이성 비판적이고 인간학적인 모티브들이 압축적 형태로 다양화된다.

책의 텍스트는 1944년에 복사된 타자기 원고 형태로 사회조사연구소에 의해 '철학적 단상'이라는 부제를 달고 발행되었으며, 1947년 암스테르담 크베리도Querido 출판사에서 책으로 출간되었다. 이 책은 일종의 근원으로서의 효과를 만들어 냈다. 아도르노가 언제나 말하기를, 그의 이후 주요 저작들은 모두 『계몽의 변증법』의 보론으로 이해될 수 있다는 것이다. 그러나 이 책은 독일에서 출간되지는 못했다. 정보를 상세히 알고 있던 사람은 암스테르담에서 나온 판본을 구입할 수 있었겠지만, 이는 오직 소수의 독자들뿐이었다. 학생운동의 시기에는 『사회조사연구지』에 실린 호르크하이머의 논문들과 마찬가지로 이 책의 해적판이 널리 퍼졌다. 이제 호르크하이머는 더 이상 『계몽의 변증법』의 새 판본에 대한 절박한 요청을 막을 수 없었으며, 아도르노는 이전부터 이에 반대하지 않았다. 1969년, 새 판본이 피셔Fischer 출판사에서 발간되었다.

어떤 사람들은 호르크하이머와 아도르노가 『계몽의 변증법』에서 벤야민의 "역사의 천사"의 관점을 취하였고[50], 이것이 이 책에서 두드러지게 나타나는 숙명론적 성격으로 이어졌다고 비판적으로 지적하기도 했다.[51] 그러나 이러한 『계몽의 변증법』의 난점은 역사적 과정에 관한 신랄한 비판적 이론을 개념화할 수 있도록 해준다. 호르크하이머는 처음부터 이를 의도했던 것이다.[52] 이를 통해 비판이론의 철학적 방향을 강화해 주는 총체성의 관점이 획득되었다. 물론 이러한 방향은 사회조사연구소의 연구 영역을 드러내는 호르크하이머의 연구들에서 처음부터 이미 분명하게 강조되고 있었다. 『계몽의 변증법』이 다루는 주제는 단지 나치즘만이 아니었다. 그 반대편 체제인 스탈린주의 역시 주시하고 있었으나, 단순히 우익 선동가들처럼 '파시즘의 쌍'으로 고찰할 수는 없는 것이었다. 호르크하이머와 아도르노는 여기서 "총체적 국가"(GS 3, 186)[53]에 관한 이론을 개괄하였다. 이 이론은 그 사회적 현상을 겨냥하지만, 총체성의 구조에 대한 인식을 목표로 삼는다. 다시 말해, 그들은 총체성에 대한 비판적 개념의 근거를 제시하고자 하였다. 이 개념 없이는—이미 아도르노의 전체 개념에서 드러나듯—구조적 인식이 성립될 수 없고, 전체주의[9] 비판 역시 불가능해지기 때문이다. 그러

---

9 본래 철학 개념인 총체성(Totalität)은 전체주의(Totalitarismus)와 같은 어간을 바탕으로 한다. 아도르노는 사회적 총체성에 관한 분석이 전체주의 이론과 맺는 관계에 주목한다. 주체의 자기보존 원칙이 철학적 합리성을 지배할 때, 철학은 대상을 총체성에 입각한 체계 속에 파악하여 궁극적으로는 대상을 체계 속에 지배하고자 하는 동일성 원칙으로 나아가며, 이러한 총체성의 원리가 20세기의 전체주의의 원리와 구조적으로 유사하다는 것이 이러한 비판의 골자라 할 수 있다. 따라서 아도르노는 총체성 개념을 폐기하고자 하는 것이 아니라 그것을 비판이론의 고유한 분석 대상으로 삼고자 한다. 총체

나 총체성에 대한 비판적 개념은 경험으로부터 추출될 수 있는 것이 아니다. 이 개념은 정치적-사회적 현상들의 스스로 현상하지 않는 토대를 목표로 하는, 말하자면 탈형이상학의 시대에 미완의 형이상학의 대변자인 셈이다.[54]

성 개념이 분석되지 않으면, 전체주의의 원리 역시 이해될 수 없기 때문이다. 이러한 의미에서 아도르노에게서는 총체성에 대한 비판적 개념이 중요해진다.

4.

희망을 상실한 것들의 구원

따라서, 망명에서 돌아온 이후에도 아도르노에게는 철학의 핵심적 문제들에 관해 계속해서 작업을 하는 것이 중요했다. "이전에 낡은 것으로 보였던 철학은 생명을 유지한다. 왜냐하면 그것의 실현 순간이 지연되었기 때문이다."(GS 6, 15) 『부정변증법』에 등장하는 이 표현은 사회적 전체 속에서 철학의 실현을 통한 철학의 지양에 관해 언급한 초기 맑스를 염두에 둔 것이다.

구원의 관점에서의 철학

그러나 오늘날 철학은 어떻게 보이고 있을까? 현재 철학의 강령은 『미니마 모랄리아』에 요약되어 있다. 아도르노는 「결론Zum Ende」이라는 이름이 붙은 아포리즘에서 이렇게 쓴다. "오로지 절망에 직면한 철학이 짊어져야 할 책임이 있다면 그것은 모든 사물이 어떻게 구원의 관점에서 관찰되는지 서술하려는 시도일 것이다. 인식은 구원으로부터 지상에 비추는 빛 이외에 어떤 빛도 가지고 있지 않다. 다른 모든 것은 사후 재구성 속에 소실되어 버리며, 한 조각 테크닉으로 남을 뿐이다. 세계가 언젠가 궁핍하고 일그러진 채로 메시아적인 빛 속에 놓이게 될 수밖에 없듯이, 그와 유사하게 세계가 전도되고, 낯설어지고, 그 균열과 틈을 드러낼 수 있는 관점이 생성되어야 한다."(GS 4, 281) 발터 벤야민의 메시아주의 신학의 모티브—이 모티브의 세속적 진리 내용은 역사적 유물론 속에서 완성될 것이었다[55] — 는 여기서 아도르노에게 수용되어 고유한 인식의 노력을 위한 강령적 성찰이라는 맥락 속으로 옮겨졌다. 벤야민은 그의 사변적-유물론적 철학 속에서 신학의 역할을 다음과 같이 서술한다. "나의 사유는 신학과 압지가 잉크와 맺는 것 같은 관계를 이루고 있다. 사유는 신학을 완전히 빨아들인다. 그러나 사유가 압지를 따라하게 되면, 씌어진 것들은 아무것도 남지 않을 것이다."[56] 아도르노는 신학적으로는 더 이상 신뢰할 수 없는 구원의 관점을 철학적으로 취한다. 즉, 그는 구원에 대한 기대를 더 이상 가지고 있지 않다. 아도르노는 현존하는 것에 대해 신앙고백을 하는 것이 아니라 이를 넘어서려 하는 급진 신학적 관점을 차용한다. 그러나 그는 피안의 구원을 초래할 메시아주의적 초월성의 개입을 신뢰하지 않는다. 발터 벤야민이 "구원은 진보를 막는 방어벽이다"[57]라고 썼을 때, 그는 [구원 개념을 통해] 고통의 철폐와 인간적인 세계의 건설을 지향하는 세계 내적인 한계를 지칭한 것이다. 여기에는 다음과 같은 경험이 전제되어 있다. 즉, 첫째로 이러한 목표가 닿을 수 없을 만큼 멀어진 것처럼 보인다는 것이고, 둘째로 심지어 그러한 이성적 사회 역시 이미 발생하여 돌이킬 수 없는 고통을 더 이상 완화시켜 줄 수 없다는 사실이다.[58]

이미 1930년대에 "희망을 상실한 것들의 구원"을 자신의 이론 작업의 "핵심 모티브"[59]로 고찰한 아도르노는 『미니마 모랄리아』의 마지막 아포리즘에서 어떻게 개별적인 것, 덧없는 것 그리고 위험에 처한 것을 표현하는 데 도움을 줄 수 있고 이를 통해 세계의 구원에 대한 갈망을 개념화할 수 있는 철학을 시작할 수 있는가 하는 물음에 몰두한다. 그는 자신의 해결책을 하나의 아포리아[난점]로 정식화한다.

자의와 폭력 없이 온전히 대상과의 맞닿음을 통해 그러한 관점을 획득하는 것만이 사유의 유일한 과제다. 이것은 가장 단순한 일인데, 왜냐하면 상황이 불가피하게 그러한 인식을 요청하기 때문이다. 다시 말해 시야에 포착된 완성된 부정성은 그 대립물의 거울 글씨[1]로 통합될 수 있다. 그러나 그것은 또한 완전히 불가능한 일이기도 하다. 왜냐하면 그것은 조금이라도 현존의 속박에서 벗어난 위치를 전제하기 때문이다. 그러나 모든 가능한 인식은 구속력을 얻기 위해 단순히 현존하는 것에 대항하여 가까스로 얻어져야 하는 것일 뿐만 아니라, 바로 이 때문에 그것이 애초에 빠져나오려 했던 바로 그 왜곡과 곤궁에 구속되고 만다.(GS 4, 281)

헤겔의 "순수한 관조"는 구원을 갈망하는 개별 사물들과 절망적인 전체를 위해 이용된다. 현존하는 것을 서술하고 동시에 그것이 단순한 서술로 이루어지지 않는다는 것, 그것이 변화되어야 한다는 것을 강박

---

1   글씨의 좌우를 거꾸로 써서 거울에 비추어야만 제대로 읽을 수 있는 글씨를 말한다. 철학적 인식이 포착한 세계의 부정성은 현재의 부정적 상태를 말하지만, 그것은 거꾸로 현존하지 않는 상태, 현재의 부정성이 극복된 상태의 거울 글씨로서 독해될 수 있다는 뜻이다. 말하자면 세계의 부정성을 파악하는 철학적 인식은 동시에 이 부정성을 넘어서려는 시선이기도 한 것이다. 세계를 넘어서는 초월적 긍정성을 인식하려는 (전통 형이상학이나 신학의) 시선과 달리, 변증법적 시선은 세계에 내재한 부정성으로부터 출발하여, 그 부정성을 극복하려는 의도를 숨기지 않는다. 따라서 변증법적 시선은 '내재적 초월성'을 의도하며, 이런 의미에서 철학이 현재의 부정성으로부터 어떻게 구원의 시선을 갖는가 하는 것이 아도르노에게 주요한 주제 중 하나였다.

적으로 입증하는 것보다 더 쉬운 것은 없다. 인식 객체로의 침잠이 갖는 순수 내재성은 현존하는 것의 내재성 이상의 것에 관한 부정적 개념을 드러낸다. "오로지 현존하는 것이 변화될 수 있을 때 현존하는 것은 모든 것이 아니게 된다"(GS 6, 391)고 아도르노는 『부정변증법』에서 표현하고 있다. 그러나 이러한 단순한 과제는 동시에 해결될 수 없는 것이기도 하다. 왜냐하면 철학자 자신이 그가 파악하고 꿰뚫어보고자 하는 "현혹 연관"에 속해 있기도 하기 때문이다. 내재성과 초월성 사이의 왕복운동은 비판적 주체의 위치를 제시하고 비판되는 대상과의 투명한 관계를 설정하는 것을 불가능하게 만든다. 이후의 아도르노 해석가들이 항상 아도르노에 의한 이데올로기 비판의 급진화에서 나타나는 주요한 실책으로 증명해야 한다고 믿는 것, 즉 아도르노는 자신의 비판이 위치하는 장소를 모순 없이 제시하지 못했다[60]라는 비판은 아도르노 자신에 의해 최초로 주제화된 바 있다. 아도르노가 목도한 것은 스스로 이 난점 앞에 자신을 드러내는 철학만이 계속 수행될 수 있으리라는 것이었으며, 이러한 요구가 수용될 때 어떤 감내가 필요한지를 그는 알고 있었다. "오늘날 사유하는 자에게 요구되는 것은 다름 아니라 그가 매순간 사태 내에 그리고 사태의 외부에 존재해야 한다는 것이다. 자신의 머리채를 잡고 늪에서 빠져나오는 뮌히하우젠[2]의 몸짓은 어떤 것을 확신하기 또는 초안을 기획하기라는 양자택일을 넘어서고자 하는 모든 인식의 도식이 된다. 그러면 이제 고용된 철학자들이 달려와서는 우리가 어떠한 확고한 입장을 가지지 않았다며 우리를 비난하기 시

---

2   뮌히하우젠은 독일의 전설 속 인물로 자신의 이야기를 과장되게 남에게 떠벌리는 허풍
    쟁이다. 그의 허풍이 너무나 심한 나머지 나중에는 그 스스로 자신의 허풍을 믿어 버리
    게 된다. 이처럼 자신이 지어낸 거짓과 과장을 스스로 믿어 버리는 심리적 질환을 '뮌히
    하우젠 증후군'이라 지칭한다. 자신의 머리채를 잡고 늪에서 빠져나왔다는 그의 일화
    로부터 아도르노는 사유가 사태의 내부에 있으면서(내재성) 동시에 현재의 상태를 넘
    어서(초월성) 도약하려는 의지를 가져야 한다고 주장한다.

작한다."(GS 4, 82)

아도르노는 철학적 비판가의 위치는 그가 비판하는 총체성의 밖이 아니라고 생각했다. 그는 그 안에 매여 있다. 그러나 급진적 비판이 비판받는 대상의 외부에서 하나의 입장을 명확하고 분명하게 취해야 한다거나 또는 아예 침묵해야 한다는 [양자택일의] 요구를 제기하는 것은 잘못이라 할 수 있다. 비판은 그 척도를 [비판가의] 결정이나 최종 근거를 통해 방법론상 독자적으로 입증될 수 있는 원칙이 아니라, 사태 자체로부터 도출한다. 그리고 사태가 철학적 사유의 과정이라면, 그것은 또한 자기 자신 앞에서 멈추지 않고 자신과 관계할 것이다. 이를 통해 이성의 철학적 자기비판은 전승과 단절된, 그러나 생산적인 관계를 맺게 된다. 비판적 사유는 전통에 의해 매개된 철학적 자기반성과 그 물질적 토대에 참여함을 의미한다. 이미 맑스에게서 분명히 드러나듯, 비판은 이 두 가지[전통과 그 물질적 토대]를 규정적으로 부정한다. "전통"이란, 아도르노가 『부정변증법』에서 밝혀내듯이 "그 대상들의 매개적 계기들로서 [……] 인식 자체에 내재적이다." 아도르노가 보기에, 이로부터 제기되는 질문은 "어떻게 전통에서 벗어나야 할 사유가 전통을 새로이 보존할 수 있는가"(GS 6, 63f.) 하는 것이다. 그러나 이것은 손쉽게 해석학적으로 해결될 수 없다. 급진적 이성 비판과 개별적인 것, 특수한 것, 덧없는 것에 대한 철학적 참여 사이의 난점은 전통과의 관계에 대한 변증법적 성찰을 통해 사라지지 않는다. 거꾸로 오로지 이를 난점으로 인식하는 자만이 그것을 극복할 수 있다. 『미니마 모랄리아』의 마지막 아포리즘에서 아도르노는 다음과 같이 자신의 사유를 이어나간다. "사유가 무제약성을 위해 자신의 제약성을 더욱 열정적으로 극복하려 할수록, 더욱 더 무의식적으로 그리고 치명적으로 사유는 세계에 귀속되어 버린다. 사유는 가능성을 위해서 그 자신의 불가능성조차 파악해야 한다. 그러나 구원 자체의 현실성 혹은 비현실성에 관한 질문은 사유에 제기되는 요구에 비하면 별로 중요하지 않다."(GS 4, 281) 고유한 난점을 그 자신의 자기반성 속으로 함께 받아들이는 그러한 사유가 요구되는 것이다.

객체의 우위

이것이 아도르노의 『부정변증법』 기획이다. "부정" 변증법이란 관념론적 변증법에 대한 규정적 부정에 다름 아니다. 그것은 특수성, 비동일자가 개념의 보편성과 동일자 하에 종속되는 것에서 해방하고자 한다. 부정변증법은 아도르노 철학의 핵심이 되는데, 에드문트 후설Edmund Husserl 현상학의 완수라는 그의 철학적 출발점[3]을 형성하는 모티브들, 그리고 『계몽의 변증법』에서 나타난 합리성의 자기비판이 여기에 포함된다.

아도르노에게 중요한 것은 그가 "근원성의 철학Ursprungsphilosophie"이라고 부른 것에 대한 비판이었다. 헤겔의 사변 변증법은 [아도르노와 같은] 부정변증법 철학자에게는 형이상학의 체계적이고 역사적인 정점을 뜻했다. 헤겔 변증법에서 처음부터 관건이 되는 것은, 하나의 확고한 존재의 근거를 구성하여, 그로부터 사유가 개별적으로 존재하는 사물들의 카오스적 다양성을 이성의 도움으로 인식 가능한 원칙들로 환

---

3   아도르노는 1924년 박사학위 논문으로 「후설 현상학에서 사물적인 것과 노에마적인 것의 초월성(Die Transzendenz des Dinglichen und Noematischen in Husserls Phänomenologie)」을 제출했으며, 1934년 나치의 탄압을 피해 영국으로 건너가 옥스퍼드 대학의 머튼 칼리지에서 연구원으로 일하면서 후설 현상학에 대한 자신의 발전된 사유들을 서술하기 시작했다. 이러한 작업은 훗날 1956년 『인식 이론의 메타비평(Zur Metakritik der Erkenntnistheorie)』이라는 제목의 단행본으로 출간된다.

원할 수 있는 능력을 갖추는 것이다. 특수한 방식으로 이성에 참여할 수 있지만, 이 때문에 이성과 동일하지 않은 것, 즉 일정한 잔여물을 남기지 않은 채로 이성에 흡수되지 않는 것의 근원을 이성으로 설정하는 이러한 환원주의는 정신사와 문화사의 유물론적 재구성의 관점에서 고찰할 때, 순전히 생존의 필요에서 비롯한 것이다. 따라서 아도르노가 보기에 "자연 지배는 철학적 관념론의 토대"(GS 6, 75)였다. 인간은 그가 보기에 구조화되지 않은 채로 자신에게 밀려와 그를 압도하는 것을 하나의 체계하에 종속시킬 수 있을 때, 처음에는 자연적 억압 관계로 나타나는 세계에 구조화와 지배를 통한 방향 설정이 가능해진다. 이러한 체계는 다름 아닌 논리적 메커니즘에서 유래할 수밖에 없으며, 우리의 지성은 이 메커니즘에 따라 사고한다. 고대 철학은 이러한 메커니즘을 영원히 타당한 것으로 사고하였고, 피해야만 하는 모순율과 같은 논리적 공리의 형태로 개념화했다. 그리하여 아리스토텔레스는 다음과 같이 서술하였다.

철학자와 모든 존재의 본성을 고찰하는 사람의 과제는 [……] 추론 과정의 원칙들을 분석하는 사실이라는 점은 분명하다. 그러나 특정한 종류에 관한 지식을 가장 많이 가지고 있는 사람이 사물에 관한 가장 확실한 원칙들을 제시할 수 있다는 것은 이치에 합당한 일이다. 따라서 존재자가 존재하는 한에서 그것에 관한 지식을 가지고 있는 사람이 특히 가장 확실한 원칙들을 제공해 줄 것이다. 그는 바로 철학자다. 그런데 가장 확실한 원칙은 바로 속임수가 불가능한 것이다. 즉, 이 원칙은 최선의 인식 가능한 것이며 [……] 무전제적이어야 한다. [……] 이 원칙이 도대체 무엇인가 하는 것을 우리는 이제 보여 주고자 한다. 동일한 것이 동일한 관계 속에서 동일한 것에 동시에 귀속되면서 귀속되지 않는 것은 불가능하다. [……] 이것이 무엇보다 가장 확실한 원칙이다.[61]

우리가 의식하지 않더라도 항상 사용하는 사유의 법칙 없이는 어떠한 인식도 없을 것이다. 아도르노를 비합리주의적으로 옹호하는 사람들과 합리주의적 관점에서 비판하는 사람들 모두가 그를 포스트모더니즘의 선구자로 만들려고 했던 것과 달리[62], 아도르노 역시 이를 부정하지 않는다. 아도르노가 보여 주고자 하는 것은, 자신의 이름에 걸맞은 인식은 의미와 사유의 질료를 규칙에 따라 논리적 체계 속으로 종속시키는 것 이상이어야 한다는 사실이다. 더 정확히 고찰하자면, 그는 한발 더 나아간다. 이러한 제한된 의미에서의 인식은 언제나 자기-인식Selbst-Erkenntnis일 뿐이다. 그러나 여기서 자기인식이란 "너 자신을 알라"가 근본적으로 철학의 목적으로 설정되었던, 혹은 오이디푸스가 인간 자신에 대한 성찰을 통해 스핑크스의 수수께끼를 풀 수 있었던[4] 그러한 고전적인 고대의 명확한 의미에서가 아니라, 혼동이라는 의미에서다. 충만한 내용의 객체성의 경험으로 제시된 것은 실은 단지 주체 자신이 반영된 거울 이미지일 뿐인 것이다. 이성이 이러한 협소한 방식으로 사물의 질서에 대한 통찰로부터 획득하는 것이 존재자의 가장 내적인, 본래의 본질로 존재자 자체에 귀속된다. 아도르노는 니체를 차용해, 파르메니데스 이래로 "모든 존재론은 관념론적"(GS 5, 16)이었다고 말한다. 모더니티의 자기비판이라는 면에서 선구자격인 니체는 언어적으로 파악된 사유 규정들과 존재 규정들 사이의 혼동 과정을 형이상학의 불가피한 난점이라고 결론 내렸다. 그가 관념론적 형이상학의 토대로 본 것은 주체의 유지와 강화라는 폭력의 역사였다. 아도르노와 호르크하이머는 『계몽의 변증법』에서 이를 주체의 자연 지배, 그리고 사

---

4   소포클레스의 비극 『오이디푸스 왕』에서 오이디푸스는 "아침에는 다리가 네 개, 낮에는 다리가 두 개가 되고 밤에는 세 개로 변하는 짐승은 무엇인가?"라는 스핑크스의 수수께끼를 해결한다. 정답은 인간이었다. 오이디푸스는 스핑크스의 수수께끼가 인간 자신에 관해 묻고 있음을 간파한 뒤 이 수수께끼를 해결한 것이다. 결국 스핑크스의 수수께끼는 인간의 자기인식에 대한 요구인 셈이다.

물적으로 고정된 자연 지배 제도들을 통해 주체 자신이 유사-자연발생적 방식으로 지배된다는 사실 사이의 변증법으로 해독해 냈다.

계몽주의적 변증법론자로서 니체는 관념론적인 제1철학의 물신적 성격을 탈주술화한다. 그는 『우상의 황혼』에서 이렇게 서술한다. "우리는 언어-형이상학의 근본적 전제, 즉 독일어로 이성Vernunft이라고 하는 것을 의식할 때, 조야한 물신적 본질로 진입하게 된다. 그것은 도처에서 행위자와 행위를 주시한다. [……] 그것은 '나Ich', 존재로서의 나, 실체로서의 나를 믿으며, 모든 사물에 나라는 실체에 대한 믿음을 투영한다. 그것은 '사물'이라는 개념을 이를 통해 비로소 창조한다. 존재는 도처에서 원인으로 생각되고 떠맡겨진다. '나'라는 개념으로부터 따라오는 것은 그로부터 도출된 것으로서 '존재'라는 개념이다." 철학이 물론 속이려는 의도 없이 사용하는, 생존을 위한 관념론적인 트릭이 발생한 것은 니체가 보기에 "철학자들이 이성-범주를 소유함으로써 경탄 속에서 안전한 주관적 확신에 관해 의식하게 되었다"는 사실을 통해서였다. "철학자들은 이성 범주가 경험으로부터 유래할 수 없다고 추론했다. 전체 경험은 그들이 보기에 모순에 처해 있다. 그렇다면 그것은 어디서 유래하는가? 그리스에서와 마찬가지로 인도에서도 사람들은 동일한 실수를 범했다. '우리는 이미 이전에 더 고차원적인 세계에 속해 있었음에 틀림없다. [……] 우리는 신적인 존재였음에 틀림없다. 왜냐하면 우리는 이성을 갖고 있기 때문이다!'"[63] 니체가 철학적인 사물-문제틀이 갖고 있는 투영적 메커니즘의 배후에서 숨죽이고 있는 토대로 주목하는 '나[자아]라는 실체'는 아도르노에게서 '동일성'이라는 문제 설정으로 확장된다. 그가 보기에 이성의 규정들과 마음 외부의 현실 사이의 혼동은 동일성 억압이었다. 인간의 정신은 자신의 객체를 일치하는 특징들과 불일치하는 특징들에 따라, 즉 동일성과 비동일성의 범주에 따라 분류할 수밖에 없다. 인간 정신이 이러한 능력에 결코 도달할 수 없는 곳에서는 어떠한 주체도 존재할 수 없으며, 이러한 능력이 사라진 곳에서는 주체의 분열이라는 위험이 도래한다. 그러나 분류는 분열된 것, 불일치하는 것, 고유한 것이 각각의 인식 도식으로 종속되는 것을 뜻한다. 이것은 첫째로 주체의 인지적 구조로서 자기동일적으로 관철되어야 하고, 둘째로 특수성의 객체를 우리의 지각과 개념 형성의 보편적 구조들과 비교 가능한 동일한 인식 사물로 만들기 위해 그것을 명백히 드러내야 한다. 여기서 사유의 객체의 고유한 동일성이 깨지고 이것이 이성적 주체의 동일성 원칙으로 종속되는 것은 강압적으로 발생하는 일이다.

말하자면 동일성의 이중 의미가 있는 것이고, 아도르노는 이 이중 의미의 전개를 고찰하였다. 이는 사태 자체의 고유한 동일성과, 외부적으로 생성된, 이질적인 것의 동일성으로 파악된다. 동일성의 강압은 사유 자체의 특성이다. 이것 없이 사유가 이뤄지는 것은 불가능하다. 그러나 동일성 강압은 이성의 본질적 특성이기만 한 것이 아니라, 또한 이성적 주체가 개인으로서 사회 전체에 귀속되는 면에서 이 주체를 종속시키는 가장 현실적인 외적 강압의 흔적이기도 하다. 아도르노는 이러한 해결 불가능한 것으로 보이는 이론의 동일성 강압과 사회적 실천의 동일성 강압 사이의 결합을 관념론의 내재적 이데올로기 비판을 통해 변화시키고자 한다. 헤겔, 맑스 그리고 니체는 그의 "비동일자"의 부활이라는 기획에 출발점을 제공한다. 아도르노가 보여 주는 것은 어째서 관념론의 동일성 강압은 바로 그것이 달성하고자 했던 것을 이루지 못하는가, 그리고 어째서 사유는 그것이 온전히 도달할 수 있는 것에 합당하지 못한 성질을 가질 수밖에 없는가 하는 것이다.

"정신의 자기 자신과의 동일성은 [……] 단순한 절차를 통해 사태로 투영된다. [……] 이것은 제1철학의 원죄다. 연속성과 완전성을 관철하기 위해, 그것은 자신이 판단을 내리는 것에 대해서, 자신에 부합하지 않는 모든 것을 잘라내 버린다."(GS 5, 18) 파르메니데스와 플라톤에서 데카르트와 칸트를 거쳐, "절대적 근원의 존재 영역"을 추론하고자 했던 후설의 "본질직관"이나 하이데거의 실존 존재론이라는 부활한 근원성의 철학에 이르기까지, 언제나 모든 존재자의 최초의 근거를 개념적으로 추론하고 그것으로부터 다시금 인식 가능한 것의 총체성을 방법론적으로 깔끔하게 그리고 공백 없이 도출해 내는 것이 철학적 원칙의 과제였다. 그러나 앞서 언급되었듯, 인식하는 주체는 그 안에서 언제나 자기 자신을 인식할 뿐이다. 관념론적 형이상학은 정신의 천재적 동어반복으로 굳어졌는데, 이는 그것이 자기 자신과 다르고 보편자와의 동일성에서 벗어나는 것을 인식 속에 붙잡지 못하기 때문이다. 특수와 보편 사이의 또는 다수와 일자 사이의 긴장은 실은 이미 사전에 무뎌져 버렸는데, 왜냐하면 "비동일자를 다수자의 이름으로 주체와 통약 가능한 것으로 만들려는 시도들은 일자라는 모범을"(GS 5, 18) 따라가기 마련이기 때문이다. 사유는 보편 규정들의 매개 속에서 움직여야 하며 이때 특수한 것은 통일성의 원칙 속에 흡수되지 않는 인식의 객체들로부터 추상된다.

근대 철학에서 칸트에 이르러 관념론은 철학이 그 자체로 존재하는, 덧없는 개별 사물들의 다양성의 근원이 되는 이념들을 오로지 개념 속에서 모방해야 한다는 요구가 충분하지 않다는 사실을 인식하는 데 이르렀다. 관조적 인식 개념은 개념에 의해 자생적 구성으로서의 인식으로부터 단절된다. 흄Hume의 경험론은 객관주의적 형이상학과 개별 인식 주체 사이의 이어질 수 없는 거리를 증명했다. 인식 주체는 감각적 확인 이외에 다른 인식의 심급을 가질 수 없으며, 주체는 이 감각적 확인의 인상들을 관습에 따라 연상을 통해 결합한다. 그럼에도 불구하고 이러한 비판에 대항하여, 칸트는 주체의 세계가 실체적으로 주체로부터 독립되어 있지 않다는 것을 논증함으로써, 형이상학의 가능성을 제시한다. 주체는 객체를 구성하지만, 그러나 그것은 자의적이거나 개인적으로가 아니라 모든 주체들에 동일하게 근원적으로 내재해 있는 규칙에 합당하게 이루어진다. 그리고 이 규칙들은 경험에서 비롯하는 것이 아니라, 오히려 이 규칙들이 우리가 경험을 생성하는 것을 가능하게 한다. 이 규칙들은 선험적a priori 인식의 가능성의 조건이다.

'나는 생각한다'는 명제는 나의 모든 표상들을 동반할 수 있어야 한다. [……] 그것은 모든 사유에 앞서 주어질 수 있는 표상이며, [……] 자발성의 작용이다. [……] 이것을 나는 [……] 근원적 통각Apperzeption이라 부른다. 나는 또한 선험적 인식의 가능성을 그로부터 지칭하기 위해, 근원적 통각의 통일성을 자기의식의 초월론적transzendental 통일성이라 부른다. 이는 일정한 직관 속에 주어진 다양한 표상들은, 그것들이 하나의 자기의식에 속하지 않는다면, 전체적으로 나의 표상이 될 수 없을 것이기 때문이다. 즉, 나의 표상들로서 [……] 표상들은 반드시 그것을 하나의 보편적 자기의식에 속하게 만드는 조건에 합당해야 할 것이다. 왜냐하면 그렇지 않을 경우 이 표상들은 전적으로 나에게 귀속되지 않을 것이기 때문이다. [……] 그리고 통각의 종합적 통일은 모든 지성의 사용, 심지어 전체 논리학, 그리고, 그것에 따라, 초월론-철학에 제시된 최고의 지점이다.[64]

칸트는 주체의 측면에서는, 규칙에 의해 인도되는 자연의 인식이 갖는 구속력, 그리고 학문의 가능성을 경험주의의 비판으로부터 보호하였다. 객체의 측면에서는, 그에게 중요했던 것은 비판 이전의vorkritisch 형이상학[전통 형이상학]으로 퇴보하지 않으면서, 더 이상 그 본질이 독단적으로 주장될 수 없는 인식의 대상들을 소멸로부터 구원하는 것이었다. 이것이 칸트의 "물자체Ding an sich"와 "현상Erscheinung"의 구성이 갖는 의미였다. 현상하는 자연은 주체의 지각 원칙으로부터 독립적으로 존재하는 것이 아니다. 그러나 현상하는 것은 그 자체 현상과도 또한 구분된다. 그것은 본체Noumenon, 즉 "스스로는 현상하지 않는 모든 현상들의 알려지지 않은 원인"이다. 이를 통해 칸트 초월론철학에서 나타나는 것은 형이상학의 전통에서 "본질Wesen"이라고 불렸던 것이다. 인간은 오로지 지각의 법칙과의 결합 속에서만 자연의 법칙을 소유할 수 있다. 초월론적 주체는 수동적이지 않고, 단지 수용하기만 하는 존재가 아니다. 그것은 형식을 만들어 내며 언제나 인식의 대상인 세계를 함께 생산해 낸다. 그러나 세계, 현실의 총체성을 시공간적인, 인과법칙에 종속된 규정들로부터 독립적으로 그 자체로 참된 것으로 만드는 것, 즉 경험적 성격과 구분되는 세계의 예지적 성격을 구성하는 것은 긍정적 인식의 범위를 벗어난다. 칸트의 철학은 이렇게 전통 형이상학의 함정을 피해 가면서 형이상학을 다시 복귀시킬 수 있게 되었다. 아도르노는 전적으로 칸트적인 정신에서 다음과 같이 서술한다. "형이상학은 본질적으로 고정된 독단적 답변들이 아니라, [······] 질문에서 비롯하는 것이다. [······] 형이상학은 어떠한 존재의 내용이 형이상학적이라고 선언되는 것과 같은 긍정적 가르침일 수 없다. 형이상학은 바로 그러한 본질성과 관계된 질문에서 비롯하는 것이다. 그러나 이러한 질문이 실제로 존재한다는 것에 대해서 선입견을 품지 않은 채로 말이다. 정리하자면, 부정적 형이상학 역시 긍정적 형이상학과 마찬가지로 형이상학이다."[65] 칸트는 모든 현상하는 자연의 근저에 놓여 있는 실체Substrat는 긍정적으로 규정될 수 없다는 사실을 알고 있었다. 그럼에도 사유에게는 이러한 실체가 자연에 대해 구성적이며, 다만 부정적으로 인식될 수 있다는 사실에서 출발하는 것이 불가피하다고 그는 생각했다. 그러나 아도르노에 따르면 전통적 본질의 위치를 차지하는 것의 사회적 성격에 관한 성찰은 칸트에게 빚을 지고 있었다. 여기서 비판이론이 칸트에게 부여하는 이중적 의미가 드러난다.

아도르노의 칸트 비판은 그 생산적 확장을 위한 중요한 기여를 남겼다. 이는 아도르노의 칸트 비판이 내재적-철학적 칸트 독해를 위한 게임의 규칙을 고의로 위반했기 때문에 가능한 것이었다. 아도르노에게 근본적으로 중요한 사실은 사회 비판과 인식 비판이 서로 분리될 수 없다는 것이다.(GS 10.2, 748) 관념론 비판은 관념론의 비밀스러운 사회적 토대를 주제로 삼아야 한다. 그러나 아도르노가 보기에 이 토대는 무엇보다도 노동 분업의 전개라는 조건에서 정신적 노동이 신체적 노동보다 절대적으로 [우월하게] 설정되어 있다는 사실에서 확인될 수 있다. "정신의 보편적이고 필연적인 활동" 속에 숨어 있는 것은,

필수 불가결한 사회적 노동이다 [······]. 활동하지만 비존재자인, 보편자이지만 특수자를 경험해야 하는 초월론적transzendental 주체라는 당혹스런 개념은 비누 거품일지 모른다. 그것은 결코 필연적으로 개인적인 의식의 자족적 내재성 연관으로부터 만들어질 수 없는 것이다. [······] 동일성 철학의 마법의 원환을 넘어서, 초월론적 주체는 자기 자신을 의식하지 못하는 사회로 해독될 수 있다. [······] 순수이성비판 이래로 초월론적 주체의 본질을 구성하는 것, 즉 개별 주체의 성취 속에서 실행되면서 동시에 개별 주체를 뛰어넘는 기능성, 순수 활동성은 자유로이 부유하는 노동을 근원으로서의 순수 주체에게 투영한다. [······] 초월론적 주체의 보편성은 사회의 보편성이다. 즉, 그것은 개별적 자생성과 개별 특성들을 벗어나 통합되고, 이를 다시금 평준화하는 교환 원칙에 의해 제한하고 잠재적으로는 무기력하게 전체에 의존하는 존재로 배제해 버리는 하나의 전체가 갖는 기능 연관의 보편성이다. 주체로 하여금 주체이기를 선험적으로 체념하도록 만들고, 주체성 자체를 단순한 객체로

격하시키는 교환가치의 인간에 대한 보편적 지배는, 자신이 주체의 지배를 뒷받침한다고 주장하는 보편성의 원칙을 비진리로 강등시킨다.(GS 6, 178ff.)[66]

더 이상 현상과 본질 사이를 구분할 수 없는 사람은 더는 예컨대 "국가자본주의"에 관해 말할 수 없고, 오로지 산업사회에 관해서만 말할 수 있을 따름이다. 즉, 더 이상 자본주의적 잉여가치의 강탈이 아니라 오로지 사회적 협력과 소속 이해관계에 관해서 말할 수 있을 뿐이다. 아도르노는 이를 표현하지 않았지만 완전히 다음과 같은 의미에서 이해하고 있었음에 틀림없었다. 말하자면, (예를 들어 리처드 로티[67]와 같은) 어떤 사람이 더 이상 "현상"과 "본질"을 구분하지 않는다면, 엄밀히 말해 그는 타인을 인간으로 대우하지 않는 인간에 대해 개념적으로 포착하기 어렵다. 마녀사냥, 인종주의 그리고 아파르트헤이트 정책에 대항하여, 인간 본질을 이성적 능력을 갖춘 생명체로 (또는 에른스트 카시러처럼 상징적 동물로) 간주하는 것은, 인간 존엄이라는 우리의 개념의 관점에서 볼 때 타당성을 얻을 수 있을 것이다.

아도르노는 다음과 같이 구분한다. "형이상학은 한편으로는 비록 형이상학적 내용이 반박된다 하더라도 형이상학적 주제를 다루는 것을 의미하며, 다른 한편으로는 플라톤적 양식에 따른 초월 세계에 대한 긍정적 가르침을 의미한다."(GS 6, 433) 니체는 그 완전한 의미에서 현실적인 세계로 간주되는 배후 세계에 대한 '세상 물정 모르는' 가정에 유죄 판결을 내리는데, 긍정적 형이상학만이 여기에 해당한다. 칸트는 (앞서 언급했듯) 형이상학의 진리 계기에 대한 인식 비판적 구원을 수행함으로써 형이상학-이후의 사유라는 패러다임을 정초했는데, 니체의 유죄판결은 이러한 성찰적인 형이상학-이후의 사유에도 적용되었다. 칸트와 아도르노에 의해 시도된 이러한 사유 형식은 오늘날의 용어로는 '약한 형이상학 개념'으로 불릴 수 있을 것이다. 인식론 이후에, 유물론적 비판과 현대적 과학 이론 이후에도 계속해서 존재론 내지 신학으로 등장하려 하는 형이상학은 낡은 것이라 할 수 있다.[68] 그러나 아도르노의 "부정 형이상학"은 더 이상 무엇이 '인간의 본질'인지를 형이상학이 긍정적으로 규정할 수 있다고 (그리하여 마치 이를 신의 관점으로부터, 즉 현재를 넘어서 진술하지 못한다는 우리의 제한된 가능성에서 벗어난 채, 그리고 인간 개념의 역사적이고 문화적인 변화에서 벗어난 채 수행할 수 있다는 식으로) 주장하지 않는다. 그리고 이것은 단지 인간 규정에만 해당하는 것이 아니다. 아도르노의 "비동일자" 개념은 또한, 칸트가 이미 알고 있었듯, 인식의 대상이 언제나 우리가 그것을 인식할 수 있는 내용 이상이라는 사실에 대한 기억이다.[69]

이제까지는 [다른 학문과] 구분되는 학문으로서 형이상학에 관한 논의였다. 그러나 심지어 불변하는 그리고 불멸하는 본질에 관한 고전적, 긍정적 형이상학조차도 아도르노에게는 새로운 시선으로 나타났다. 전통 형이상학에 대한 추상적 부정의 실천적 귀결은 궁극적인 것에 대한 박탈이며, 인간은 이를 죽음의 수용소에서 고유한 죽음의 박탈이라는 고유한 방식으로 경험할 수 있었던 것이다. 아도르노는 이러한 상황이 인간이 더 이상 개인으로 죽지 못하고, 숫자로 격하되고 제거될 때 나타난다고 보았다.

반면 아도르노에게서 형이상학적 경험은 행복에 대한 기대를 의미한다. 마르셀 프루스트Marcel Proust[5]를 통해 알 수 있듯이, 이러한 기대는

---

5   프루스트의 연작소설 『잃어버린 시간을 찾아서』는 '의식의 흐름 기법'을 차용해 주인공의 자유연상을 통해 줄거리가 이어지는 구조를 택하고 있다. 따라서 이 소설의 서사 구조는 연대기적 시간의 순서를 따르는 것이 아니라, 유년기에 대한 기억에서 출발해 내적 연상에 입각해 진행된다. 이 때문에 이 소설은 근대 물리학이 상정하는 일직선상의 양적인 시간과 대립하는 의미에서 주관적이고 질적인 시간 개념을 제시함으로써 철학적 영감을 제공한다. 나아가 유년기의 기억과 회상을 중심으로 한 소설의 전개 방식은 개인의 고유한 경험과 현대사회에서 경험이 사물화되는 과정에 대한 이론적 고찰에

항상 실망을 낳는다. 그러나 그것은 행복의 내적 모델을 위한, 지금 여기 주체에게 일어나는 것에 대한 비판적 척도를 위한 토대가 된다. 즉, 그것은 주체에게 지금 여기 일어날 수 있는 것을 위한 척도인 것이다. 여기서도 마찬가지로 아도르노는 이중적으로 사고하고 있다. 형이상학적 경험의 층위에 "더 많은" [우위를 부과하는] 것은 현재에 대립하는 것이다. 아도르노는 "주체적인 형이상학적 경험이 포기하지 않으려 하는 [……] 주체를 넘어선 잉여"(GS 6, 368)에 관해 언급한다. 그가 강조하는 것은 형이상학적 경험이 우리에게 단순히 "암시"하는 것을 "손아귀에" 쥘 수는 없다는 사실이다.(GS 3, 367) 그러나 형이상학적 경험은 부정적으로 생명을 부지한다. 예컨대 베케트Samuel Beckett의 희곡 『승부의 끝』에서 "헛된 기다림 속에서 표현되는", "이것이 과연 모든 것인가?"(GS 6, 368)와 같은 물음 속에서 말이다. 형이상학적 경험이 양분을 제공하는 기대는 어떠한 확실성에 의해 보장되는 것이 아니다. "헛된 기다림은 기대가 가리키는 것을 보장해 주지 않으며, 오히려 체념을 그 척도로 삼는 상태를 반영한다reflektiert."(같은 곳) "반성Reflexion"이라는 이중적 거울 은유[6]는 아도르노에게 이원론의 모티브가 얼마나 중요한가

동기를 부여했다. 앙리 베르그송(Henri Bergson), 발터 벤야민 등 다양한 철학자들이 프루스트의 소설로부터 영감을 받았다.

6 반성(Reflexion) 또는 그 동사형인 반성하다(reflektieren)라는 단어는 이중적 의미를 가지고 있는데, 우선 이 단어는 거울이 주체의 이미지를 굴절시켜 반사함으로써 또 다른 주체의 형상을 재현하듯, 특정한 형상을 반영한다는 의미를 갖고 있으며, 나아가 이러한 시각적 의미가 갖는 은유에서 파생되어, 특정한 상태에 관해 반성적으로 성찰한다는 의미 역시 포함하고 있다(우리는 거울 앞에서 또 다른 타자화된 나를 마주함으로써 나 자신에 대해 관찰하고, 자신의 현재 모습에 대해 성찰할 수 있다). 이 단어는 아마 아도르노가 가장 즐겨 사용하는 단어일 것이다. 아도르노는 그의 철학 전반에 걸쳐 주체의 자기반성(Selbstreflexion)을 강조한다. 그는 이 단어의 이중 의미를 활용해, 주체가 거울 이미지에 반사된 자신의 모습을 바라보듯, 자신을 타자화함으로써 자기 자신에 대해 성찰할 수 있다는 의미로 사용한다. 즉, 근대 철학의 주관적 이성은 그 자신을 절대성으로 고양시킴으로써 독단에 빠지게 되는데, 주체의 자기 자신에 대한 반성(Reflexion)을 통해서 주체는 절대성이라는 자기기만에서 벗어나 타자와 화해를 이룰 수 있다고 아도르노는 보

를 말해 주는 지표인 셈이다. 형이상학적 인식의 계기에 대한 추상적 부정은 차이의 세분화에 대한 포기와 일치한다. 긍정적으로 형이상학을 추동하면서 불변하는 영원한 본질로부터 출발하는 것은 잘못일 것이다. 그러나 마찬가지로 부정적 형이상학의 출발점이 이루어 낸 인식론적 성과를 날려 버리는 것 역시 잘못이다.

『부정변증법』에서 아도르노는 "객체 우위"(GS 6, 186)라는 인식론적 요구를 대변한다.[70] 그는 모든 관념론 철학자들 중에서 칸트가 가장 객체에 충실했다고 강조한다. 칸트는 또한 인식 객체의 속성들이 언제나 반성하는 주체를 거쳐서만 얻어질 수 있다는 사실을 핑계로 숨기지 않으려 한다. 그럼에도 아도르노는 칸트에게서 객체는 결국은 자율적 주체의 규정들로 환원된다고 비판한다. 칸트에게서 자율적 사유는 자기 자신과 자신의 구성적 기능을 반성함으로써 자신을 지배하며, 전통 형이상학의 존재론적 족쇄에서 벗어난다. 그러나 동시에 바로 이 지점에서 사유는 자기 자신의 물신화로, 즉 주관적 이성으로 전도된다. 이것은 호르크하이머에 따르면 "그럴듯한 가능성을 계산해 내고 이를 통해 적합한 수단을 주어진 목적에 종속시키는 능력"[71]을 의미한다. 근대에 이르러 주관적 이성은 자신의 변증법적 대립항에 의해, 즉 현실 자체의 구조들 속에서 그 원칙으로 간주되는 객관적 이성 개념에 의해 해체되기 시작했다. 물론 이러한 독단적 형이상학으로서의 객관적 이성은 비진리다. 그러나 주관적 이성은 목적을 위한 도구로 격하되면서, 더 이상 이 목적을 넘어서는 자율적 존재가 되지 못한다. 따라서 호르크하이머와 아도르노에 따르면, 이제 독단적 합리성의 자리를 차지한 절대화된 주관적-도구적 합리성은 독단적 합리성과 마찬가지로 비진리다. 왜

고 있다. 따라서 어떤 의미에서는 아도르노가 Reflexion이라는 단어를 헤겔적 의미에서 '자기 내 복귀(Reflexion in sich)'라는 의미로도 사용하고 있다 할 수 있다. 즉, 자기 자신을 반성적으로 성찰함으로써 주체는 비로소 거짓된 절대성의 가상에서 벗어나 주체 자신의 고유한 본래 모습을 회복해야 한다는 것이다.

냐하면 그것은 주관적인 질서에서 벗어난 사태 자체의 질적인 규정에 대한 사유를 추방하기 때문이다. 자연을 지배하려는 욕구는 결국 그와 뗄 수 없이 연결되어 있는, 자연을 인식하려는 욕구를 억압한다. 니체가 이성–형이상학의 난점으로 서술했고, 아도르노의 근원성의 철학 비판이 분석했던 인식과 투영의 변증법[7]은 현대적 주관적 이성 속에서 종착점에 도달한다.

그러나 『부정변증법』에서의 합리성 비판은 합리성에서 벗어나는 것은 아니다. 이 비판이 보여 주는 것은 이성과 지배의 결합이 필연적으로 사유 속에 지배의 각인이 새겨지는 것으로 이어진다는 사실이다. 사유는 자신의 객체를 오직 개념 속에서 손에 넣는다. 인식하는 주체는 오로지, 동일하게 남아 있는 객체의 속성들이 인식 가능하게 될 수 있도록 어떤 대상의 규정들의 다양성을 제외함으로써 개념을 형성할 수 있다. 이러한 추상의 과정은 객체를 필연적으로 그 동일성의 특징들로 환원하며, 객체에 남아 있는 동일하지 않은 것을 도외시한다. 자율적 사유는 이로부터 대상의 본질과 현상을 분리할 수 있다. 그리하여 사유는 개념적 매개를 통해 구조화된 현실을 이 현실 속에 체화된 합리적 요구에 따라 재단하며, 이를 통해 비로소 비판을 실행할 수 있게 된다. 이것이 자율적 사유의 해방적 힘이며, 아도르노의 합리성 비판은 이를 부정하지 않는다. 왜냐하면 이러한 힘은 사유가 그 스스로는 지양할 수 없는 자신의 특수한 결함에 대해 반성할 수 있도록 하는 전제이기 때문이다. 사유가 목표하는 것은 동일화를 통해서 자신의 대상들을 그 본질 속에서 인식하는 것이다. 그러나 아도르노가 보여 주듯, 바로 이것이야

---

7   앞서 언급된 바 있듯, 주관적 이성에 이르러 이성이 도구화되면서 인식이 대상을 있는 그대로 파악하는 것이 아니라 나를 대상에 투영하는 것으로 전략했다는 의미다. 나 자신의 형상을 대상에 투영함으로써 인식 주체는 대상을 자신과 동일시하게 된다. 그 귀결인 인식론적 동일성 원칙은 결국 대상을 주체와 동일한 것으로 강제하는 폭력적인 원칙으로 전략한다.

말로 동일화 과정 자체에 의해서 실패할 수밖에 없다. 사유는 자신의 객체들을 언제나 그것이 아닌 것, 즉 보편자의 예시로서만 파악하고 규정할 수 있을 뿐이기 때문에, 자신의 요구를 수행하지 못한다. 그러나 그렇다면 사유는 객체가 무엇인지에 대해 말하지 못하는 셈이다. 개념적 사유—그리고 개념적이지 않은 사유는 존재하지 않는다—가 인식 대상들의 동일하지 않은 것을 긍정적으로 규정할 수 없다는 사실은 객관적인 아포리아의 표현이다. 아도르노에게 비동일자는 긍정적 개념이 아니다. 즉, 그 내용이 "또 다른" 합리적이지 않은 인식 심급을 통해 합리성의 한계를 넘어서 확고해질 수 있을 어떤 것이 아니다. "비동일자는 직접적으로 긍정적인 것으로 획득될 수 있는 것이 아니다."(GS 6, 161) 비동일자는 동일성 개념에 대한 규정적 부정의 부정적-개념적 귀결이다. 아도르노는 논리 정연한 사유라면 벗어나지 못할 이 난점을— 비트겐슈타인Ludwig Wittgenstein의 언어 게임을 차용하여—자신의 철학적 노력이 처한 역설적인 소실점으로 묘사했다. "물론 표현은 비동일자를 항상 동일시해 버리고 말지만, 그럼에도 철학은 말할 수 없는 것을 말하려는, 비동일자를 표현하도록 도와주는 노력으로 정의될 수 있을 것이다."(GS 5, 336)

사유는 항상 사태 자체를 그 질적 특수성 속에서 인식하는 것을 목표로 하면서, 항상 이러한 인식을 결여한다. 따라서 사유는 스스로 자신의 불충분함을 고백하고, 보편자의 매개체인 자신이 결코 특수한 것에 도달하지 못한다는 사실을 시인해야 한다. 아도르노에 따르면, 그럴 때라야 비로소 사유는 자신의 억압적 성격에서 탈피할 수 있을 것이며, 개념의 내용이 집요하게 개념적 환원으로부터 벗어나지 않는 한 개념은 공허하게 남아 있을 것이라는 사실을 통찰할 수 있을 것이다. "부정변증법이 가진 경첩의 역할은 개념성의 방향을 변경하는 것, 그것이 비동일자를 향하도록 하는 것이다. 개념이 그러한 정지된 반성 없이 야기하는 동일성 강압은 개념 속에서 비개념적인 것이 갖는 구성적 역할에 대한 통찰 앞에서 깨어질 것이다."(GS 6, 24) 그러나 동일성 강압으로부터의 구원이란 일관된 사유를 해야 할 의무를 유예시킨다는 것을 의미하지 않는다. 부정변증법은 포스트모던의 크고 작은 서술가들이 그동안 싫증이 날 정도로 자주 언급한 "거대 서사"라는 분장실에서 합리성[이라는 의상]을 벗어 버리는 "패러다임 교체"를 하고자 하는 것이 아니다. 아도르노에 따르면 비동일자는 무질서한 것도, 신성한 것도 아니다. 논리적 범주들을 폐기하는 것이 아니라, 대상을 분류하는 가운데 자신이 대변하는 대상과 혼동되어 버리는 개념 도식들의 실체화[72]를 극복하는 것만이 "비동일자의 정합성"(GS 6, 36)을 이해하는 것을 허락해 줄 것이다. 이것은 전체의 계기다. "사태 자체를 파악하는 것, 즉 그것을 단순히 순응시키지 않는 것, 연관성의 체계에 기입하지 않는 것은 다름 아니라 개별적 계기를 다른 계기들과의 내재적 연관 속에서 지각하는 것이다."(GS 6, 36) 아도르노에 따르면, 이를 인식하는 것은 더 적은 합리성이 아니라, 더 많은 합리성을 요구한다. "철학적 반성은 개념 속에서 비동일자를 확인한다."(GS 6, 23)

아도르노는 온전히 『미니마 모랄리아』에서 요구된 "절망에 직면하여 책임을 져야 할 철학", 즉 "모든 사물이 어떻게 구원의 관점에서 표현되는지 고찰"하려 시도하는 철학의 정신에서 부정변증법 철학의 유토피아적인 윤곽을 서술한다. 취약한, 곤궁한 그리고 왜곡된 개별 사물들은 더 이상 개념적 체계론의 소유하려는 몸짓에 종속되어서는 안 되며, 오히려 개념과 표현이라는 구원하는 보조원의 도움을 통해 자기 자신으로 돌아와야 한다는 것이었다. 그러한 철학은 "자신에게 다가오거나 자신이 찾는 대상이 가진, 어떠한 도식에 의해서도 정렬되지 않는 다양성 속에 자신의 내용을 가질 것이다. 그러한 철학은 진정 대상들에 자신을 내맡긴다. 그것은 자신의 모상과 구체적 대상을 혼동하면서 자기 자신의 모습을 다시 읽어 내기 위한 거울로 대상을 사용하지 않는다. 그러한 철학은 바로 개념적 반성의 매개 속에서의 충만한, 환원되지 않는 경험일 것이다."(GS 6, 25) 그러한 철학이 목표로 삼는 것은 "비동일자"를 "동일화에 대항하는 사태의 고유한 동일성"(GS 6, 164)으로 파악할 수 있어야 한다는 것이다.

그러나 이것이 어떻게 가능한가? 아도르노는 짜임 관계의 사유 과정을 통해 이를 달성하고자 한다. "사유는 자기 자신의 법칙성에 만족해야 할 필요가 없다. 사유는 자신을 포기하지 않으면서, 자기 자신에 반反하여 사유할 수 있다."(GS 6, 144) 그러나 사유가 스스로 하고자 하는 바는 바로 "자기 자신에 반하는" 사유 속에서 실현되어야 한다. 더 이상 이성이 고립된 개념들을 통해 고립된 채 사고된 대상들로부터 소위 본질을 규정하는 것으로 고정되지 않고, 대상을 그 맥락 속에서 지각하면서 개념들의 협력을 통해 주의 깊게 탐색하고 묘사함으로써, 이성은 관념론 철학의 사변적 개념이 헛되이 약속해 왔던 것에 근접해 갈 수 있을 것이다. "객체는 모나드론적 주장에 열려 있다. 이 주장은 객체가 서 있는 짜임 관계에 대한 의식이다. [······] 그 짜임 관계 속에서 대상의 인식은 대상이 자기 내에 보존하고 있는 과정에 대한 인식이다. 짜임 관계로서 이론적 사유는 그것이 개방하고자 하는 개념을 포괄한다."(GS 6, 165f.)[73] 자신의 고유한 운동을 대상의 운동에 맞춰 측정할 수 있는, 또 그러한 유사-미메시스적 접근 속에서 자신의 자율성을 포기하지 않는 사유, 그것이 아도르노의 구체적인 인식의 유토피아다. 이는 바로 내재적 비판의 과정 속에서 달성될 수 있다. 인식은 열린 귀결을 가진 과정이 된다. "모든 개념의 규정 가능한 오류는 다른 개념들을 소환한다. 오로지 이름의 희망으로부터 무엇인가가 이행하여 만들어 내는 짜임 관계들은 여기서 발생한다. 철학의 언어는 이름을 부정함으로써 이름에 접근한다."(GS 6, 62)[8]

여기서 역시 다시금 규정적 부정이 드러난다. 개념들은 개별 사물들의 보편성을 대변하고, 이름은 개별 사물들 각각의 특수성을 대변한다. 따라서 신학적으로 그리고 미학적으로 상상된 개념적 언어에 대한 대항이상Gegenideal은 이름의 언어다. 창조주 신의 언어, 그리고 이름을 부여하는 자인 아담의 언어에서는 모든 생명체, 모든 사물에게 하나의 혼동되지 않는 이름이 존재한다. 이 이름은 그들 각각의 존재 자신의 본질을 혼동되지 않는 방식으로 표현한다. 이러한 언어의 주술적이고 동일성[정체성]을 촉진하는 명명하는 힘에 대한 신화적 표상은 특히 그것이 현대적 언어관의 교정 방법으로 동원될 때 그 의미를 갖는다.[74] 이 언어관에 따르면 단어들은 더 이상 "실체적 의미의 담지자"가 아니며, 오히려 더 이상 "대상을 경험할 수 있도록" 해주지 못하는 단지 "특징 없는 기호"일 뿐이다.(GS 3, 187f.) 그러나 아도르노는 이름의 언어에 대한 긍정적 이론이 사유의 계몽된 자기반성이라는 달성된 상태보다 퇴보할 수 있다는 사실을 알고 있었다.[75] 따라서 아도르노는 개별적인 것, 아리스토텔레스의 '여기 있는 이것τόδε τι'을 포착하고자 하는 충동을 짜임 관계적인 개념적 사유에 관한 그의 이론에 포함시킴으로써 구원하고자 했다. "철학은 오늘날 칸트의 시대와 마찬가지로, 이성의 추방이

---

8 이름은 개별 사물 혹은 주체의 고유성을 표현하기 위해 붙는다. 따라서 이름의 희망이란 동일성에 환원되지 않는 고유성이 표현될 수 있을 것이라는 희망을 말한다. 그런데 철학은 개별자의 개별성 그 자체가 아니라, 개별성이 추상된 개념적 동일성의 언어를 통해 논리적 관계를 만들어 내고 대상을 규정한다. 철학적 사유는 본질적으로 이름, 즉 고유명사를 부정하는 행위인 것이다. 이 때문에 철학은 본질적으로 동일성 논리로부터 벗어나지 못한다. 그러나 동시에 철학은 이러한 이름의 부정 속에서 대상을 동일성 강압에서 벗어난 짜임 관계 속에서 사유하는 것 역시 시도해야 한다. 그것은 동일성 강압을 넘어선 인식의 유토피아를 의미할 것이다. 이러한 인식의 유토피아는 동일성 원칙을 내포하는 합리성을 추상적으로 부정함으로써가 아니라 규정적으로 부정함으로써, 즉 합리성의 자기반성을 통해 가능할 것이다. 아도르노는 이처럼 철학이 본질적으로 동일성 원칙을 포함할 수밖에 없다는 사실을 드러내면서도, 그 안에서 별자리와도 같은 억압적이지 않은 관계의 창출을 위한 길을 모색하고 있다.

나 폐지가 아니라 이성을 통한 이성 비판을 요구한다."(GS 6, 92)

그러나 아도르노에 따르면 철학 혼자서는 인식의 유토피아를 실현할 수가 없다. 짜임 관계에서의 사유 형상 속에서 이미 철학은 관습적인 틀을 떠나 철학적 경험의 새로운 형식들에 대해 자신을 개방한다. 아도르노는 그가―철학적 미학의 체계적인 창시자인 바움가르텐Alexander Gottlieb Baumgarten[76]과 유사하게―인식의 참된 또 다른 매개체로 파악한 예술로부터, 현존하는 상태에 대한 축소되지 않는 경험을 위한 노력을 원조해 주리라 기대한다. 이 때문에 사람들은 아도르노가 그의 『미학 이론』에서 체념한 나머지 "인식 능력을 예술로 퇴보시켰다"[77]고 가정했다. 그러나 그렇게 말할 수 없다. 또한 또 다른 널리 퍼진 독해 방식 역시 아도르노에게서 무엇이 관건이었는지를 오인하고 있다. [이에 따르면] 아도르노는 철학과 예술의 경계를 소멸시켰으며, 그의 주제는 "이론 자체의 미학화"[78]였다는 것이다.

아도르노의 테제는 양자의 내적 유사성이 존재하기 때문에 "예술의 인식에의 참여"(GS 8, 330)가 가능하다는 것이다. 물론 이는 구분된 것들의 친화성이다. 예술작품은 변증법적인 "미메시스와 합리성의 짜임 관계"(GS 7, 192)로 특징지을 수 있다. 예술작품은 개념적으로 고정되지 않는 인식을 포함한다. 왜냐하면 그것은 미메시스와 표현에 결합되어 있기 때문이다. 그러나 이러한 인식의 잠재력은 개념적 반성에 의해 비로소 개시된다. "예술작품의 진리 내용은 각각의 개별적인 작품의 수수께끼를 객관적으로 해결하는 것이다. 이 수수께끼는 해결을 요구함으로써 진리 내용을 지시한다. 이 진리 내용은 오로지 철학적 반성을 통해 비로소 획득될 수 있다."(GS 7, 193) 그리고 반성, 즉 사유 또는 그 매개체인 개념은 다시금 언제나 "사유된 것, 비-개념적인 것, 비-동일적인 것"(PhT, 139)을 전제한다. 철학은 이를 망각해선 안 된다.

5.

총체적으로 사회화된 사회

따라서 아도르노에게는 동일성 개념을 제거해 버리는 일이 아니라, 성공적인 동일성의 관점을 구원하는 일이 중요한 것이었다. 동일성의 이중적 지양Aufhebung이란 이러한 의미로 이해될 수 있다. 이것이야말로 현존하는 비동일성, 즉 분열에 대한, 더 나아가 이 분열의 이면을 이루는 동일성 강압에 대한 유토피아적 부정이 의미하는 바일 것이다. 아도르노가 보기에 이제까지 "사회는 일차적으로 비동일자로서, '강압'으로서 각 개별자들에게 들이닥친다."(GS 8, 12)[79] 따라서 그에게 비동일자 개념은 변증법적 이중성을 지니고 있다. 비동일자 개념의 또 다른 의미는 동일성 강압의 포섭에서 벗어나는 것을 대변한다. 비동일자가 이러한 의미에서 "그 자체 이미 존재"(GS 10.2, 752)하는 것인지 여부는 아도르노에게 문제가 되지 않는다. 그는 비동일자를 맑스의 "사용가치" 개념에 대한 유비로 파악한다. 상품생산에 기초를 둔 현대 교환 사회에서 사물과 인간은 최종적인 사회적 심급에서 오로지 그것이 얼마나 교환가치를 실현하는가 하는 척도로, 즉 질적인 측면인 사용가치를 지우고 점차 무의미한 것으로 나타나게 만드는 양적인 측면에서만 의미를 갖는다. "모든 것을 지배하는 동일성 원칙, 즉 인간의 사회적 노동의 추상

적 비교 가능성은 인간의 동일성[정체성]의 해소에 이르기까지 인간을 몰아붙인다."(GS 8, 13)

사회의 개념

철학이 "동일성에 포섭되지 않는 것을―맑스의 용어로는 사용가치를 ―요구한다"(GS 6, 22)는 것을 보여 주어야 한다면, 철학은 자신의 표현 방식을 변경해야 한다. 이로부터 철학은 그 스스로 사회 이론으로 이행 하려는 경향을 지닌다. "오로지 인식의 사회적인 자기반성만이, 인식이 자기 내에 작동하는 사회적 강압들에 복종함에도, 이를 사고하지 못함 으로써 등한시하게 되는 객체성을 인식에 일깨워 준다."(GS 10.2, 748) 비 판이론에서 사회란 단순한 기능 개념이 아니라 우선적으로 구조 개념 이다. 아도르노의 사회학적 작업들은 사회철학적인 기초를 갖는데, 이 는 이 작업들이 "사물의 **본질**의 인식이라는 이상"(GS 8, 11, 강조는 저자)에 충실하기 때문이다. 사회 개념은 철학적이다. 왜냐하면 그것은 두 가지 전제를 갖기 때문이다. 그것은 첫째로 사회가 운동하고 변화되는 법칙 이 존재하고, 둘째로 이 법칙들은 구성적으로 사회적 현실의 현상들이 갖는 다양성의 근저를 이루면서, 동시에 이러한 현실 속에서 현상으로 나타난다는 것이다. "변증법적 사회 이론은 사실들을 조건 짓고, 이 사 실들 속에 발현하며, 이 사실들에 의해 변형되는 구조 법칙을 추구한 다. 변증법적 사회 이론은 구조 법칙을 전체 체계의 역사적 구성 요소 로부터 논리정연하게 도출되는 경향들로 이해한다."(GS 8, 356)

이와 더불어 아도르노는 본질과 현상 사이의 낡은 형이상학적 구분 에 새로운 비판적 형상을 부여한다. "사회와 그 운동의 [……] 본질적 법칙들은 이 법칙들이 현상하는 것이면서 이를 기만하는 사실적인 것das Faktische에 비해 더 현실적이다. 그러나 이 법칙들은 그 본질성이라는 전통적 속성들을 벗어던진다. 그것들은 세계를 지금 이대로의 모습으로 만든, 자신의 개념에 도달한 부정성이라 명명할 수 있을 것이다.”(GS 6, 171) 현대사회의 현상하면서 동시에 은폐되는 본질Wesen이란 비본질 Unwesen[1]이다. 이러한 통찰은 기술적記述的 의미와 규범적 의미를 모두 지니고 있다. 본질은 존재론적 실체가 아니다. 그것은 형이상학적 본질성이 아니라 현존하는 추상이다. 그리고 그것은 사회의 현존하는 본질로서 사실적인 것이다. 즉, 그것은 인간의 유적 본질의 실현을 가로막는 것이다. 아도르노의 사회 이론은 사회의 동일성, 즉 그 본질을 파악하면서 동시에 이를 동일성 강압으로, 비본질로 비판하고자 한다. 이는 강압 없는 동일성이 사회의 측면에서나 개인들의 측면에서 전적으로 실현되어야 할 어떤 것임을 보여 주기 위해서다.

전 사회적 진행의 논리는 인간적인 목적이 아니라 경제적 팽창의 추상적 동학에 복종한다. 아도르노가 맑스를 통해 가정하듯, 현대사회의 구조 법칙은 오로지 경제적 기능의 관점에서만 개인들로 고찰되는 서로 경쟁하는 계약 파트너들 사이의 교환관계를 토대로 한다. 여기서 맑스 이론의 중심적인 경제적 가르침은 아도르노의 비판적 사회 이론에서 중요한 의미를 갖는다. 가치법칙, “자본주의적 축적의 일반 법칙”과 “이윤율의 경향적 저하 법칙”[80])을 아도르노는 사회 이론적인 “구조 법

---

1   여기서 사용되고 있는 Unwesen이라는 단어는 우선적으로 본질(Wesen)의 부정형으로서 본질이 아닌 것, 비본질이라는 의미를 갖지만, 사전적인 의미상으로는 불법, 재앙 등을 의미하기도 한다. 아도르노는 현대사회에서 본질(Wesen)이 비본질(Unwesen)로 표현되고 있다고 자주 언급하는데, 이는 이 단어의 이중 의미를 사용한 표현이다. 즉, 이는 사회의 본질적 구조가 개별자를 억압하고 구속하는 동일성 원칙으로 표현된다는 점에서 부정적인 상태의 원인으로 파국적인 결과를 낳는다는 의미를 포함하며, 동시에 이 본질이 ‘본질’의 본래적 의미를 갖지 못한 ‘비본질’이라는 것, 따라서 본래적인 상태로 돌아가기 위해서는 실천적으로 변혁되어야 할 것이라는 의미 역시 지니고 있다.

칙"을 위한 "맑스의 모델들"(GS 8, 356)로 묘사한다. 맑스의 노동가치론을 이 자리에서 상세히 논할 수는 없다. 우리는 현재의 관점에서 드러나는 이 이론의 문제들을 다루지 않기로 한다. 여기서 중요한 것은 아도르노가 맑스의 가치이론을 종속적이지 않은 방식으로 수용했다는 사실이다.[81]

잉여가치의 창조가 자본에 의한 노동의 포섭에서 기인한다는 사실은 맑스와 마찬가지로 아도르노에게 중요한 것이었다. 노동력이 상품이 될 때, 노동력은 생산수단의 소유자에게 고유한 사용가치를 갖는다. 즉, 노동력은 그것을 생산자의 노동력으로 다시 생산하는 데 필요한 것 이상으로 많은 가치를 생산할 수 있다는 사용가치를 갖는다. 이것이 의미하는 바는 노동력의 사용가치가 노동자가 임금의 형태로 얻게 되는 노동력의 교환가치보다 더 크다는 것이다.[2] 아도르노에 따르면 부르주아 사회에서 형식적으로 정당하지만 내용상으로는 부당한 교환의 비밀이 여기에 숨어 있다. 아도르노는 맑스가 "이 사회에서 모든 것은 정당한 사물을 통해 일어난다는 것, 등가물들은 실제로 교환된다는 것, 그러나 결정적인 자리에서, 즉 노동력이라는 상품에 관해서는 그것이 올바른 사물들을 통해 일어나기 때문에 올바른 사물들을 통해 일어나지 않는다는 것"(PhT, 261. f.)을 보여 준다고 말한다. 지불되지 않은 잉여노동의 양은 생산된 상품 속에 잉여가치로서 반영되며, 잉여가치는 이후 시장에서 상품이 판매될 때 이윤으로 실현될 수 있다. 여기서 아도르노는 맑스를 이어받는데, 이러한 가치의 자기증식은 "자동 주체au-

---

2 여기서 저자는 맑스의 가치이론을 혼동하고 있다. 노동력의 사용가치가 교환가치보다 크다는 표현은 형용모순이다. 사용가치는 양적인 개념이 아니라 질적인 개념이므로(그래서 아도르노는 사용가치가 '비동일자'에 상응하는 개념이라고 말한다), 사용가치가 양적으로 다른 사용가치 혹은 교환가치와 양적으로 크다 혹은 적다라고 말할 수 없다. 맑스의 잉여가치론을 제대로 설명하기 위해서는 노동력의 사용가치를 통해 창조해 낸 가치 또는 교환가치의 크기(산 노동에 의해 새로이 생산된 상품의 가치)가 노동력이라는 상품의 교환가치(노동자가 임금으로 돌려받는 몫)보다 더 크다고 표현해야 한다.

tomatisches Subjekt*[82])로서 사회적 역동성의 모터가 된다. 그는 덧붙이길, 이러한 역동성Dynamik은 그러나 결국은 정태성Statik과 전혀 구분되지 않는데, 왜냐하면 사회적 생산이 처음부터 인간의 욕구가 아니라, 가치 증식의 관심에 의해 결정되기 때문이다.(GS 8, 217 ff.) 자본주의적 축적도 마찬가지로 기능한다. 그러나 이로부터 귀결되는 것은 맑스와 그를 따르는 정통파가 자본주의적 기업들의 사회적 평균이윤율의 경향적 하락에 의한 필연적인 결론으로 주장했던 경제체제와 사회체제의 붕괴가 아니다.

아도르노가 사회적 본질의 부정성을 거론할 때, 그는 이를 우선적으로 맑스의 수단들을 통해 수행한다. 이 부정성은 개인들에게도 이어지는, 주요 사회집단들의 화해되지 않는 충돌에서 기인한다. 그리하여 아도르노는 맑스를 암시하면서 "적대적으로 진보하는 사회의 부정적 존재론"(GS 8, 233)이 필요함을 주장한다. 이것은 [맑스가] 역사를 계급투쟁의 역사로 고찰한 것을 상기시킨다.[83] 아도르노가 강조하는 것은 맑스의 계급이론이 단순히 현재에만 적용될 수 있는 것이 아니라는 점이다. 왜냐하면 그것은 계급의식 개념을 중심으로 하기 때문이다. 확실히 아도르노는 오늘날 "표준적인 자본주의 국가들에서 프롤레타리아 계급의식을 [……] 언급할 수 없다"고 말한다. 그러나 그럼에도 불구하고 경제적인 진단의 도구로서 계급 개념은 포기할 수 없는 것이다. 왜냐하면 계급의식의 결여는 "일반화된 상식과 달리, 그 자체로 계급의 실존을 반박하는 것이 아니며, 계급은 생산수단에 대한 위치를 통해 규정되는 것이지, 그에 귀속된 사람들의 의식을 통해 규정되는 것이 아니"기 때문이다.(GS 8, 357 f.) 그러나 아도르노에게 우선적으로 중요한 것은 그가 메타경제적[경제를 넘어서는 방식]으로 파악하는, 사회의 모순적 근본 상태에 대한 변증법적 개념이다. 중요한 것은 사회적 "구조"를 개념화하는 것이다. "이 구조는 분명한 의미에서의 사회가 존재한 이래로 적대적이었다. 그리고 이 구조는 정치 외적인 갈등들과 전쟁의 파국의 영구적인 가능성이 [……] 거칠게 증언하듯이, 여전히 남아 있다."(GS 8, 357 f.) 가치의 자기증식의 강압으로부터 해방된 사회로의 이행의 확실성이 비판이론에 더 이상 남아 있지 않다는 사실은 또한 경제적으로 근거 지어지는 맑스의 혁명이론에 대해 비판이론이 두는 거리를 설명해 준다. 아도르노는 이러한 혁명이론이 분명히 의도치 않은 관념론적 역사철학으로의 후퇴로 이어질 거라고 비판한다. "맑스의 기대는 너무나 낙관적이었으며, 필연적으로 생산관계를 폭발시킬 생산력의 우위는 역사적으로 확실한 것이었다. 그 점에 있어서 독일 관념론의 공공연한 적대자인 맑스는 독일 관념론의 긍정적 역사 구성에 충실하였다."(GS 8, 363)

전후 독일의 사회학계는 이러한 변증법적 사회철학의 기교에 대해선 대부분 낮은 평가만을 부여했다. 예컨대 르네 쾨니히René König는 맑스의 이론과 호르크하이머와 아도르노의 비판이론 모두에서 "최종적 시간에 관한 관점이 종말론적 예언과 일치"하고 있다고 주장한다. 그는 "이러한 전체 사유 방식의 근저에 놓여 있는 사회 개념의 사변적 성격"으로 인한 "형이상학적인 과열"을 비난한다. 왜냐하면 이 사회 개념은 모든 노동하는 인간들의 자유로운 연합이라는 목표와 관련되어 있기 때문이다. 쾨니히의 생각은 "이 개념으로부터 도출된 모든 귀결들이 사용되지 않도록 이 개념을 포기하는 것으로 충분하다"[84]는 것인데, 그는 이를 학문의 진보로 여겼다. 그 유명한 『독일 사회학에서의 실증주의 논쟁』에서 칼 포퍼Karl Popper의 가치중립적이고 과학주의적인 학파는 아도르노와 하버마스에 대항하여, 변증법적 사회 개념을 포기하고 그로부터의 귀결들이 무가치하다는 것을 선언해야 한다고 주장했다. 프랑크푸르트학파는 사회적 체계 이론의 기능주의적인 자기 제약이 기술관료적이고 타협주의적인 특징을 가지며, 자기반성을 결여하고 있어 사회과학의 경험 상실과 대상 상실로 귀결되고 있다고 논증했다.[85]

맑스에게서 그리고 비판이론에서 사변 형이상학적인 계기는 특수한 방식으로 변형된다. "사변"과 "형이상학"은 '단순한 추측'이나 '초감각적 망상'과는 근본적으로 다른 어떤 것이다. 사변이란 정신적-이론적인 직관을 의미하며, 형이상학은 존재의 원칙들을 그 전체 연관 속에서 개념적으로 규정한다는 것을 의미한다. 관념론에 대한 아도르노의 내재적 비판에 관한 서술에서 이미 거론되었듯이, 그는 구식 사변 형이상학을 추구하는 것이 아니다. 그의 비판이 갖는 요점은 정신적으로 직관된 모든 현상의 본질이 항상 하나의 주장된 신적인 혹은 관념적인 초월성의 원칙들로 소급된다는 데에 있다. 그러나 다른 한편으로 아도르노는 우리가 사회적 현상들의 충만함에 무개념적으로 굴복해 버리고 이에 따라 비판적 능력을 상실하지 않으려 한다면, 본질과 현상의 구분 없이는 이를 달성할 수 없다는 사실을 알고 있다. 그는―인식 주체의 세계를 일어나는 사건 전체로 환원하고자 했던 비트겐슈타인의 실증주의적인 공식에 반대하여―이렇게 말한다. "형이상학은 의식의 형태다. 이 형태 속에서 의식은 단지 일어난 사건 이상인 것 또는 단지 일어난 사건만이 아니지만 그럼에도 사유해야 할 것을 인식하고자 시도한다. 왜냐하면 사람들이 일어난 사건이라고 부르는 것은 우리에게 이를 요구하기 때문이다."(PhT, 167) 사회적 본질이 그 현상 속에 은폐되어 있는 한에서, 그리하려 인간적인 목적을 위한 이 본질의 변화가 일어나지 않는 한, 형이상학의 인식 요구는 불가피한 것이다. "본질은 비본질 자체의 법칙에 따라 은폐되는 것이다. 본질이 없다고 반박하는 것은 가상, 즉 총체적 이데올로기의 측면으로 전도된다는 것을 뜻한다. 그러는 사이 현존재는 점차 이데올로기화되고 있다. 구분을 허용해야 하는 어떠한 본질에 대해서도 알지 못하기 때문에 모든 현상을 동일하게 간주하는 사람은, 광신적인 진리에 대한 사랑으로 인해 비진리와 공통점을 갖는다."(GS 6, 171)

아도르노에게 중요한 것은 긍정 형이상학이 아니었고, 그가 맑스의 노동가치론에 무비판적으로 예속되어 있었던 것도 아니었다는 점은 다음과 같은 사실을 보면 분명해진다. 그는 후기 비판이론이 맑스와 달리 더 이상 내재적-비판적으로 사유할 수 없다는 가능성에 관해 숙고했다. 왜냐하면 여전히 사회적 구조 법칙은 존재하지만, 이러한 법칙들은 더 이상 막 피어난 초기 부르주아 사회만큼 일관된 연관성을 제시하지 못하기 때문이다. 그는 1969년 다음과 같이 쓴다, "맑스 이론의 핵심", 즉 "잉여가치론"은,

계급관계 그리고 계급 적대의 성장을 객관적-경제적으로 설명해야 한다. 그러나 그 개념상 잉여가치가 흘러나오는 유일한 원천인 산 노동의 비율이 기술적 진보의 범위에 의해, 즉 산업화에 의해 경향적으로 한계치까지 줄어든다면, 이로 인해 핵심인 잉여가치론은 약화된다. 객관적 가치이론이 갖는 현재의 결함은 오늘날 학술적으로 거의 유일하게 수용되는 교과서적 경제학의 관점에 의해서만 제약되는 것은 아니다. 이 관점은 계급의 형성을 잉여가치론 없이 객관적으로 정당화하는 난점으로 소급된다. [……] 현재의 사회에는 내적으로 일관된 이론이 적용되지 않는다는 사실을 생각해 봄 직하다. 학문적으로 자유주의의 완성된 체계가 자신 앞에 놓여 있었던 동안에는 맑스는 이를 더 쉽게 다룰 수 있었다. 그는 자신 앞에 주어진 이론적 체계에 대한 규정적 부정 속에서 체계와 닮은 이론을 만들어 내기 위해, 단지 자본주의가 그 고유한 역동적 범주들 속에서 이 [자유주의—옮긴이] 모델과 일치하는가를 물어보기만 해도 되었던 것이다. 오늘날에는 시장경제는 그러한 대조를 조롱할 수 있을 정도로 약화되었다. 현재 사회구조의 비합리성은 이론의 합리적인 전개를 방해한다.(GS 8, 359)

이러한 고찰들과 함께 자신이 제기하는 질문에 대해 아도르노 스스로는 분명한 답을 내리지 않았다. 그러나 바로 이렇게 답을 내리지 않는 것이 그의 이론이 말하고자 한 것이었다. 그의 이론은 오늘날 비판 이론이 직면하게 되는 사회적이고 경제적인 변화들에 대해 무관심하지 않았다.

『부정변증법』에서 아도르노는 한걸음 더 나아간다. 그는 우선 자유 개념을 근거로 현대 부르주아 사회의 강령, 즉 요구를 그 현실과 대조시킨다. 그런 뒤 그는 사회적 질서의 개념에 숨어 있는 변증법에 관해 성찰한다.

사회 자신의 개념에 따르자면 인간의 관계들은 자유 속에서 기초를 찾고자 한다. 그러나 오늘날에 이르기까지 자유는 그 관계들 속에서 실현되지 않았다. 사회란 이처럼 완고하면서도 동시에 결여되어 있는 것이다. 보편적 교환 법칙 속에서 모든 질적인 계기들은 납작하게 눌려 버린다. 이 질적인 계기들의 총괄 개념이 구조와 같은 어떤 것일지도 모른다. 제도적인 형식들의 권력이 더욱 무절제해질수록 이 형식들이 강요하고 자신의 형상에 따라 기형적으로 만들어 내는 삶 역시 더욱 혼란스러워진다. 이성의 화해된 실현은 비로소 인간 존엄의 질서, 즉 폭력 없는 질서와 일치할 것이다. 그러나 상부구조라는 이름이 은폐하는 모든 것과 함께 삶의 생산과 재생산은 이성에게 투명하지 않다. 낡은, 자연발생적인 질서들은 이미 소멸했거나 살아남아 악으로 된 채 그 자신의 정당성을 잃어버렸다. 사회는 결코 그 어디에서도 그것이 개별적 운명의 비합리적 우연성 속에서 나타나는 것처럼 무정부적으로 진행되지 않는다. 그러나 사회의 대상화된 법칙성은 불안 없이 살아갈 수 있어야 할 현존재의 상태에 대한 대립항이다. (GS 6, 95f.)

아도르노가 보기에, 혼란은 질서의 형상으로 독해해야 한다. 인간의 이성적 잠재력과 현대사회의 비합리적 현실 사이의 균열, 즉 아노미적인 와해와 제도적으로 고착화된 경직성 사이의 모순적 상호 연관이 여기서 급진적으로 묘사된다. 이때 후기구조주의적인 통찰들이 선취되기도 하며 동시에 변증법적으로 상대화되기도 한다. 사회적 와해Zerfall의 논리는 해체Dekonstruktion[탈구축] 속에서 비로소 모습을 드러낸다. 그러나 이러한 와해의 논리는 제도적으로 사물화된 정태성의 논리이며, 해체는 단순한 철학적 테크닉으로서가 아니라, 사회와 그 경제적 토대 자체의 부정적 운동으로 파악된다.

물론 오늘날의 관점에서는, 세계가 점점 더 "관리"되고 있다는, 즉 세계를 남김없이 관리하는 것이 완전히 가능해지고 있다는 아도르노와 호르크하이머의 되풀이되는 정식화의 가정에 대한 의구심 역시 제기되어야 할 것이다. 최소한 지구적인 수준에서는 전적으로 사회가 다양한 장소에서 실제로 정확하게 "그것이 개별적 운명의 비합리적 우연성 속에서 나타나는 것처럼 무정부적으로 진행"된다고 말할 수 있을 것이다. 현재의 경제적, 정치적 위기, 내전과 이주의 운동은 세계의 사회화를 지향하는 세계경제 질서의 포용력이 극적으로 쇠퇴했음을 암시하는 지표들이다. 그런 면에서 관리되는 세계에 관한 테제는 그 자체로 오늘날의 비판적 사회 이론에 적용될 수는 없다. 결국 이 테제는 독일에서 학술적 사회학이 "관리Verwaltung"라는 명제에 의해 지배되었던 시대에 정식화된 것이다. 그러나 호르크하이머와 아도르노의 관리되는 세계 이론은 하나의 과정의 계기로서 통합Integration 노력의 실패로 나아가고 있는 현재의 경향이 두드러지게 나타나는 원인에 대한 이론적인 배경으로 고찰될 수 있다. 이 과정은 변증법적으로, 즉 세계화와, 시장경제에 의해 지배되는 사회들의 내적 와해 사이의 점증하는 모순적인 연관성이라는 과정으로 재구성될 수 있을 것이다.

개인의 소멸

근대 사회철학에서는 자유와 질서라는 양극 사이에서 개인의 확장 혹은 몰락이 다루어졌다. 그리고 에른스트 블로흐가 이 기초 개념들을 따라 체계화했던 사회적 유토피아라는 [근대 사회철학에 대한] 대항 기획 속에서도 마찬가지다.[86] 아도르노에게서 총체적으로 사회화된 사회는 개인적 관심과 보편적 관심 사이의 성공적인 매개에 반대되는 형상을 의미했다. 그의 분석적이고 비판적인 작업은 최근에 이르기까지 그에 대한 분석과 비판에서 유효성을 얻고 있었다. 아도르노의 개인 이론은 이러한 맥락 속에 놓여 있다. 여기에서 중요한 것은 물론 어떻게 개별 인간의 발전과 욕구 충족의 자유가 사회적 전체의 합리적이고 억압 없는 질서와 매개될 수 있는가 하는 질문이다. 그러나 이것이 일차적인 질문은 아닌데, 왜냐하면 아도르노의 개인 이론은 부정적인 이론으로서, 이러한 매개 시도의 실패를 파악하고자 하며, 동시에 이 매개 시도들에서 긍정적-기술적 모델이 중요한지 유토피아적-규범적 모델이 중요한지 하는 물음을 다루기 때문이다. "관리되는 세계에서 희망이 남아 있다면, 그것은 매개가 아니라 극단들의 곁에 놓여 있는 것이다."(GS 8, 455)

비판이론에서 개인은 무시간적 인간학의 범주가 아니라 역사적인 범주로 이해된다. "특수한 의미에서 '개인'이 의미하는 바는 [……] 생물학적인 개별 존재가 아니다. 개인은 일정한 정도로 스스로 정립되고, 자신의 대자 존재Für-sich-sein, 자신의 유일성Einzigkeit을 자신의 고유한 규정으로 고양함으로써 나타난다. 이전 시대에는 철학의 언어는 일상 언어와 마찬가지로 이에 관하여 '자기의식'이라는 표현을 가지고 있었다. 오직 타인의 관심과 노력으로부터 자신을 구별하는, 스스로 실체가 되는, 즉 자신의 자기보존과 발전을 규범으로 확립하는 사람만이 개인이다."[87] 그러나 개인은 사회적인 것의 대립항으로도 파악될 수 없다. 비판이론은 오히려 그 자체 "사회적으로 매개된 것으로" 증명되는 "개인의 내적 구성의 역동성"에 관해 묻는다.[88] 왜냐하면 개인은 사회적인 독립체로서 기껏해야 근대에 이르러, 그것도 자유로운, 자기규정적인 개별 인격이 경제적이고 문화적인 사건의 주체로 되는 과정을 이끌었던 보편적인 중세 봉건 질서의 와해의 결과로 형성되었기 때문이다. 아도르노는 다음과 같이 결론을 내린다. "자유로운 시장경제가 중세 체계를 추방하고, 기업가와 자유로운 임금노동자를 필요로 했을 때, 이러한 유형들은 직업적인 유형으로서 뿐 아니라, 동시에 인간학적인 유형들로서 형성되었다. 선견지명, 자기책임, 자기 스스로 만족하는 개별자, 의무의 이행 등과 같은 개념들뿐 아니라 또한 고착화된 양심의 강요, 내면화된 권위와의 유대 등도 유행했다. 그 이름이 오늘날까지 사용되듯이, 개인 자체는 그 특수한 실체에 따르면, 결코 몽테뉴나 햄릿으로 소급되는 것이 아니라, 이탈리아 초기 르네상스로 소급된다."(GS 8, 450)

여기서 반영론反映論[3]에 빠지지 않기 위해, 호르크하이머와 아도르노는 자유주의적 자본주의 사회가 처음에는 권위적으로 조직된, 나중에는 민주적 헌정을 갖춘, 그러나 관료적-사회기술적으로 관리되는 자본주의 사회로 이행하고 있는 배경에서 개인의 이력을 근대 사회의 핵심적 심급으로 분석한다. 1950년대 새로 문을 연 사회조사연구소의 집합

---

3   맑스가 『정치경제학 비판을 위하여』(1859)의 서문에서 단 한 차례 짧게 언급했을 뿐인 '토대와 상부구조'라는 비유는 맑스 사후 '맑스주의'의 교리들과 '변증법적 유물론'의 철학 체계들이 만들어지는 과정에서 결정적인 영향을 행사했다. 그리하여 인간의 주관적 의식은 객관적 세계의 물질적 토대의 반영일 뿐이라는 주장이 변증법적 유물론의 핵심을 이루었다. 이러한 인식론은 인간의 정신이 갖는 고유성과 특수성, 상대적 자율성을 철저히 무시한다는 점에서 기계적 결정론에 더 근접해 있다. 그리고 20세기 중반에 등장한 서유럽의 비판적 맑스주의자들은 이러한 관점에서 정설 맑스주의의 한계를 비판한다. 이런 맥락에서 그람시, 루카치, 프랑크푸르트학파, 사르트르, 알튀세르 등 서구 맑스주의 철학들은 정설 맑스주의의 반영론적 인식론을 넘어서기 위한 각기 다른 시도들로 이해될 수 있을 것이다.

적 출판물로 발간된 『사회학적 보론들Soziologische Exkurse』에서 두 저자가 명확히 밝히고 있듯이, 처음부터 "부르주아적 개인은 부르주아적-특수한 실존과 정치적-보편적 실존 사이의 대립, 사적 영역과 직업 영역 사이의 대립과 같은 대립들을 통해 전제적專制的으로 지배되었다. 경제적-정치적 발전 속에서 이 대립들은 상승하였다." 부르주아적[시민적] 개별성이라는 개념은 극도로 이데올로기적인데, 이는 그것이 진리이면서 동시에 비진리라는 것을 의미한다. 이 개념은 사회의 역사적 구조 법칙성을 대변하는 동시에 옹호론적인 내용과 규범으로 채워져 있는데, 구체적 인격으로서의 개인들은 결코 이에 부합할 수가 없다.

> 길드적 제약의 해체와 산업의 기술적 혁명의 시작 이래로 경쟁의 원칙이 왕좌에 오름에 따라, 부르주아 사회는 개별적 경제 주체가 그의 이익에 대한 관심을 가차 없이, 그리고 보편적인 선에 대한 고려 없이 추구하도록 강요하는 역동성을 확장시켰다. 프로테스탄트 윤리, 부르주아-자본주의적 의무 개념은 이를 위한 양심의 강압을 제공해 주었다. 개인의 정치적 자기결정을 뜻하는 개인의 자율성이라는 반反봉건적 이상은 경제적인 틀 속에서, 질서의 유지와 성과 향상을 위해 필요한 이데올로기로 변신했다. 그리하여 총체적으로 내면화된 개인에게 현실은 가상이 되고 가상은 현실이 되었다. 개인은 자신의 개별화된, 사회로부터 독립적인, 즉 관용을 인정받지만 또한 철회 가능한 실존을 절대적인 것으로 정립함으로써, 자신을 절대적 미사여구로, 슈티르너[막스 슈티르너MaxStirner―옮긴이]적인 '유일자'로 만들었다."[89]

이데올로기로서의 개인에 대한 아도르노의 비판적 분석은 첫째로 개인이 최종적인 자연적 소여所與가 아니라는 점, 둘째로는 개인은 단지 역사적으로 생성된 것일 뿐 아니라, 마찬가지로 또한 이행적인, 즉 부르주아 주체성의 소멸한 사회적 조직화 형식이기도 하다는 점을 보여준다. 아도르노는 이를 다음과 같이 표현한다. "오늘날에는 이제 경쟁과 자유로운 시장경제는 합병된 대기업들과 그에 상응하는 집단들에 직면하여 점점 더 중요성을 상실한다. 개인주의 개념은 [……] 그 역사적 한계에 다다랐다."(GS 8, 450)

아도르노는 이 한계의 구체적인 정황에 관한 두 개의 서로 다른 관점들을 가지고 있다. 1940년대에 그는 호르크하이머의 "라켓이론Racket-theorie"[4]의 지지자였고, 개인의 불가역적인 제거가 현대사회의 특징이라는 점을 받아들였다. 라켓이론은 가장 진보한 산업국가들의 사회적 구조를 정치적으로 전체주의적totalitär이며, 경제적으로 독점적 또는 국가자본주의적이라고 파악한다. 이 이론은 사회적 이해집단들을 경쟁하는 패거리(영어로 racket)로 묘사한다. 이 패거리들은 그들 조직원들에게 보호를 보장하는 반면, [그 대가로] 무조건적 종속을 요구한다. 이들은 이따금 잔인하게 수행되는 분배 투쟁들 속에서 그들의 소유 상태의 보존과 증대, 그리고 사회적인 지배를 둘러싸고 결투를 벌이며, 사회적인 권력을 적대적으로 독점하고자 한다. 개별자는 이 사회구조 속에서

---

4   라켓(racket)이라는 영어 단어에는 '보호비를 갈취하는 폭력배'라는 뜻이 포함돼 있다. 이 단어는 자본주의 사회가 일정한 수준 이상 발전하였을 때, 자유로운 상품교환과 개인들 사이의 계약, 합법적 테두리 내에서의 비폭력적 교환이라는 자신의 이상을 넘어서 직접적인 국가의 폭력에 의존하여 사회적 자기보존을 완수한다는 의미를 표현하기 위해 호르크하이머에 의해 사용되었다. 그는 파시즘을 권위적 국가자본주의 통치 체제로 정의한 프리드리히 폴록의 정치경제학적 고찰로부터 이 아이디어를 가져왔다. 이 이론에 따르면, 독일의 나치즘 집권 세력은 바로 그러한 독점자본의 과두적 이익을 실현하기 위해 국가 폭력 혹은 무장한 조직을 통한 테러 통치를 바탕으로 수행된 통치 권력이었다. 또한 자신의 패거리 안에 포함된 사람에 대해서는 '보호'를, 그리고 이에 포함되지 않은 외부에 대해서는 직접적 '폭력'을 수행한다. 따라서 이 이론은 자본이 자신의 이익을 방어하기 위해 직접적 폭력에 의존하여 사회적인 부를 갈취, 강탈한다는 현상을 표현하기 위해 호르크하이머와 아도르노에 의해 종종 언급되었다.

단지 각각의 "패거리"에 소속됨으로써만 자신을 보존할 수 있다. "자기 보존은 자기 자신을 상실한다"(GS 4, 261)고 아도르노는 『미니마 모랄리아』에서 정식화한 바 있다. 더 이상 통찰력, 자율성 그리고 자발성이 아니라, 순응 능력과 타협주의가 생존에 필수적인 성격상의 기질이 되었다는 것이다. 어떠한 '패거리'에 속해야 하는가, 그것이 기업주 협회인가, 정치적 권력 파벌인가, 아니면 노동조합인가 하는 물음은 전혀 중요하지 않다. 개인은 소멸했다.(GS 4, 145)[5]

의심의 여지없이 라켓이론은 관상학적으로 지난 세기 가장 선진적인 국가들에서의 자유주의 이후 사회의 특징들을 잘 드러낸다. 이는 브레히트가 『아르투로 우이의 저지할 수 있는 출세』에서 문자 그대로 나치즘의 특징들을 적중시키는 것과 마찬가지다. 그러나 이 이론의 문제는 첫째로 개별 집단들을 적절하게 구분하는 능력에 있어 너무나 부족하다는 것과, 둘째로 그 경제적인 전제에 있다. 이 이론은 20세기가 독점자본주의 시대라는 가정이 올바른 것인가에 따라 판가름 날 것이다. 여기서 이 독점자본주의가 겉보기에 민주적으로 조직되었는가 아니면 파시즘적으로 조직되었는가, 혹은 국가사회주의에 의해 대체되었는가 하는 것은 중요치 않다. 그러나 유통 영역의 소멸, 즉 경쟁의 폐지와 상품생산에서 지령 경제에 따른 무정부성의 대체는 실제로는 결코 발생하지 않았다. 그리고 심지어 동구권의 국가사회주의적 계획경제는 항상 그것이 세계시장의 경쟁과 맺는 관계 속에 머물러 있었다. 따라서 이 계획경제에 명백하게 최종적인 일격을 가한 것은 단지 계획경제의 내재적인 불충분함만이 아니라 또한 이러한 요소이기도 했던 것이다.

2차 대전 이후 사회조사연구소에서는 더 이상 국가자본주의 이론과

---

5 여기서 소멸했다는 단어의 원어는 liquidieren으로, 이 단어는 액화되다, 용해되다, 녹아 버리다, 즉 형체가 무너지다라는 의미를 포함한다. 이 단어는 개인이 고유한 형태를 상실하고 용해되어 전체로 흡수되는 현상을 표현한다.

라켓이론이 다뤄지지 않았다. 아도르노 역시 명백히 현실의 발전에 적합하지 않는 이러한 모델과 단절하였다.[90] 개인이 우리 시대에 더 이상 주도적인 사회적 심급이 아니라는 경험 내용을 이론적으로 개념화하기 위해 아도르노는 오히려 2차 대전 이후부터 오늘날까지 지배적인 현상이 된 사회적 현상, 즉 개인주의의 새로운 번성이라는 현상에 접근하였다. 비판이론은 이러한 개인주의의 번성을 사회적으로 필연적인 가상의 귀결로 입증했다.

전반적으로 아도르노는 개인Individuum에 관한 자신의 이론을 비판이자 구원으로 파악한다. 즉, 그것은 개별화Individuation 원칙의 실체화에 대한 비판이자, 이 원칙에 보존되어 있는 참된 인간적인 내용의 구원이다. 후자는 역설적으로 개별화 원칙이 역사적으로 막 몰락하기 시작하는 것처럼 보이는 순간에 비로소 큰 의미를 갖게 되었다.『미니마 모랄리아』에서 아도르노에게 중요했던 것은 개별성Individualität의 저항적 잠재력을, 이 범주가 그 실체성을 상실하고 있는 바로 그 순간에 포착하는 일이었다. 이에 반해 그의 후기 저술들에서 아도르노는 개별성의 심급이 다시금 실체화되는 시대에, 그것이 갖는 이데올로기적 요소를 드러낸다.

아도르노는『미니마 모랄리아』에서 "개별성에 관한 물음은 그것이 소멸하는 시대에 새롭게 제기되어야 한다"고 쓰고 있다. "모든 개인주의적 생산과정과 마찬가지로 개인이 기술의 수준에 비해 뒤처지고 역사적으로 낡은 것으로 되었다면, 이제 유죄판결을 받은 개인에게는 승리자에 대항하여 다시금 진리가 부여된다. 왜냐하면 비록 왜곡된 방식이나마, 개인만이 모든 기술화에 정당성을 부여하는 것, 그리고 이러한 기술화가 의식화되도록 하는 것의 흔적을 보존하고 있기 때문이다. 고삐 풀린 진보가 직접적으로 인간성의 진보와 동일하지 않은 것이 입증되었으므로, 그와 대립하는 것만이 진보에 피난처를 제공해 줄 수 있을 것이다."(GS 4, 147) 개인은 더 이상 시대에 적합하지 않으며, 그 자신이 추구한 진보에 의해 뒤처져 있다. 사회적인 개별화 원칙은 스스로 "숙명의 승리"(GS 4, 15)로, 즉 자기소멸을 향해 전개되었다. 개별화 원칙의 시대착오성은 비판이론이 보기에는 이중적인 의미의 증거였다. 맹목적인 이윤 동기로부터 해방된, 이성적이고 정의롭게 설정된 사회라면 개별성이라는 부르주아적 범주의 절대화를 비진리로 인식할 것이며, 인간적인 사회화의 다른 형식들을 발견할 것이다. 그에 따르면 실질적인 진보는 사실 개별화 원칙을 넘어서는 진보일 것이다. 그러나 현실적인 진보[6]는 진보가 아니다. 왜냐하면 그것은 자신이 넘어서고자 하는 지점[개별화 원칙]을 추상적으로 부정하는 한에서, [진보라는] 그 개념에 부합하지 않기 때문이다. 개별화 원칙의 순수한 소멸을 향한 경향은 [현재] 도달된 상태와 이 상태에 숨어 있는 약속보다도 더 뒤로 후퇴한다.

아도르노가 내용적으로나 방법론적으로 개인과 개인의 특수한 경험 형식에 주의를 기울인다면, 이는 부르주아 주체성의 상실에 대한 노스탤지어적인 애도에서 비롯하는 것이 아니라, 그러한 관점 속에 철학적으로 비동일자의 입장을 파악하고 사회 이론적으로 자유로운 자기결

---

6 기술 발전에 따라 '개인'이라는 범주가 낡은 것으로 되어 버리는 방식의 진보를 말한다. 예컨대 길드제 수공업에서는 장인이라는 개인의 노동과 이를 통해 생산된 수제 제품이 명품으로 취급받았으나, 매뉴팩쳐 시대에 장인은 상인자본에 귀속되는 노동자로 전락한다. 이후 대량생산이 이루어지는 대공장의 시대에 이르러 노동자의 노동은 단순한 작업의 반복으로 격하되었으며, 디지털과 인공지능의 시대에는 그러한 단순화된 인간 노동마저 필요 없는 존재로 여겨지게 된다. 잉여인간의 취급을 당하는 것이다. 이처럼 개인을 강조했던 부르주아 사회가 추구해 온 기술 발전의 진보는 역으로 이 부르주아 사회의 근간을 이루었던 개인 범주를 불필요한 것, 낡은 것, 대체 가능한 것으로 전락시키는 결과를 낳았다. 지금 언급되고 있는 아도르노의 진보 비판은 이 점을 겨냥하고 있다. 아도르노에게서 참된 진보는 개별화의 원리를 넘어서야 하는 것인데, 왜냐하면 이상적인 사회라면 부르주아 사회의 원자화를 넘어서는 보편적인 연대적 관계망을 실현해야 하기 때문이다. 반면 부르주아 사회가 지금 진행시키고 있는 진보의 과정은 이 개별화 원리를 추상적으로 부정함으로써 개인을 불필요한 존재로 만들어 결국 (참된 의미의 개별화를 넘어서는 공동체가 아닌) 개인의 소멸을 낳고 있다.

정의 목적이 논의될 수 있는 지성적인 저항 능력이 보존될 수 있기 때문이다. 따라서 아도르노에게서 개인은,

충만함, 차이의 세분화, 힘을 얻었지만, 다른 한편으로는 사회의 사회화에 의해 약화되고 무기력해지기도 했다. 개인이 쇠락하는 시대에 개인의 경험은 그 자신에 의해, 그리고 자신이 겪는 것에 의해 다시 한번 인식에 기여한다. 이 인식은 개인이 지배적인 범주로서 지속해서 긍정적으로 해석되면서 단지 은폐되었을 뿐이었다. 차이의 소멸을 직접적으로 의미라고 선언하는 전체주의적인 통일성에 직면해서, 해방적인 사회적 힘 중 어떤 것은 일시적으로나마 개별적인 것의 영역으로 집결할 수 있을지도 모른다. 비판이론은 개별성의 영역에 머무는 데 양심의 가책을 느끼기만 하는 것은 아니다.(GS 4, 16)

그러한 경험은 비판이론이 현재의 유사-개별성을 그 자체로 파악할 수 있게 해주었다. "개인이 적을수록 개인주의는 더욱 커진다."[91] 개인주의는 질서화된 소비, 그리고 문화산업, 기술적 경이로움과 스포츠에 의한 여가 시간의 조직화된 수행이라는 틀 속에서 사회적 감독에 의해 생겨난 것이라고 비판적으로 고찰된다. 아도르노에 따르면, 사회학이 전통적으로 사회들 내부의 분화 과정과 맺는 상호 긴장 관계 속에서 고찰하는 통합Integration은 관리되는 세계에서 자립화되었다. 총체적 통합이란 아도르노에게는 오늘날 내면생활에 이르기까지 인간에 대한 남김 없는 파악을 의미한다.

사회적 관계들과 과정들에 대한 [……] 인간의 순응은 역사를 형성하며, 이것

없이는 인간은 지속적으로 생존하기 힘들어질 것이다. 이러한 순응은 인간들 속에 침전되어서, 이것이 억제될 수 없는 충동의 갈등 없이 오로지 의식 속에 서만 성취될 수 있는 가능성은 감소했다. 통합의 승리로 인해 나타나는 충동의 갈등은 인간의 가장 내적인 행동 방식에 이르기까지, 이 행동 방식을 통해 발생하는 것과 동일시되었다. [……] 그 과정은 인간이 그들이 매혹된 것에 그들의 생명을 빚지고 있다는 사실에 의거한다. [……] 한때 이데올로기들을 발생시켰던 접착제Kitt는 한편으로는 압도적 힘 속에 존재하는 관계들 그 자체 속으로, 다른 한편으로는 인간의 심리적인 상태 속으로 침투하였다.(GS 8, 18)

인간의 심리 상태에 대한 합리적 자기인식이란, 자기결정적인 삶, 신경증적 장애로부터 해방된 삶을 향한 길을 정신분석학 속에서 개척하는 것이어야 했다. 프로이트는 개인 심리학을 개인의 심리 장치 심급에서의 복합적 역동성으로 투명하게 밝혀내고자 했다. "이드Es"의 충동적 욕구들과 "초자아Überich"의 규범적 요구들 사이의 매개체로서 "자아Ich" 속에서 성취되어야 하는 모순적인 통일은 취약한 것이다. 자신의 충동 구조가 요구하는 것과, 양심으로 내면화된 사회적 강압이 그에게 부과하는 자기통제 사이에서 자아의 균형은 지속적으로 좌절될 위험에 놓여 있다. 한스 마틴 로만Hans-Martin Lohmann이 정식화하였듯이, "정신분석학은 억압된, 문화적으로 배척된 충동의 열성 옹호자가 된다."[92] 왜냐하면 정신분석학은 이 충동들을 탈악마화하고, 그 메커니즘과 경제를 해명하며 개인들에게 자기 자신에 대한 설명을 통해 고통을 경감할 수 있는 길을 제시하기 때문이다. 정신분석학은 "무의식의 과학"이면서 동시에 "치유 방법"이었다.[93] 개별자의 정신 속에서 억압된 것의 고통스런 회귀라는 가르침으로부터 정신분석학은 전체 인간 문화의 척도 속에서 억압된 것의 회귀에 관한 설명들을 얻어 냈다. 정신분석학은 신화가 우리에게 제공해 주는 소재의 도움으로 인간 문명의 갈등으로 가득 찬 폭력의 역사를 재구성한다. 프로이트의 합리주의적인 신앙고백Credo은 다음과 같이 말한다. "이드Es가 있었던 곳에 자아Ich가 있어야 한다Wo Es war, soll Ich werden." 그것은 문화가 별다른 성과도 없이 오늘날까지 인간에게 부과하는 강압의 연속이 아니라, 반성적인 단절과 지양이다. "인간의 정신은, 심지어 자연에서 비롯한 것이라 할지라도, '어두운 충동들'로 인해 재판을 받아야 하는 것이 아니다. 오히려 인간 정신은 '어둠'에 자신을 개방하고 바로 이것을 통해 그것의 혼란스러운 현존을 완화시킬 수 있는 심급이어야 한다. 인간의 충동적 본성이 부정되거나 정신이 황제의 지위로 그것을 중단시키지 않을 때에만, 자연에 대한 예속성과 문화의 위선 사이의 잘못된 양자택일에서 벗어날 수 있기 때문이다."[94]

이제 아도르노는 프로이트의 성과를 계승한다. 아도르노가 인식한 이 성과란 억압적인 사회가 개인들에게 부과하는 막대한 고통을 거론하고, 이와 함께 개인의 고통에 반영되는 사회의 적대적 성격을 가시적으로 분명히 드러냈다는 것을 뜻했다. 자아가 자기 자신의 집의 주인이 아니라는 사실을 보여 줌으로써, 정신분석학은 우리에게 개별화의 취약성을 소위 내부적 지각으로부터 드러낸다. 프로이트는 개인의 내적인 비동일성을, 그리고 자아의 어떠한 합리적 동일성도 존재하지 않기 때문에 발생하는 고통을 발견하였다. 그러나 아도르노가 보기에, 이러한 동일성을 생산하려는 시도는 정신분석학을 자신의 고유한 통찰만 못한 것으로 만들 것이다. 정신분석학을 하나의 손쉬운 치료 요법으로 퇴행시키기 위해서 그것의 날을 무뎌지게 만들려는 모든 시도에 대항하여, 정신분석학의 화해될 수 없는 성격은 옹호되어야 한다. 이러한 치료 요법은 더는 급진적으로 인간의 충동적 본성과 그것을 결코 만족시켜줄 수 없는 사회화의 난점들에 관해 논하지 않고, 고통에 대한 고통스러운 의식을 취하지 않음으로써, 고통받는 사람들을 다시 제 기능을 발휘할 수 있도록 만들기 위한 게으른 타협을 결론으로 도출할 것이다. 그러나 아도르노의 관점에서는 이러한 "개정된"(GS 8, 20ff.) 정신분석학만이 문제인 것이 아니라, 본래의 정신분석학이 이미 단순한 치료 사업의 특징을 지니고 있었다. 아도르노에 따르면, 개인의 노동 능력과 향유 능력의 재생산이라는 정신분석학의 고전적 요구는, 최소한 그것이 우리가 노동하고 향유할 수 있는 가능성을 구조적으로 저해하는 사회적 토대를 급진적으로 변혁해야 할 필연성에 주목하지 않는 한, 부르주아 이데올로기다. "정신분석학에서는 그것의 과장 이외에는 아무것도 진실하지 않다."(GS 4, 54) 아도르노는 치료술로서의 정신분석학에 관해서는 "성공적인 순응과 경제적인 성과에서 그 척도를 발견하지 않는 카타르시스적인 방법"이 "인간을 불행의 의식, 보편적인 것과 그것으로부터 분리될 수 없는 고유한 것에 관한 의식으로 향하게 하며, 그리고 그들을 이미 외부로부터 확고하게 폭력적으로 사로잡고 있는 혐오스러운 질서가 그들 사이에서 다시금 생명을 유지하도록 하는 가상적인 만족을 그들로부터 박탈하는 방향을 취해야" 한다는 것 정도를 요구할 뿐이다.(GS 4, 68)

개별자와 관련하여, 이러한 주장은 매우 절망적으로 들린다. 이러한 주장은 물론, 개인의 정신분석학을 분석적 사회심리학으로 변형시킴으로써 정신분석학적 요소의 타협주의적인 측면을 제지하고자 했던 사회조사연구소의 노력의 맥락에서 이해되어야 한다. (그러는 사이 올바르지 않게 된[95]) 아도르노의 비판이 갖는 규범적인 토대는 프로이트 이론과 맑스 이론의 결합이며, 이러한 결합은 간과되어서는 안 된다.

물론 『계몽의 변증법』에서는 다시금 이러한 기획의 한계가 다뤄진다. 앞에서 언급했듯이, 호르크하이머와 아도르노는 여기서 사회심리학적인 계몽의 범위의 한계를 계몽 자체의 수단을 통해 규정하고자 한다.(GS 3, 192 ff.)⁹⁶⁾ 이미 전적으로 과학화라는 특징이 새겨진, 고도로 기술이 발전된 현대에서 태곳적 반유대주의가 절정에 달한 것은, 두 저자에게 사회적 억압의 새로운 특징을 나타내는 것이었다. 그들을 지배하는 원칙에 대한 지배받는 사람들의 동일시는 총체적으로 되어, 외부를 향한 투영적 전치를 요구한다. 권력의 감독에 의해 시행된 포그롬Pogrom⁷에서는 질서화된 충동의 체념에 대한 개인의 퇴행적 반항이 사회적인 운동법칙으로 흡수되었다.

아우슈비츠라는 명칭이 대변하는 역사적 경험은 개인의 소멸에 관한 아도르노의 이론에 추가적인 중요성을 부과한다. 강제수용소에서는 개인에 관한 역사철학적인 구성이 소멸한 것이 아니라, 실재하는 개별자가 소멸하였다. 그들은 문자 그대로 소멸한 것이다. 그들은 그에 앞서 이를테면 탈개인화되었으며, 번호표가 붙은 단순한 종의 표본들로 격하되었고, 이 모든 것은 통합적인 조직화의 차원에서, 새로운 질質로 전화된 양量의 차원에서 일어났다. 『부정변증법』에서 아도르노는 이러한 차원을 소위 다른 결말로부터 조명한다. 개인적인 삶의 운명의 사회적인 박탈이 아니라, 심지어 그의 죽음의 박탈, 즉 하나의 감각적 전체로서 삶의 가능성이라는 가상의 파괴야말로 인간적, 자율적 주체성의 상실을 확인시켜 준다.

관리를 통한 수백만 명의 살해와 함께, 죽음은 이제까지 그렇게까지 두려워할 필요가 없었던 어떤 것이 되었다. 삶이란 어떤 방식으로든 죽음의 과정과

---

7   포그롬은 좁게는 19세기부터 20세기 전반기까지 러시아에서 이어진 유대인에 대한 조직적인 추방령을 의미하지만, 여기서는 나치 정권의 유대인 학살을 포함하는 넓은 의미의 인종탄압을 뜻한다. 저자는 호르크하이머와 아도르노의 반유대주의 분석에서 어떻게 정신분석학적인 의미의 '충동의 포기'에 대한 리비도 억압이 왜곡된 방식으로 전치되어 외부를 향해 투영되었는가에 주목하고 있다.

일치하는 것인데, 이제 죽음이 개별자들의 경험된 삶 속으로 들어올 수 있는 가능성은 더 이상 존재하지 않는다. 개인은 그에게 남아 있는 가장 최후의 가장 절망적인 것을 몰수당한다. 수용소에서는 더 이상 개인이 죽지 않았으며 표본이 죽었을 뿐이라는 사실은, 그러한 조치에서 벗어난 사람들의 죽음 역시 쇠약하게 만들었다. 대량학살은 절대적 통합이다. 이 통합은 인간을 동일하게 만드는, 즉 완전한 무의 개념과 불일치하는 자들을 문자 그대로 근절시킬 때까지, 군대에서 말하듯, 광택이 나도록 마모시키는 모든 곳에서 준비된다."(GS 6, 355)

개별화 원칙의 발생에 관한 아도르노의 이데올로기 비판적인 분석 옆에는, 오늘날 인간의 내적 자연에 대한 폭력적 형태의 규율화에 관한 담론 분석적 재구성이 위치할 수 있을 것이다. 이것은 미셸 푸코의 업적이다.[97] 아도르노의 개별화 이론이 종착하는 개인의 종말에 관한 이론은 마찬가지로 특수한 사회적 경험을 개념화시켰다. 그러나 여기에는 동시에 위험이 따른다. 즉, 이 이론이 개인의 종말을 불가역적 과정의 결과로 서술한다면, 그것은 역사적으로 발생한 하나의 사태가 최종적 상태라는 잘못된 가상을 부과할 수도 있다. 이러한 관점 속에서는 역사적 과정의 단절, 비동시성 그리고 이에 대한 저항의 장소 역시도 고유성을 잃은 것이 될 수 있다. 이것은 아도르노의 의도가 아니다. 그는 물론 "대중화"에 관한 문화 보수주의적인 한탄에 동의하지 않는다.[98] 오히려 그는 개인이 소멸 위기에 처해 있는 바로 그 순간에 증대하고 있는 개인의 힘을 이용하고자 한다. 그러나 이론 속에서 이 소멸이 더 이상 경향으로 규정되지 않고 최종적 사실로 확정된다면, 개별화 원칙의 변증법은 중단되고 말 것이다.[99] 그러나 아도르노는 이러한 귀결을 도출해 내지 않았으며, 그의 마지막 저작들에서 여전히 그는 사회적 자율성 이념을 제시하기 위해, 개별화 원칙의 변증법을 항상 위험스러운 변증법으로 투명하게 드러내고자 시도한다.

비판적 도덕이론

사회적 자율성의 기획은, 계몽철학에서 주도적 개념으로 전개된 개인적 자율성이라는 규범적 이념에 대한 일종의 구체적-유토피아적인 잠정 결산이었다. 개인적 자율성의 기회들이 더욱 희박한 것으로 드러날수록, 사회적 자율성을 개념화하는 것 역시 더욱 어려워질 것이다. 2차 대전 동안의 망명 중에 아도르노는 "거주의 가능성"에 관해 성찰하였다. 그는 모더니티의 미학적 아포리아를 묘사하면서, 더 이상 훼손되지 않은 "사적私的인 삶"이란 존재하지 않는다는 테제를 제시했다. 모더니티의 정신으로부터 도출된, 양식적 측면에서의 진정한, 기능적인 삶의 형태라는 아방가르드주의적인 유토피아는 좌절되었다.(GS 4, 42)[8] 이보

---

8   여기서 언급되는 아방가르드적 형태의 현대적, 사적 거주 공간의 모델은 뒤에 언급되고 있는 르 코르뷔지에 외에도, 독일 바이마르에서 시작된 바우하우스(Bauhaus) 학파와 관련을 갖는다. 1919년 건축가 발터 그로피우스(Walter Gropius)가 만든 바우하우스는 미술과 건축 교육을 수행하는 교육기관이었는데, 이 예술 교육기관이 제시한 새로운 디자인과 건축의 이념은 장식미를 배제하고 기능을 중시하여 민중의 실제적 삶에 봉사한다는 것이었다. 로코코, 유겐트스틸과 같은 지극히 개인적 취향의 장식들은 과감하게 배제되었다. 그러나 다분히 사회주의적 모더니티의 이념이 담긴 이 운동은 역설적으로 전체주의 시대에 '개인의 소멸'과 공명했다. 바우하우스는 나치 정부에 의해 강제 폐쇄되었으나, 뒤에 소개되는 블로흐의 비판이 암시하듯, 그 이념은 나치의 감시 독재와 맥락이 닿아 있다는 것이다. 그런데 아도르노의 비판은 여기서 한발 더 나아간다. 나치즘의 지배가 끝난 이후에도 이들의 이념은 성공했다고 보기 어렵다. 자유주의적인 '사적 공간' 즉, 개인의 지극히 고립되고 원자화된 삶의 방식의 표현으로 나타나며, 사회적 관계의 단절을 의미했다. 이는 디자인이 인민에게 봉사해야 한다는 아방가르드 예술가들의 신념과 전적으로 유리된 결과였다. 아도르노는 전체적인 삶의 연관

다 몇년 전 벤야민은 현대적인 건축과 디자인을 "예절 바른 무미건조함"이자 "긍정적 야만성"으로 칭송하였다. 그러나 이에 앞서 블로흐는 분만용 집게는 아마도 반듯하고 장식이 없어야 하겠지만, 설탕용 집게는 그렇지 않다면서 이러한 견해를 논박한 바 있다. 블로흐는 '어떤 특정한 기구는 기능적 필요성으로 인해 장식을 가져서는 안 된다'는 사고방식이, 완전히 다른 목적에 이바지하는 다른 기구가 금욕의 방식으로 기호학적이고 미학적인 의미의 담지자로부터 순수하게 유지되어야 한다는 것을 뜻하지는 않는다고 보았다. 블로흐는 더는 칩거 생활을 허락하지 않는 모더니티의 투명한 건축술을 나치즘의 감시 독재를 위한 유일하게 위대한, 유리로 반짝이는 훈련 수용소로 묘사했다.[100] 아도르노는 부르주아-자본주의 사회 내에서 일상적 삶의 현상이 지닌 형상과 형태를 개혁하려는 모든 시도는 좌절로 판명 난다고 주장한다. 미학적으로 참된 삶은 오로지 구조적으로 해방된 사회에서 전적으로 가능할 것이다. 서구에서는 사회혁명이 지연되었기 때문에, [참된 의미에서의] "거주는 이제 불가능"해졌다. 폭탄 공격에 의한 "유럽 도시들의 파괴"와 나치 세력의 "노동 수용소와 집단 수용소들"은 자본주의적 상품생산의 기술적-과학적인 효율 극대화 경향이라는 단 하나의 경향만을 승인했으며, 이 경향은 관철되고 말았다.(GS 4, 42)

아도르노는 명백하게 언급하지 않고 있지만, 그가 르 코르뷔지에Le Corbusier의 "거주 기계"[9]와 같은 표상들을 기술적-도구적 이성의 산물

관계와 사회적 체계에 대한 변혁 없이 개인의 삶의 공간에 대한 변화만을 추구했던 이 이념이 태초부터 한계를 가지고 있었다고 본다.

9 르 코르뷔지에는 "집은 살기 위한 기계다"라는 대담한 명제를 제시하여, 대지주나 대부르주아 계급의 호화스럽고 장식적인 거주 공간에 도전하는 건축을 감행했다. 특히 2차 대전 이후 폐허가 된 파리에서 그는 철저하게 기능적 관점에서 집단 거주지를 설계했으며, 위니테 다비타시옹(Unité d'Habitation)이라고 불리는 아파트 건축물은 유럽 여러 도시에 속속 등장하였다. 그의 건축 기법은 오늘날까지 도시 거주지역 건축의 표준으로 인정받고 있다. 아도르노는 '집단 거주'와 기능주의라는 르 코르뷔지에의 이상이 바

로 간주했다는 것은 분명하다. 이와 달리 이제 아도르노는 경제 도약기 도시 외곽 거주지의 무교양 속에서 만족하라고 주장하지 않으며, 마찬가지로 도시에 대항하는 하이데거적 슈바르츠발트 오두막의 모델[10]도 추구하지 않는다. 아도르노에게 분명한 것은 장식에 대항하는 기능주의적인 혁명이 미학적 도그마로 자립화되었다는 것이다. 그는 베를린의 독일 공예가연맹 대회에서 행해진 "오늘날의 기능주의"라는 유명한 강의에서, 기능주의는 기능하지 않는다고 주장했다.(GS 10.1, 375) 그러한 관점에 따르면 생활 형식에 대한 실존적인 결단이 아니라, 역설에 대한 인식이 중요한 지점이다. 한편으로 사유재산의 이상에 결합하여, 자신의 삶을 미학적으로 자율적인 척도에 따라 형성해야 한다는 것은 가식적인 요구일 뿐이다. 다른 한편으로 미학적인 삶의 형성이라는 질문에 대한 무관심은 실제로는 사물을 리비도적으로 소유하는 데 대한 무능력일 뿐이다. 그리고 이러한 무관심은 다시금 권위적인 성격에 관한 인식에 부합하여, 인간을 사랑으로 대우하지 못하는 무능력의 뒷면일 뿐이다. 이러한 역설의 관점에서 우리는 기껏해야 '구속력 없고 유보적인' 태도를 취할 수 있을 뿐이라고 아도르노는 말한다. 즉, [오늘날 우리는] "사회질서와 자신의 욕구들이 그것을 더 이상 견디지 못함에도, 마치 여전히 [……] 사회적으로 실체적이고 개인적으로 적절한 것인 양 사적인 삶을 살아간다."(GS 4, 43)

거주의 이율배반에 관한 이러한 성찰의 맥락 속에서 아도르노는 그의 가장 유명한 문장들 중 하나를 정식화했다. 이 문장은 이내 그의 부

로 삭막한 현대사회의 부조리에 상응하는 건축예술이라고 비판한다.

10 슈바르츠발트(Schwarzwald)는 독일 중남부 지역에 위치한 독일 최대의 삼림 지역이다. 하이데거는 은퇴 후 슈바르츠발트의 오두막에 거주하면서 '오솔길의 철학'을 주창했다. 도시적 현대문명을 거부하면서 철저한 숲의 사색을 추구한 것이다. 아도르노는 이러한 하이데거의 반反문명적 사변을 시대와의 대결을 회피한 은둔자의 도피라고 부르며 철저히 비판했다.

정적 도덕철학의 공리로 해석되었다. "허위적인 것 속에 올바른 삶은 존재하지 않는다."(GS 4, 43) 후에 아도르노는 미학과 사회 이론에서 도출된 그의 아포리아적인 관점이 윤리학으로 이어지는 것이 정당하다고 보았다. 1950년대 프랑크푸르트 대학에서 열린 "도덕철학의 문제들"에 관한 강의의 도입부에서 그는 학생들이 이 문장의 저자가 한 학기 내내 자신들에게 윤리적인 물음에 관해 설명하려 한다는 사실에 대해 아마도 놀라워할 것이라고 언급했다. 고대 윤리학의 기본적 특징들을 해석하고 칸트 도덕철학을 심도 있게 다룬 뒤에, 강의 말미에서 아도르노는 이 물음으로 돌아오며, 그가 어떠한 도덕철학적 삶의 지혜도 제공할 수 없지만, 자신만의 모델을 소개할 준비가 되어 있다고 예고한다. 만일 사회적 전체 연관 속에서 어떠한 규범적으로 올바른 삶도 존재할 수 없다면, 즉 정의가 존재할 수 없다면 하나의 개별자가 어느 정도 책임을 의식하며 살아가는 것이 어떻게 가능하다는 말인가? 그의 대답은 "위임받은 삶"[11]의 모델이었다.[101]

이 모델은 사적인 삶에 대해 신중하게 높은 가치를 부여하는 것을 뜻했다. 아도르노는 "사람들의 가장 밀접한 관계들 속에서 올바른 삶의 모델과 같은 어떤 것을 제시하는 것"(PM 1, 180)을 제안한다. 이를 통해 그가 뜻하는 바는 사회의 틈 속에 있는 선한 사람들의 도덕적으로 흠결이 없는 세계와 같은 것이 아니다. 그가 상상하는 것은 참여자들이 자신을 어떻게든 부분적으로나마 자유롭고 자기결정적인 존재로, 즉 비도덕, 억압적 도덕 혹은 유사 도덕에 대항해 저항할 수 있는 능력을 갖

---

11 아직 미출간 상태인 1956년 아도르노의 도덕철학 강의록에 등장하는 이 용어는 아마도 본회퍼의 stellvertretendes Leben 또는 Stellvertretung 개념에서 착안된 것으로 보인다. 신학계에서는 후자를 '대리행위', '대리 사상' 정도로 번역한다. 옮긴이는 이를 위임, 그리하여 전자를 '위임받은 삶'으로 번역하고자 제안한다. 본회퍼적인 의미에서 이 표현은 '그리스도에 의해 대리 표상되는 삶, 모든 개인의 삶이 갖는 보편성'을 나타내지만, 아도르노적인 맥락에서는 '아우슈비츠에 의해 희생된 사람들에 의해 위임된 삶'이라는 의미를 담아야 할 것이기 때문이다.

춘 존재로, 그리고 교환 사회에서의 추상적 자기보존 원칙에 대항해 연대할 수 있는 능력을 갖춘 존재로 경험할 수 있는 상호주관적인 관계들이었다. 그는 가능한 한 우리가 서로 "해방된, 평화적이고 서로 연대적인 사람들의 삶이 어떠해야 하는지를 상상할 수 있는 것처럼"(PM 1, 180) 그렇게 서로 관계 맺어야 한다고 말한다. [그러나] 이 모델의 한계에 관해서도 아도르노는 매우 분명히 인식하고 있었다. 그는 이를 "위임받은, 취약한, 의심스러운 삶"(PM 1, 181)의 '무기력한 시도'로 묘사한다. 그는 이미 1940년대에 그가 "비인간적인 보편 속에서 인간적인 핵심을 형성할 수 있는 최후의 가능성들"(GS 4, 33)에 관해 고려하면서, 이 기획을 유사한 방식으로 묘사한 바 있다.

1960년대 개설된, 도덕철학에 관한 이후의 프랑크푸르트 대학 강의에서 아도르노는 아리스토텔레스적 전회를 통해 윤리학에서 정치철학으로의 이행을 수행했다. 여기서 그는 강의 말미에 문제가 되는 "올바른 삶"의 개념을 언급한다. "짧게 말해, [······] 오늘날 도덕이 전적으로 뜻하는 바는 세계의 상태에 관한 물음으로 이행합니다. 다시 말해, 올바른 삶에 관한 질문은 올바른 정치에 관한 질문일 것입니다. 그러한 올바른 정치가 [······] 오늘날 실현될 수 있는 것의 영역 속에 놓여 있다면 말입니다."[102]

아도르노는 서구 전통의 모든 도덕철학적인 고찰은 개별적 행위들이 자유롭고, 자율적이며, 따라서 규범적으로 올바르거나 아니면 허위적일 것이라는 잘못된 전제에서 출발한다고 확신했다. 이것이 의미하는 바는 모든 도덕철학적 고찰이 필연적으로 이데올로기적 가상의 영향력에 머물러 있다는 것이다. 아도르노의 용어로 표현하자면, 이 고찰들은 "사적 윤리학의 총괄적 약관 조항"(PM 2, 261)하에 서 있다. 따라서 규범적으로 올바른, 집합적 실천의 토대로서 정치적 윤리학의 길만이 가능하거나, 아니면 이 길이 막혀 있다면 참여하지 않음Nicht-Mitmachen

의 윤리Ethos만이 가능할 것이다. '관리되는 세계'에서 우리는 [행위에] "동참"(PM 2, 250)하도록, 즉 타협주의를 강요받는다. 우리는 이러한 강요를 거부할 수 없지만, 그러나 우리가 결국 "동참"해야 한다면, 적어도 정신적 유보를 품은 채로 이를 행하는 수밖에 없을 것이다.

　이것이 아도르노의 부정적 도덕철학의 규범적 이원론이다. 지금 여기에 존재하는 것, 행위자로서의 우리에게 가능한 것이 최종적 결정권을 가져서는 안 된다. 그것이 모든 것이어서는 안 된다. 혹은, 더욱 최신의 양식으로 정식화하자면, 규범적으로 올바른 행위에 대한 우리의 기대는 실천의 반反사실적 척도가 된다. 아도르노는 이것을 규범주의라고 이해하지 않았다. 그럼에도 "규정적 부정"이라는 그의 사유 방식은 이러한 영역에서의 일원론적인 관점을 허락하지 않는다. 그것은 칸트 윤리학의 이원적 세계관을 부정적 방향 전환을 통해 계승하는 것이다. 아도르노가 보기에, 이러한 관점으로부터 도덕철학의 이율배반을 규정하는 것이 가능하다. 그에 따르면, 도덕규범의 보편타당성에 대한 요구는 행위 주체의 특수한 충동과 감정을 억압한다. 그러나 아도르노가 보기에 모든 주체의 특수한 충동, 감정 그리고 관심이 가치를 갖는 이성적인 보편성은 타당한, 인정받는 도덕적 직관의 토대 위에서만 생각될 수 있을 것이다.

　아도르노에게서 도덕-이원론의 두 측면은 특수성과 이성적 보편성이다. 양자는 폭력적인 형태의 종속을 맺고 있다. 칸트와 니체에게서 이 두 측면은 극단적으로 대립하고 있다. 칸트에게서 도덕적 행위는 자유로부터의 행위이며, 니체에게서 도덕은 '오래된 강제' 이외에 아무것도 아니다. 아도르노는 양자를 함께 사유했다. 그러나 그는 이것을 대립항들을 긍정적으로 상호 지속 가능한 것으로 만드는 키르케고르적인 혹은 포스트모더니즘적인 역설로 사유한 것은 아니다. 아도르노에 따르면 자유와 강제는 대상 자체에 내재해 있는 서로 모순적인 규정들이다. 우리는 서로 모순적인 규정들을 그 모순성 속에서 인정해야 한다. 그러나 이것은 이 모순을 해소하겠다는 목표를 가지고 이뤄져야 한다. 아도르노에게서 이 목표가 칸트적 의미에서의 인식을 규제하는 이념인지 아니면 맑스적 의미에서의 실천적 유토피아인지, 이것이 어떤 의미를 갖는지는 물론 항상 분명한 것은 아니다. 이미 칸트는 (그의 교육이론에서) 다음과 같이 묻는다. "우리는 어떻게 강제로부터 자유를 길러낼 수 있는가?"[103] 그러나 그는 모든 교육과정의 이 핵심적 물음이 하나의 목적-수단의 고찰을 통해 답변될 수 있으리라고 확신했다. 아직 이성적이지 못한 아이의 교육에서 일정량의 강제는 이 아이가 성숙해지자마자 합리적으로 행위 할 수 있도록 하기 위해 필요하다. 칸트에게서 이처럼 [일정한 강제가 필요한 아이의 미성숙 상태에서 자유로운 존재로 성장한다는 의미에서] '시간 순서nach einander'로 규정된 것을, 아도르노는 '순서의 뒤섞임durch einander'으로, 즉 자유와 강제가 언제나 서로를 관통하여 실현되는 부정의 부정 과정으로 규정한다. 실제적 자유를 최소한 부분적이나마 갖지 못한다면 우리는 어떠한 도덕적 [지시] 명령Gebot의 개념도 가질 수 없을 것이고, 따라서 어떠한 결과도 이루어 낼 수 없을 것이다. 그러나 도덕적 지시 명령은 필연적으로 명령Imperativ으로 나타난다. [후자로서의] 명령은 부분적인 타당성이 아니라, 무제약적 보편타당성을 요구한다. 명령의 부분적인 발생은 언제나 그 보편주의적인 타당성 속에서 몰락한다. 도덕적 지시 명령이 갖는 현실적인 힘이 있다면, 그것은 오로지 관습적으로 보증될 뿐인 권위에서 기인하는 것이다.

아도르노는 칼 슈미트Carl Schmitt가 법철학 영역에서 하는 것처럼 도덕철학 영역을 다루지는 않는다. 말하자면 그는 '권력이 법을 만든다'와 유사하게 '강제가 도덕을 낳는다'고 말하지 않는다. 아도르노와 미셸 푸코의 차이 역시 여기서 기인한다. 아도르노는 도덕의 원칙들이 언제나 가지고 있는 합리적 핵심을 부정하지 않는다. 그러나 그는 이 합

리적 핵심이 오직 그 대립물인 비합리적 강제를 거쳐야만 실현된다고
말한다. 이로부터 도출되는 사실은 도덕적 성찰이 개인의 행위의 자유
를 근거 지으면서 동시에 제약하기도 한다는 것이다. 충동적-미메시스
적 영역은 [도덕에 의해] 억압되어야 한다. 그러나 우리는 결국 오로지
행위 능력을 지닌 인격으로서 우리의 관심, 충동 그리고 미메시스적 자
극을 표현할 수 있기 때문에 억압의 도구인 도덕은 또한 자유의 선구자
이기도 하다.

　아도르노에 따르면, 이러한 모순은 내재적인 모순이다. 기독교-서구
적 도덕은 인간을 책임으로 몰아넣고, 그들이 가지고 있지 않은 행위의
자유를 그들에게서 전제한다. 다른 한편으로 도덕은 동시에 "도래할 자
유의 대변인"이다. 왜냐하면 그것은 현재의 있는 그대로의 상태인 인간
의 경험적 행위에 대한 비판의 규범적 심급이기 때문이다. 그러므로 철
학자는 '도덕에 찬성하면서 반대'해야 한다. 도덕 비판은 긍정적인 대
항 도덕을 세우는 것도, 모든 도덕에 대한 추상적인 부정도 지향해서는
안 된다. [반면] 니체에게서는 이 두 가지가 상호 결합되어 일어났다. 도
덕 비판은 오로지 도덕에 대한 '규정적 부정'으로서만 정당하다. 이것
이 뜻하는 바는, 비판자가 "도덕을 그 자신의 개념에 마주 세우고, 도덕
은 도덕적인가, 그것은 [자기 자신의] 원칙을 만족시키는가 하는 질문을
던지는 것"을 의미한다.(PM 1, 179)

　규범적 이원론은 최신의 일원론적 윤리 개념에서는 더욱 사라져 버
린 차이화[세분화]의 발생 공간을 아도르노의 부정적 도덕철학에서 개
방해 준다. 이를 분명히 하기 위해, 아도르노에게서 규범적 이원론이
무엇을 뜻하는가에 관해 몇 가지 언급을 덧붙이고자 한다. 아도르노에
게서 "위임받은 삶"의 "사적인 도덕"과, 차단되어 버린 "정치적 윤리"
사이의 이원론이 칸트의 도덕철학에서 예지적 자유와 경험적 부자유
사이의 이원성에 따라 구성된 것이었다는 사실은 처음부터 알 수 있다.

우리는 대개 사실상faktisch 도덕적으로 올바르게 행위할 수 있지 않다. 그러나 이것은 결코 우리가 도덕적 퇴보를 겪고 있을 때, 우리의 양심 속에 커다란 목소리로 말을 거는 반反사실적kontrafaktisch 척도를 폐기해도 좋다는 것을 뜻하지 않는다. 다른 말로 하자면, 엄숙주의적인 명령의 긍정적 윤리로서 기독교-서구 합리성의 도덕철학은 실패한 것으로 판명되었다. 그러나 '현재 일어난 일과 다른 것'을 규정하기 위한, 그리고 '무엇이 일어날 수 있는가'에 관한 비판적 척도로서 도덕은 우리가 실천철학의 영역에서 가지고 있는 것들 중 최선의 것이다.[12]

---

12 아도르노는 인간이 도덕적으로 행위 하는 한 자유로운 예지적 존재로서 간주되어야 한다는 칸트의 도덕철학에는, 이 자유를 동시에 강제, 명령으로 규정한다는 이중성이 놓여 있다고 본다. 이러한 아도르노의 칸트 도덕철학 비판은 그것이 공허한 추상적 형식주의에 머물고 있다는 헤겔의 비판, 그리고 도덕이 곧 억압을 의미한다는 니체의 비판을 수용한 것이다. 그러나 아도르노는 이로부터 '도덕의 폐기'를 주장하지 않는다. 아도르노는 동시에 칸트의 도덕철학이 가진 규범적 이상주의가 지금 경험적 현실에서 목도되는 부정의를 비판하고 이를 넘어서기 위한 규범적 동기를 제공한다는 점에 주목하여, 도덕을 추상적으로 부정하지 않고, 그것의 비판적 잠재력을 끌어내 현재의 억압적 사회 실재를 비판하는 방향으로 이끈다. 저자가 소개하는 아도르노의 '아리스토텔레스적 전회'란 이러한 의미에서 윤리와 정치 사이의 결합을 추구하는 아도르노의 방향을 지칭하는 것이다. 그런데 '개인적 도덕'에서 출발하여 '사회구조에 대한 비판'으로 이어지는 이러한 아도르노의 방향 설정은, 하나의 규범적 목표를 설정하고, 그것을 사회적 현실에 적용하는 (하버마스나 롤스 방식의) 규범주의적 사회 이론과 구분된다. 아도르노 도덕철학에 대해서는 옮긴이의 논문 「아도르노의 부정주의적 도덕철학: 상처받은 삶과 정의로운 실천의 가능성」, 『독일어문화권연구』 27권, 2018 참조.

6.

해방된 사회의 목표

아도르노는 자유로운 사회에서 개별화 원칙의 "올바른" 지양을 사유할 수 있다고 보았다. 부르주아 사회에서는 개인이 생산의 원칙에 의해 구성되고, 이 원칙의 담지체Substrat로서 형성되고 보존된다면, 권위주의 국가로 변형된 총체적으로 사회화된 사회에서 개인은 추상적으로 부정된다. 전체주의 이후의 사회에서 개인은 부활의 기쁨을 누리는 것처럼 보인다. 그러나 이 사회의 경제적 토대는 [전체주의 사회와 마찬가지로] 총체성으로 확장된 자본주의적 경제 양식이다. 그러나 개인들을 침묵하게 만들면서 지배의 형태로 나타나는, 생산성에 고착된 개별화의 강압적 모습을 극복한 현존이란 어떤 모습일 수 있을까? 그것은 "훼손되지 않은 삶", 즉 "불안 없이 살아갈 수 있는" 상태일까?

아도르노에게는 선명히 그려진 유토피아는 존재하지 않는다. 그는 더 나은 상태의 이미지를 공언하는 것을 거부했다. 언제나 반복해서 그는 구약성경의 '우상 금지 원칙Bilderverbot'이 다소간의 변형된 의미 속에서 철학적으로 그리고 사회 이론적으로 결합될 수 있다고 강조한다. 이 원칙은 금기Tabu가 아니라, "현존하는 것"의 척도를 통해 "완전히 다른 것"을 측정하려는 것을 방지하려는 의도에서 지성적 자기 규율에 대한 책임의 이행으로 이해되어야 한다.[104] 책의 도입부에서 언급하였듯이, 부정의 객관적인 목적이 더 나은 것, 즉 긍정적인 어떤 것을 산출해야 하는 것이라면, 비록 아직은 그것을 구체적으로 명명하거나 볼 수는 없을지라도, 어쨌거나 그것에 대한 개념적 본질 규정은 가능해야만 한다. 아도르노의 비판에는 하나의 척도가 있다. 그것은 "실현된 인간성Humanität의 [······] 관념"[105]이다. 이런 이유로 그가 "더 나은 것의 객관적 왜곡"(GS 10.2, 793)이라고 반복적으로 일컫는 것을 분명히 언급하는 것만이 가능할 뿐이다. 그리고 이것은 다시금 무엇이 왜곡되어 있는지에 대한 역逆추론—혹은 더 정확히 말해 예견—만을 허락할 뿐이다. 유토피아라는 쟁점에서는 대개 화해 불가능한 적수라고 간주되는 에른스트 블로흐와 아도르노는 대화의 와중에 이 핵심 지점에서만큼은 합의에 이를 수 있었다. "테디[1], 제가 보기에 여기서 우리 둘은 일치하는군요. 유토피아가 [······] 갖는 본질적인 기능은 현존하는 것에 대한 비판입니다. 그러나 우리가 제약들을 이미 넘어서 있는 것이 아니라면, 우리는 이 제약들을 결코 지각할 수 없을 것입니다"라고 블로흐가 말하자 아도르노는 이렇게 답했다. "네, 유토피아는 본질적으로 어떤 경우든 '단순히 존재하는 것'에 대한 규정적 부정에 숨어 있는 것이고, 이 단순히 존재하는 것이 허위적인 것으로 구체화되어 있기 때문에, 그것은 동시에 '존재해야 할 것'을 가리키기도 합니다."[106] 따라서 올바른 사회의 유토피아는 아도르노에게 오로지 우회적으로 추론될 수 있다. 게다가 이것은 이중적인 우회로를 뜻한다. 즉, 그것은 첫째로 현존하는 사회에 대한 비판이라는 우회로를 통해, 둘째로 현존하는 사회에 맞서는 가장 진일보한 대항 기획에 대한 비판이라는 우회로를 통해 이루어진다. 『미니마 모랄리아』에 등장하는 「물 위에서Sur l'eau」라는 아포리즘

---

1   테디(Teddy)는 아도르노의 이름인 테오도르(Theodor)에 붙은 애칭이다. 그의 어머니는 물론 친구들도 종종 그를 미국식 애칭인 테디라고 불렀다.

은 이 문제를 다루고 있다.

해방된 사회의 목표가 무엇이냐는 질문을 던지면, 인간적인 가능성의 실현이나 삶의 풍요와 같은 답을 얻는다. 이 불가피한 질문이 부당하듯이, 생의 활력을 위해 수염을 덥수룩 기른 1890년대의 자연주의자들에 관한 사회민주주의적인 인격의 이상을 상기시키는 이 답변이 갖는 역겨움과 위압적인 자세 역시 불가피하다. 온화한 것이 있다면, 그것은 더 이상 그 누구도 굶주려서는 안 된다는 가장 소박한 이상뿐일 것이다. 그 밖에 모든 것은 인간적 욕구에 따라 규정될 수 있는 하나의 상태, 곧 인간적인 태도를 제시한다. 그런데 그것은 자기 목적으로서의 생산이라는 모델에 따라 형성된 것일 뿐이다.(GS 4, 175 f.)

올바른 사회의 목표 설정에 관한 질문을 던지는 것은 부당하다. 왜냐하면 현존하는 상태의 관점으로부터 투영되는 선線의 연장은 잘못된 답변만을 산출할 것이기 때문이다. 그러나 동시에 이러한 질문을 제기하는 것은 불가피하다. 왜냐하면 맑스가 말한대로, 원숭이의 해부는 인간 해부로부터 추론될 수밖에 없는 것과 마찬가지로, 현존하는 사회의 비판은 실현 가능한 다른 상태의 지평 속에서 비로소 가능해질 것이기 때문이다. 아도르노는 이렇게 말한다. "가능한 것 그리고 더 나은 것에 관심을 가진 사람만이 현존하는 것을 파악할 수 있다."(GS 20.2, 601) 혁명적 사회운동의 목표로 대개 거론되는 것은, 이번 세기에 확장된 사회적 생산력의 토대 위에서 인간에게 가능하고 달성될 수 있을 어떤 것, 즉 만인을 위한 물질적이고 정신적인 풍요를 보장하고 인류의 잠재력을 실현할 수 있는 삶이다. 그러나 아도르노는 이러한 [해방된 사회를 생산력의 관점에서만 사고하는] 긍정적 정식화를 부르주아적 생산성과 성과의 이상에 대한 무의식적인 변종으로 고찰한다. 왜냐하면 그가 보기에 참으로 자유로운 사회란 이윤을 지향하는 현재의 상품생산으로부터 해방된 사회이어야 하기 때문이다.

그의 마지막 문헌들에서 아도르노는 맑스의 개념을 통해 다음과 같이 강조한다. 산업적 노동에 기반을 둔 "현재의 사회는 그 생산력의 수준에 따르자면 전적으로 산업사회다. [……] 반면 그 생산관계에서는 자본주의 사회. 여전히 인간은 19세기 중반 맑스의 분석에서와 마찬가지다. 즉, 그들은 기계의 부속품이다." 이것은 "더 이상 단순히 그들이 조작하는 기계의 속성에 맞게 적응해야만 하는 문자 그대로의 노동자"만을 지칭하지 않는다. 오히려 오늘날 모든 인간은 "은유가 아니라, 역할의 담지자로서 그들의 가장 내밀한 자극에 이르기까지 사회적 기제에 순응하고, 예외 없이 자신을 그에 맞게 주조하도록 강요받는다. 오늘날에는 예전과 마찬가지로 이윤을 위한 생산이 이루어진다. 맑스의 시대에 관찰 가능했던 모든 것을 넘어서, 오래전부터 잠재되어 있었던 욕구들이 완전히 생산 기구의 기능이 된 것이지, 그 역이 아니다. 이 욕구들은 총체적으로 조종된다."(GS 8, 361) 인간의 욕구가 더는 단순히 생산 기구의 부속품이 아니게 되는 그러한 사회에서 그것이 어떤 모습일까에 대해 미리 예견하는 것은 불가능하다. 그러나 아도르노에게는 [이러한 해방된] 욕구들이 충족 또는 풍요의 개념으로 파악될 수 없다는 사실만큼은 분명했다. 아도르노는 1940년대에 투쟁적으로 그리고 변증법적으로 이렇게 서술한다. "계급 지배의 연속"으로부터 해방된 사회에서 "욕구는 완전히 다르게 보일 것이다. [……] 만일 생산이 무조건, 무제한적으로 즉각 욕구들, 그것도 자본주의에 의해 생산된 욕구의 충족에 맞게 조절된다면, 이와 더불어 마찬가지로 욕구 자체 역시 결정적으로 변화할 것이다."(GS 8, 394) 이것이 어떻게 이루어질지에 대해서는 언급되지 않고 있다. 그러나 특히 유토피아 사회주의 전통에서 표현된

[욕구의] 충족이라는 비전이 갖는 구성상의 결함은 정확히 규정될 수 있다. "삶의 충만이라는 이념, 또한 사회주의적인 기획들이 인간에게 언약한 이념"을 아도르노는 이후 『부정변증법』에서 다음과 같이 요약한다. 그것은 "따라서 유토피아가 아니다. 비록 그것은 자신을 유토피아라고 오해하고 있지만 말이다. 왜냐하면 그러한 충만은 욕망, 즉 유겐트스틸Jugendstil이 생의 활력이라고 부른 것, 자기 내에 폭력과 박탈을 내포하고 있는 요구와 분리될 수 없기 때문이다."(GS 6. 371)

특히 아포리즘 「물 위에서」에서는 긍정적 유토피아의 오류에 대한 인식이 부르주아 사회의 세 가지 기초적 요소의 실체화 속에서 다뤄진다. 이 세 요소란 '상품의 물신적 성격', 그리고 '역동성'과 '자연'의 개념화를 말한다. 이를 아도르노는 다음과 같이 묘사한다.

상품의 물신주의는 마찬가지로 자유분방하며 혈기 왕성한, 창조적인 인간과 같은 소망 이미지 속으로도 스며든다. 물신주의는 부르주아 사회에서 압박감, 무기력, 언제나 동일한 것이 주는 불모성을 동반한다. 상호 보완적인 것으로 부르주아적 '무역사성'에 속하기도 하는 역동성 개념은 생산법칙의 인간학적 반영물로서 실제로 절대자적 위치로 고양되지만, 해방된 사회에서는 그 자체가 욕구와 비판적으로 대면해야 하는 무엇일 뿐이다. 그러나 고삐 풀린 행동, 중단 없는 생산, 만족을 모르는 욕구, 신명나는 일거리와 동일시되는 자유의 관념은 부르주아 자연 개념[2]에서 자양분을 얻는다. 이 자연 개념은 예전

---

2 칸트가 그의 역사철학에서 상정하는 자연목적(Naturzweck) 개념을 떠올리면 이 구절이 보다 잘 이해될 수 있다. 칸트는 인간은 맹수의 송곳니나 발톱, 근육의 힘 등을 갖지 않은 채 자연에 내맡겨져 있는데, 이러한 인간의 신체적 나약함은 자연이 인간에게 준 저주이면서 동시에 축복이기도 하다. 즉, 여기에는 자연에 깃들어 있는 목적이 존재하는 것이다. 이는 인간이 신체적인 나약함을 극복하기 위해 이성적 힘에 의지해 자기보존을 행하고, 이를 통해 자연 상태를 넘어 문명을 창조하라는 목적을 의미한다. 이러한 자연목적에 의해 인간은 자신의 욕구를 충족시키기 위해 물질적 생산을 수행하면서 그

부터 사회적인 폭력을 불가피한 것으로, 일종의 건강한 영원함이라고 선언해 버리는 데 이바지해 왔다. 맑스 자신은 반대했던 사회주의의 긍정적인 기획들이 야만에 머물렀던 것은 소위 획일주의에서가 아니라, 바로 여기에서였다. 인류가 행복한 삶 속에서 축 늘어지는 것은 두려워할 일이 아니다. 두려워할 것은 완전한 자연의 가면을 쓴 사회적인 것의 황폐한 확장, 즉 생산이라는 맹목적 분노로서의 집단성이다.(GS 4, 176)

맑스는 발전된 자본주의적 교환관계에서 인간 노동 생산물의 사회적 성격이 그것의 자연 속성으로 현상한다는 사실을 "상품의 물신적 성격과 그 비밀"[107]로 지칭한다. 이 개념은 그의 정치경제학 비판에서 핵심적 역할을 수행한다. 이것이 의미하는 바는 무엇인가? 하나의 생산물의 사회적 형식 규정을 교환가치라고 하는데, 교환가치는 이 노동 생산물에 저장된 사회적으로 필요한 노동시간의 양으로 측정된다. 상품으로서의 사물은 그것의 교환가치에 의해서 다른 모든 사물과의 일

과정에서 역사를 진보시킨다. 이러한 칸트의 자연목적 개념은 (타인과 적대적으로 경쟁하면서 또한 공존한다는 의미에서) '반사회적 사회성'이라는 인간 본성의 규정에서 출발해, 인간의 물질적 욕구의 측면에서 역사의 진보와 그 역동성을 표현하고자 했던 부르주아적 자연 개념과, 이에 내재된 부르주아적 생산력주의를 표현하고 있다. 아도르노는 이러한 칸트를 비롯한 부르주아 계몽주의 철학자들의 '역사의 진보'라는 도식은 역사적 과정에서 일어나는 적대적 폭력과 비극을 (생산력의 확장이라는 의미로 이해되는) '진보'의 이름으로 정당화할 위험을 안고 있다고 보고 있다(계몽주의적 진보 사관에 대한 자세한 설명과 비판은 옮긴이의 책 『앙겔루스 노부스의 시선: 아우구스티누스, 맑스, 벤야민. 역사철학과 세속화에 관한 성찰』의 서문과 2장 1절 '세속화된 근대: 계몽과 진보' 부분을 참조). 저자가 소개하는 『미니마 모랄리아』의 「물 위에서」라는 에세이에서 아도르노는 이러한 부르주아적 자연 개념과 생산력주의를 그대로 떠안고 있는 대안 사회 개념은 더 이상 해방적일 수 없다고 공언하면서, 이러한 (양적인 의미에서의) '진보'와 '성장'의 논리와 단절하는 새로운 해방의 이념이 필요하다고 역설한다. 참된 진보란 물질적 욕구의 충족이나 양적 생산력의 확장이라는 의미에서가 아니라, 인간의 삶이 물질적 법칙에 예속된 상태 그 자체로부터 해방되어 진정한 자기실현을 이루는 것을 의미해야 한다는 것이 그의 문제의식이다.

정한 관계 속으로 진입한다. 그러나 우리가 상품으로서의 사물을 서로 교환하는 척도들이 마치 이 상품 자체로부터 발생하는 것 같은 외양이 나타난다.

> 익명적 시장의 법칙들은 맹목적인, 자연적인 강제력으로 나타난다. 실제로는 그 배후에는 사회적 권력 관계들이 은폐되어 있다. 자본주의적 시장에서 유통하는 모든 재화들은 구체적인 대상이기를 중단하고 상품으로 고착된다. 상품의 가치 형식은 사회적 관계의 표현으로서가 아니라 사물 자체의 속성으로 경험된다. 이러한 상품 세계의 물신화와 유사하게, 인간 사고의 산물은 역사를 조종하는 것처럼 보이는 자립적인 힘으로 사물화된다.[108]

맑스의 이데올로기 비판의 원칙은 상품의 물신적 성격이라는 비밀을 탈주술화하는 것에서 비롯한다. 이러한 비판은 게오르크 루카치와 칼 코르쉬Karl Korsch가 발전시킨 비판적 맑스주의에 의해 계승되었다. 루카치의 기념비적인 저작 『역사와 계급의식』에서 비롯하는 사물화 개념은, 물론 다른 형태로, 비판이론의 핵심 개념이 되었다. 비판이론은 루카치의 [시대] 진단을 공유한다. 개인적이고 집합적인 가능성의 무기력과 제약, 그리고 실제로는 정지해 있고 단지 외양일 뿐인 생산적 삶의 진행 과정이 드러내는 빈약한 결과는 사회적 상품교환의 귀결들이다. 왜냐하면 루카치가 말하듯 "이러한 방식으로 인격체들 사이의 관계나 관련이 사물성의 성격과, 엄밀하고 완전히 폐쇄적인 것처럼 보이는, 그리고 합리적인 고유한 법칙성 속에서 그들의 근본적 본질과 인간들 사이의 관계의 모든 흔적을 은폐하는 '유령적 대상성'을 획득하기 때문이다."[109] 그러나 루카치의 생각은 진단된 현주소가 동시에 치유약이기도 하다는 것이다. 프롤레타리아트와 관계된 한에서, 사물화 현상은 사물화의 극복으로 이어질 혁명적 계급의식의 형성을 추동하는 요소가 된다.[110] 여기서 [두 철학자의] 정신은 분리된다. 『부정변증법』에서는 "변증법은 사물화로 환원될 수 없으며, 어떤 다른 고립된 범주로 환원될 수도 없다"는 표현이 나온다. 그리고 [루카치와 아도르노가 겪은] 역사적–사회적 경험 속에서의 차이가 체계적인 차이로 나타난다. 그러나 그 사이 사물화 개념은 그 본래의 비판적 맥락에서 벗어나 가능한 모든 바람직하지 않은 것을 지칭하는 주관주의적인, 사이비 비판적인 문구가 되었다. "그러는 사이 사물화에 대한 한탄은 인간을 고통스럽게 하는 것을 비난하기보다는, 오히려 그것을 지나쳐버린다. 재앙은 인간을 무기력과 무감각에 빠지도록 저주하면서도 그들에 의해 변화될 수도 있을 관계들에 놓여 있는 것이지, 일차적으로 인간들과, 이 관계들이 그들에게 현상하는 방식에 있는 것이 아니다." 결국 아도르노는 여기에 한 가지 관점을 덧붙인다. 그의 확신에 따르면, 인간성의 폭력적 자기 소멸 속에서는 더 이상 계급 적대가 아니라, 사회적 총체성의 내적 적대가 사회 이론적으로 결정적이다. "총체적 재앙의 가능성에 비하자면 사물화는 하나의 부수 현상이다. 사물화와 결합한 소외, 소외에 상응하는 주관적 의식 수준도 꼭 마찬가지다."(GS 6, 191)

아도르노는 「물 위에서」에서 부르주아 사회의 생산성과 교환의 강제에서 벗어나려는 시도들은 바로 이러한 강제에 속박된 채 남게 된다고 말한다. 왜냐하면 근본적으로 다른 사회화 원칙을 단지 상상하는 것조차 거의 불가능해 보이기 때문이다. 자기 스스로 초래한 새장을 부수고 탈출하려는 시도들은 풍요와 과잉에 대한 집착 속에서, 이 새장을 구성하는 법칙들이 전과 같이 불변의 자연적 사실로 나타나는 것으로 인해 고통받는다. 그것은 전면적으로 발전된 것으로 간주되는 인간성의 혁명적 도약과 관계를 맺는다. 아도르노에 따르면 그 배후에 숨어 있는 것은 다름 아닌 근본적으로 부르주아적인, 진보적인 합리적 자연 지배의 역동성에 대한 수식어일 뿐이다. 아도르노가 1960년대 초, 막스 베버와 베르너 좀바르트Werner Sombart의 고전 독일 사회학과 함께 확인했듯이, 전통주의적인 봉건사회는 현대에 이르러 시민적[부르주아적] 합리성이라는 특징을 갖는 사회들로 교체되었다. 그러나 아도르노가 맑스와 함께 덧붙이듯이, 이러한 합리성은 보편적 교환관계의 초역사적 합리성이며, 따라서 그것은 이미 『계몽의 변증법』에서 서술되었듯이, 경향적으로 그 대립물인 비합리성에 가까워진다. 교환관계는 생산력의 진보와 확장의 역동성을 해방하지만, 그러나 이 역동성은 오늘날까지 구조적으로 동일하게 남아 있는 생산관계, 다시 말해 결국은 소유관계의 정태성에 의해 추방되었다. 맑스의 분석에 따르면 교환 과정에 필수적인, 모든 질적인 규정들, 서로 통약 불가능한 사물과 개인의 규정들로부터의 추상은, 아도르노에 따르면, 첫째로 [특수한 존재에 대한] 기억의 제거로 이어지며, 둘째로 역동적인 현대사회의 정체로 이어진다. 이는 마치 미적으로 새로운 것이 항상 동일한 낡은 것의 유령적인 반복인 것과 같다.

중세적 전통주의와 급진적인 부르주아적 합리성 사이의 대립과 함께, 산업적 생산 기법의 진일보하는 합리화 구조 속에서, 결국 진보하는 부르주아 사회에 의해 기억, 시간, 추도는 비합리적 담보물이라며 소멸하여 버린다. 산업적 생산 기법은 견습 시간과 같은 범주들을 다른 수공업적인 잔재들과 함께 쇠락하게 만들고, 이제는 필요하지 않은 질적인, 축적된 경험의 양식도 쇠락한다. 현재의 국면에서, 숨 가쁘게 현재에 적응하면서 자신을 지치게 만드는 가운데에서도 인간성이 경험에 표현된다면, 그 안에 객관적 발전 과정이 비칠 것이다. 정태성이 역동성의 사회적 조건이듯이, 진보하는 합리적 자연 지배의 역동성은 목적론적으로 정태성으로 귀결된다. 평화의 적대자인 전체주의적인 교회 묘지의 고요함은 피억압자에 대한 억압자의 엄청난 위력으로서, 합리성이 오로지 특수한 방식으로 자신을 확장할 뿐이라는 것을 드러낸다. 자연을 적대적으로 집어삼키는 자연에 대한 맹목적인 지배는 지배자와 피지배자의 적대의 원형에 따라 적대적으로 자기 안에 남아 있다.(GS 8, 230 f.)

아도르노가 『미니마 모랄리아』에서 언급하는 부르주아적 자연 개념은 자연, 즉 합리성의 타자를 수량화하며 지배 가능한 것으로 만들어 버림으로써, 합리성과 동일한 것이 되게 한다. 막스 베버가 말하듯, 기술과 과학을 통해 세계는 탈주술화되지만, 동시에 호르크하이머와 아도르노가 이를 넘어서 확신하듯이, 다시금 주술화된다. 자연은 추방되면서도 강제로 다시 복귀한다. 우선 지배관계이자 소유관계인 사회적 제도는 사물적으로 고착화한 가상적인 자연 관계가 된다. 즉, 사회적 제도들은 제2의 자연으로 나타난다. 『계몽의 변증법』에는 "문명은 자연에 대한 사회의 승리다. 이 승리는 모든 것을 단순한 자연으로 변화시킨다"라는 표현이 나온다. "사회는 위협적인 자연을 지속적인, 조직화된 강압이라고 하면서 제거해 버린다. 이 강압은 개인들 속에서 일관된 자기보존으로 재생산되면서, 자연에 대한 사회적 지배로서, 자연에 반격을 가한다."(GS 3, 211 그리고 205 f.) 이러한 순환을 깨고 나가는 것이야말로 자기반성적이고 해방적인 실천의 목표이자 이와 함께 현존하는 실천의 모든 형태에 대한 거부가 뜻하는 바일 것이다. 아도르노에 따르면, 인간의 내적 자연과 외적 자연에 대한 평화로운 관계의 지평 속에서 인류의 연대적 행위는 오늘날 총체성으로 확장되어 버린, 모든 현존을 수량화시켜 부르주아적 경제 양식의 일반 법칙으로 포섭하는 과정을 포기하여 인간 삶의 다른 형태의 자기 재생산을 기획하는 것을 비로소 가능하게 해줄 것이다.

이러한 맥락에서 아도르노는 오늘날에 더할 나위 없이 그 타당성을 인정받고 있는, 생태적으로 성찰된 자연과의 관계에 대한 모티브를 이미 예견하고 있었다. "소박하게 가정된, 생산의 성장을 향한 발전 경향의 명확성은 그 자체로, 하나의 방향을 향한 발전만을 허락하는 부르주아성의 일부분이다. 왜냐하면 이러한 발전 경향은 총체성으로 응축되어, 수량화에 의해 지배되면서 질적 차이에 대해 적대적이기 때문이다." 「물 위에서」는 계속해서 다음과 같이 말한다.

해방된 사회를 바로 그러한 총체성으로부터의 해방이라고 사고하게 되면, 소실점이 보이게 될 것이다. 그런데 이것은 생산의 성장과 그것의 인간적 반영과는 거의 공통점이 없을 것이다. 모든 제약에서 벗어난 사람들이 결코 가장 편안한 사람들도 아니고, 가장 자유로운 사람들이라고도 할 수 없다면, 족쇄에서 풀려난 사회는 아마도 생산력 역시 인간의 최종적 실체가 아니라, 상품 생산에 맞게 역사적으로 재단된 인간의 형태를 제시할 뿐이라는 사실을 성찰할 수 있을 것이다. 아마도 참된 사회는 발전에 질려 하면서, 정신착란적인 강박 하에서 낯선 별을 향해 돌진하는 대신에, 자유로움 속에서 가능성을 소진해 버리지 않고 남겨 둘 것이다.(GS 4, 176 f.)

주어진 자연에 대한 기술적–산업적 교류에서의 우리의 무제약성 Hemmungslosigkeit은, 자연과의 신진대사 과정을 이성적으로 조절하는 데에서 스스로 초래한 무능력에 대한 책임을 져야 한다. 이것은 우리를 자연적 생명의 토대를 파괴하여 발생하는 집합적인 자기 소멸이 결코 불가능하지 않은 하나의 상태로 몰아넣었다. 자연에 대한 신중함, 그리고 자연을 황폐화하는 경제적 메커니즘에 대한 통제라는 이중적인 의미에서의 제약은 생명에 대한 중요성을 획득한다. 이것은 아도르노가 말하듯, 부르주아 사회에서 상품의 물신적 성격이 가져온 결과와는 근본적으로 다른 방식의 제약일 것이다. 왜냐하면 [상품 물신주의의 결과로서의] 그러한 제약이 의미하는 바는 제약받지 않는, 자기규정적인 이성을 상품생산의 강박에 의해 차단하는 것이기 때문이다. 이러한 제약은 맹목적인 확장과 주체적인 낭비의 무제약성을 초래한다. 여기에서 이러한 무제약성에 대립하는 것은 자기 자신에 대한 신중한 억제, 인간적 생산력의 성찰된 속박을 의미한다. 오늘날에는 외적 자연과의 교유에서 [인간의] 자기 억제가 긴급하게 요구된다는 사실은 비밀이 아니다. 이는 생태적 담론 혹은 정치적인 생태 담론에서 반복적으로 경고하는 바다. 그러나 이러한 통찰은 지금까지도 성과 없이 머물러 있다. 아도르노는 50년 뒤에 적용될 수 있는 통찰을 예견했을 뿐만 아니라, 동시에 이러한 통찰이 어째서 차단되는가에 관해서도 예견했다고 말할 수 있을 것이다. 즉, 그 원인은 사회적 타율성이다. 그것은 자연과의 성찰된, 신중한, "제약된" 교류를 위한 의지를 선언하는 모든 성과 없는 정치적인 립서비스나 결의안 발표에도 불구하고, 계속해서 지속되고 있다.

아도르노의 비판이론에서 오늘날 적용될 수 있을 또 다른 성찰은 이미 언급된 바 있다. 대개 생태 담론에서는 마치 제1의 자연으로 상상될 수 있는 자연을 보전하는 것이 중요한 것처럼 주장된다. 그러나 이것은 문제 상황에 부합하지 않는다. 우리가 다루는 지구의 자연이 오늘날 언제나 "하나의 사회적이고 역사적인 인간의 산물"[111]이라는 사실을 현재화해 보면, 그러한 [자연] 보전이라는 격언은 기만적인 것으로 드러난다. 왜냐하면 그것은 우리가 언제나 항상 자연의 일부라는 사실을 속이기 때문이다. 아마도 관건이 되는 것은 자연의 인간적인 형태Gestaltung라는 관념일 것이다. 이것은 자연 속에서의 탁월한 삶의 가능성이라는 관점 속에서 자연에 대한 개입을 조직해 내는 것을 뜻한다.[112] 자연의 사회적 구성 그리고 내적 자연과 외적 자연의 변증법적 연관성은 『계몽의 변증법』에서 패러다임으로서 다뤄지는 두 모티브이다.

경제적 토대에 따르면 현재의 사회는 그 어느 때보다도 세계화된 자본주의적 교환 사회라 할 수 있으며, 위기에 가득 찬 채로 점증하는, 모순적인 현재 사회의 생산성은 개인들에게 항구적으로 새로운, 그러나 구조상으로는 질적으로 전혀 새롭지 않고 주어진 폭 내에서의 변종들일 뿐인 위험, 체험 그리고 센세이션이 가해지는 것을 대가로 지불하고 있다.[113] 이와 반대로 "올바른 사회"에 대한 아도르노의 개념적인 형상은 거의 전원적인 형상을 하고 있다. 그것은 개인적 욕구의 충족이면서, 생산력 증대로부터의 자유로 이해된 자유, 즉 타자 속에 있는 자신의 모습으로 경험되는 자연과의 신중한 교류를 향한 자유로서의 자유를 의미한다. 그런데 여기서 주의해야 한다. 이 모든 것은 긍정적인-유토피아적인 목가牧歌가 아니라, 현존하는 구조들에 대한 규정적 부정의 엄밀한 양식 속에 제시된 것이다. 아도르노가 보기에 추상적인 진보 숭배에 대한 부정으로부터 필연적으로 도출되는 것은 칸트 철학의 계몽적 이념에 대한 계승이다. 아도르노에 따르면 "올바른 사회"는 부르주아 사회의 정태성뿐 아니라 역동성 역시 지양할 것이다. 그는 1960년대에 이렇게 쓴다. "올바른 사회는 단순히 존재하는 것, 인간을 구속하는 것을 질서의 이름으로 확고히 하지 않을 것이다. 이 질서는 그것이 인류의 이익과 합일되자마자 그러한 구속을 더는 필요로 하지 않을 것이다. 또한 올바른 사회는 칸트의 역사적 목적인 영원한 평화의 대립물인 맹목적인 운동을 야기하지도 않을 것이다."(GS 8, 233)

이것은 다시금 아도르노가 「물 위에서」에서 이미 언급한 사유를 환기시킨다. 그는 최종적으로 여기에서 훨씬 구체적으로 이러한 규정적 부정으로부터 무엇이 도출되는지를 시사한다. 그리하여 그는 강압으로부터 구원된, 해방된 피조물에 대한 유물론적 전망과 같은 어떤 것을 그려 낸다.

더 이상 궁핍을 알지 못하는 인류에게는, 궁핍에서 벗어나기 위해 이제까지 충족되었던, 그리고 부를 통해 궁핍을 확대 재생산해 왔던 모든 기획이 가진 광기와 덧없음에 대한 희미한 깨달음이 미칠 것이다. 향유 자체도 이로부터 영향을 받을 것이다. 이는 마치 향유에 대한 현재의 도식이 근면, 계획, 의지를 갖는 것, 정복과 분리될 수 없는 것과 같다. 짐승처럼 아무것도 하지 않기, 물 위에 누워 평화롭게 하늘을 바라보기, '더 이상의 모든 규정과 실행을 넘어서 존재하기, 그게 아니면 차라리 무'와 같은 것들은 과정, 행위, 실행의 자리를 차지할 수 있을 것이며, 그리하여 그 근원으로 종합되는 변증법적 논리의 약속을 참되게 실현할 수 있을 것이다. 추상적인 개념 중에 어떤 것도 영원한 평화라는 개념보다 더 실현된 유토피아에 근접하지 못했다."(GS 4, 177)

"물 위에서Sur l'eau"는 아도르노가 높이 평가하는 작가 기 드 모파상 Geu de Mauppasant이 한 번은 1888년 코트다쥐르Côte d'Azur에서의 선박 유람에 대한 여행 보고문의 제목으로, 한 번은 그에 앞서 1876년 기괴한 이야기의 제목으로 두 차례 사용한 바 있는 제목이다(아도르노는 같은 제목의 아포리즘에서 이를 암시하고 있다). 모파상의 여행 일기는 더 나은, 참된 인간적 삶의 모습에 대한 스케치와 문학적 이미지들을 포함한다. 그것은 달콤한 무위無爲 속에 물 위에 누워 평화로이 하늘을 관찰하는 한 인간에 관한 보고서로 읽힐 수 있다. 아도르노의 『문학 노트Noten zur Literatur』에 실린 횔덜린 논문에는 『미니마 모랄리아』의 아포리즘과 모파상의 1888년 여행 보고 사이의 연결을 증언해 줄 유사한 구절이 "억압받지 않은 자연"에 관한 고찰의 맥락에서 등장한다. "'바다 위에서 동요하는 조각배 위에서처럼/우리를 흔들리게 하라'는 [……] 결단은 현재를 완전히 실현하기 위해 종합Synthesis에서 벗어나, 순수 수동성에 자신을 맡기겠다는 의도와 같다."(GS 11, 483)

이에 반해 같은 "물 위에서"라는 제목이 붙은 1876년의 이야기는 편안하고 평화로이 진행되지 않는다. 거기서 모파상은 괴로운 시나리오를 묘사할 뿐이다. 한 남자가 밤에 보트를 타다가 좋은 날씨와 평화로운 달빛을 맞아 휴식을 취하기 위해 닻을 던진다. 그러나 그 즉시 설명할 수 없는 불행이 그를 엄습한다. 그는 휴식을 중단하고자 하지만, 강 밑에서 그의 닻에 저항이 가해지고 있다는 사실을 깨닫는다. 갑작스레 무성해진, 뿌연 안개 속에서 이 보트의 조타수는 한밤중 강의 한복판에 갇혀 버리고, 불안에 빠졌으며, 물 위의 그 위치에서 보트를 앞으로 움직일 수가 없었다. 그의 불안은 "공황 상태의 공포"[114]로 치달았다. 그는 애를 쓰면서야 이를 극복할 수 있을 뿐이었다. 결국 강 위의 안개가 걷혔다. 뱃사람은 더 이상 두려워하지 않았고, 갑자기 마술처럼 밤의 경치에 홀려 버렸다. 아침이 되자 한 어부가 그를 도와주었다. 이들은 어째서 배가 그 자리에서 움직이지 않았는지 알아차렸다. 물 아래에서 닻이 "목에 걸린 큰 돌"[115]과 함께 어느 나이든 여성의 시체에 얽혀 버린 것이다.

아도르노가 모파상의 전원적인 유람 일기만을 생각한 것이 아니라 바다에서의 죽음에 관한 음침한 단편소설 역시 생각했던 것이라면, 보트와 시체를 부르주아 사회에서 진보의 아포리아에 대한 알레고리로 해석한다 해도 맥락에서 벗어난 것은 아닐 것이다. 보트의 남자처럼 우리 역시 정체된 상황에 빠져 있다. 왜냐하면 우리는 물론 자연을 지배할 수 있지만, 자연 지배의 폭력의 역사로 인해 그 이면에서는 우리가 벗어나고자 했던 파괴적인 강압의 속박 안에 남아 있기 때문이다. 이것이 성공하지 못하는 한, 우리는 평화롭기는커녕 오로지 위협 속에서 공황 상태에 놓인 채 "물 위에 누워" 있을 뿐이다. 우리가 때로 접하는 고요, 즉 자연미를 통해 마술에 홀리는 경험은 기만적인데, 왜냐하면 세계는 인간이 자신으로부터 삶을 탈취하며 그 이면에서 생명을 속박 속에 가둬 버리는 방식으로 편재되어 있기 때문이다.[116]

발터 벤야민과 마찬가지로 아도르노는 계속되는 무반성적인 기술적 자연 지배가 아니라, 연대적인 "자연과 인간의 관계에 대한 다스림³"[117]만이 자신의 전사로부터 인간의 탈출을 인도할 수 있을 것이라고 확신하였다. 그러나 『일방통행로』에서 자기의식적인 프롤레타리아트가 "출산의 도취" 속에서 인류의 "새로운 신체"[118]를 창출해 낼 것이라는 희망을 표현한 벤야민과 달리 아도르노는 그러한 출산의 관점 속에서 부르주아 생산성 사고의 흔적을 인식해 낸다. 생산성, 활동성 그리고 과정이 아니라, 관조, 평화 그리고 현존재가 중요한 것이다. 따라서 아도르노에게서 헤겔 논리학에 대한 아이러니한 계승이 발견된다. 헤겔

---

3   여기서 번역어 '다스림'의 독어 원어는 Beherrschung이다. 이는 자연 지배(Naturbeherr-schung)에서 '지배'에 해당하는 단어와 동일하다. 따라서 '지배'라고 번역하는 것이 맞을 수도 있겠으나, 맥락상 지배를 넘어서는 관계를 의미하기 때문에 이렇게 번역했다. 이 단어의 복합적인 의미에 주목할 필요가 있다고 보아서다. 독일어 동사 beherrschen은 앞서 언급된 것처럼 타자를 강제적으로 '지배'한다는 의미를 갖고 있으나, 맥락에 따라 이 지배는 비폭력적인 관계, 곧 순수한 다스림 혹은 통치를 의미하기도 한다. 예컨대 '나는 피아노를 잘 beherrschen한다'거나 '영어를 beherrschen한다'는 표현도 사용되곤 한다. 이 경우에는 강제적 관계가 아니라 중립적인 의미에서 대상에 대한 '다스림'이 표현되고 있다. 또 '다스림'이라는 번역어를 사용한 것은 인용문의 저자인 벤야민이 여기서 인용된 『일방통행로』에서뿐 아니라, 초기 저작인 「폭력 비판을 위하여」에서도 유사한 사유를 전개하기 때문이다. 여기서 벤야민은 신적 폭력으로 인해 구원된 세계에서의 폭력을 물리적 강제력을 넘어서는 '통치하는(다스리는, waltende)' 폭력으로 정의한다. 메시아주의적인 아나키즘의 영감 속에 있었던 청년 벤야민은 법의 강제력과 구속성이라는 맥락에서의 폭력을 넘어서는 의미에서, (국가와 법의) 지배가 아닌 (신적인) 통치와 다스림이 실현되는 세계를 꿈꿨다. 그리고 『일방통행로』에서 언급된 이 인용 구절에서도 그는 자연과 인간 사이의 이러한 (강제적 지배가 없는 순수한) '다스림'을 표현하고 있다. '지배' 대신 '다스림'이라는 역어를 택한 것은 이런 이유에서다.

논리학은 특히 『존재의 교훈*Die Lehre vom Sein*』(1832) 도입부에서 과정적 성격을 갖는 사변적 변증법의 기초 모델을 전개해 나간다. 논리적 근본 개념들은 경직되고 고정된 것이 아니라, 자기 내에 모순적으로 조직되어 있다. 따라서 근본 개념들은 스스로 자신의 대립 개념들로 이행한다. 사유의 논리적 조직은 헤겔에 따르면 개념의 동일성과 차이의 변증법적 통일의 구성에서 비롯한다. 논리학의 최초 근본 개념은 존재Sein다. 그러나 "존재, 순수 존재는 더 이상의 규정들이 없는"[119] 근본 개념으로서 단어의 가장 참된 의미에서 무Nichts를 산출한다. "자신의 비규정적 직접성 속에서"[120] 순수 존재는 추상적이고 공허한 존재이며, 따라서 무인 것이다. 그것은 무와 구별되지 않는다. 그런 점에서 존재 개념은 자신의 대립물인 무를 이미 자기 내에 포함하고 있다. 이렇게 제시된 존재에서 무로의 이행은 이번에는 생성이다. 생성은 "하나에서 다른 것으로의 직접적인 소멸의 운동"[121]이다. 존재, 무, 생성은 논리적 근본 범주들의 변증법적 전개 속에서 정립Thesis, 반정립Antithesis, 종합Synthesis이다. 단순 존재 속에는 이미 과정, 이행, 이념의—그리고 헤겔에 따르면 이와 함께 사태 자체의—무한한 전진이 숨어 있다. 헤겔 논리학에서 요구되는 것은, 이념 또는 개념의 중단 없는 자기 전개 과정이 자기 자신을 외화하고 새로운 전진 속에서 순환 운동을 계속해서 수행하기 위해 다시 존재로 귀결된다면, 사유의 운동이 결국 자기 자신과 일치되어야 한다는 것이다.

아도르노는 이러한 사고를 말하자면 아이러니를 통해 역사철학적으로 방향 전환시킨다. 행복한, 동물적인 무위無爲는 인류 노동의 확고한 목적일 것이다. 근원으로의 귀결은 구원을 통한 고향으로의 회귀일 것이다. 그리고 이러한 고향으로의 회귀는 아도르노가 보기에 "영원한 평화"라는 목적에 수렴한다. 영원한 평화라는 명칭으로 칸트는 국내법적이고 국제법적인 구상을 기획했는데, 이것은 인간의 전쟁과도 같은 자연 상태를 지속적인 도덕화를 통해 역사적으로 극복할 수 있어야 했다. 칸트에 따르면 이것은 정치적으로 오로지 연방제 헌법을 도입한 세계 부르주아 계급에게만 가능할 것이다. 인간의 대결과 국가 간 적대의 평화적 해결은 오로지 "세계공화국의 긍정적 이념" 속에서만 사유할 수 있다. 칸트에 따르면 역사 속에서 이 이념의 위치는 지금으로서는 "전쟁을 방지하는, 현존하는 그리고 더더욱 확장되는 연맹이라는 부정적 대체물"[122]을 취해야 한다. 아도르노는 이러한 모티브의 의미 역시 「물 위에서」에서 자신만의 방식으로 전치한다. 그가 보기에 평화는 칸트에게서처럼 "모든 적대의 종식"[123]만을 의미하는 것이 아니라, 전적으로 긍정적으로 방향을 전환해 보면, 자유, 향유, 관조 역시 의미한다. 아도르노에 따르면 이미 영원한 평화라는 "추상적 개념"에는 실현된 유토피아에 대한 "지향"(GS 4, 177)이 숨어 있다.

아도르노는 블로흐와의 대화에서 이렇게 지적한다.

우리가 유토피아를 그려낼 수 없듯이, 무엇이 올바른 것인지 우리가 알 수 없지만, 그러나 우리는 무엇이 허위적인 것인지는 정확히 알고 있습니다. 이것이 우리에게 주어진 유일한 형태입니다. 그러나 제가 의미하는 바는—그리고 이것에 관해 우리는 이야기해야 할 텐데요, 에른스트—이러한 사태는 왜곡을 겪고 있다는 것인데, 왜냐하면 형상을 만들어 내는 것이 우리에게 금지되어 있기 때문에, 또한 좋지 않은 일이 발생하기도 합니다. 말하자면 존재해야 할 것이 오로지 부정적인 것으로만 말해질 수 있다면, 그중에서 상상할 수 있는 것은 더욱 적어진다는 것입니다. 그러나 그렇다면—그리고 이것이 훨씬 더 두려운 일일 텐데—이러한 유토피아의 구체적인 언급에 대한 금지는 유토피아적 의식 자체를 훼손하고, 무엇이 중요한 것인지를, 즉 다른 것이 존재해야 한다는 의지를 그저 삼켜버리는 경향으로 이어집니다. [……] 오늘날 자유와 행복 속에서의 삶이 가능할 것이라는 관점이 사실이라면, 유토피아의 이론적 형태 중 하나는 [……] 인간의 현재 생산력의 상태에서 무엇이 가능한지에 대해 말하는 것이 될 것입니다. 즉, 그것은 구체적으로 그리고 [……] 선명한 묘사 없이 그리고 [……] 어떠한 자의도 없이 말해질 수 있을 것입니다. 이것이 말해지지 않으면, 쉽게 말해 이러한 형상이 손에 잡힐 듯 구체적으로 드러나지 않는다면, 전체가 무엇을 위해 존재하는지, 무엇을 위해 전체의 장치가 운동하는지 근본적으로 말할 수 없는 셈입니다. 제가 기대치 않게 긍정적인 것에 대한 변호인의 역할을 하는 것을 용서해 주세요. 그러나 제가 생각하기로는 이러한 계기 없이는 유토피아적 의식의 현상학 속에서 그 무엇도 도달할 수 없을 것입니다."[124)

유토피아적 의식의 범위에 관해서 아도르노는 헛된 희망을 제시하지 않는다. 그것이 오늘날 얼마나 일그러져 있는지는 그를 놀라게 하지 못할지도 모른다. "자유가 이데올로기로 남게 되었다는 것, 인간이 체계 앞에서 무기력하며, 자신의 이성으로부터 삶을 그리고 전체의 삶을 규정하지 못한다는 것, 다시 말해 그들이 더 고통받지 않아야 한다는 관념을 더는 생각하지 못한다는 것은 그들의 저항을 왜곡된 형태로 전도시킨다. 차라리 그들은 더 나은 상태라는 가상을 취하느니 더 나쁜 상태를 추구하고 있다."(GS 6, 96) 이러한 심리적인 상태는 단지 주관적인 요인에 의한 것만은 아니다. 아도르노에 따르면 그것은 객관적인 사태의 내용을 삐딱하게 표현하고 있는 셈이다. 우리를 위협하는 "현재의 [……] 공포"는 총체적으로 사회화된 그리고 "총체적인 몰락의 위협에 처해 있는 사회"(GS 6, 100)의 현기증이다.

7.

아름다움의 무기력한 유토피아

점증하는 생산성과 생산성 증대의 원칙이 평화롭게 종식된다면, 현재 사회에서 상품생산 이외의 다른 목적들에 기여하는 생산의 성격 역시 달라질 수 있을 것이다. 여기서 말하는 생산이란 예술의 생산을 의미한다. 『미학 이론』에서 아도르노는 이렇게 적는다. "예술 작품은 더 이상 교환에 의해 훼손되지 않는 사물들의, 즉 이윤과 존엄을 상실한 인류의 허위적인 욕구에 의해 추동되지 않는 것의 대변인이다. [……] 해방된 사회는 [……] 효용의 목적-수단 합리성을 넘어설 것이다. 이것은 예술 속에서 암호화되며 예술의 사회적 폭탄이 된다."(GS 7, 337 f.) 왜냐하면 "예술은 지배적인 유용성의 한복판에서 우선적으로 유토피아의 어떤 것을 현실적으로 지니고" 있기 때문이다. 예술은 "다른 것, 사회의 생산과 재생산 과정의 움직임에서 벗어난 것, 즉 현실원칙에 종속되지 않는 것"(GS 7, 461)을 환기한다. 그러나 그럼에도 불구하고 예술은 엄격한 노동이다. 카프카, 프루스트, 플로베르, 혹은 반 고흐의 경우, 이들의 삶은 물 위에 누워 있는 행복의 이미지에서 예견된 것과는 완전히 다르다. 하지만 이들만이 아니라 다른 예술가들에게서도 예술의 생산이 얼마나 고통스럽고 험난한가를 분명히 알 수 있다.

아도르노에게 예술이란 블로흐에게서와 달리, 인간이 역사적으로 올바른 상태의 요소들로 상상할 수 있는 것을 "표현Vorschein"한다는 위상을 갖지 않는다. 아도르노는 그럼에도 자신이 예술에 귀속시키는 유토피아적 성격을 매우 모순적으로 파악한다. "현재의 이율배반에서 핵심적인 것은 예술이 유토피아여야 하고 유토피아가 되고자 한다는 것이며, 현실적인 기능 연관이 유토피아를 더욱 차단해 버릴수록, 더욱더 결정적으로 그러해야 한다는 점이다. 그러나 예술이 가상과 위안에 빠져 유토피아를 배신하는 것을 피하기 위해, 그것은 유토피아이기를 포기해야 한다. 예술의 유토피아가 실현된다면, 그것은 예술의 시간적인 종말이기도 할 것이다. 헤겔은 이것이 예술의 개념 속에 이미 함축되어 있다는 사실을 최초로 간파한 사람이었다."(GS 7, 55f.) "예술의 종말"이라는 진단은 오늘날까지 실현되지 않았다. 그러나 아도르노는 예술의 종말이 완전히 대립하는 두 가지 방식으로 등장할 가능성을 열어놓았다. 그는 "무반성적인, 역겨운 의미에서 현재 존재하는 것의 리얼리즘적인 확인과 이중화"(GS 7, 145)로서 예술의 허위적인 지양을 향한 경향을, 예술이 영감을 받는 궁핍이 중단됨으로써 실현될 수 있을 올바른, 즉 탁월한, 화해된 예술의 지양이라는 유토피아적인, 최소한 반사실적 관점과 근본적으로 구별했다. 그는 사회적으로 매개된 고통으로부터 해방된, 이성적으로 운영되는 사회에서 예술은 특수한, 노동 분업적 실존을 연기하는 것이 아니라 전적으로 사라질 것으로 생각했다. 1940년대에 여전히 그는 이를 확신했다. 『신음악의 철학』은 분명하게 이 점을 밝히고 있다. "해방된 인류에게서 비로소 예술은 사멸할 것이다. 오늘날 예술은 종말의 위협에 처해 있는데, 예술의 종말이란 단순한 현존재가, 이 현존재를 버텨낼 수 있다고 착각한 의식의 관점에 대해 누리는 승리를 의미할 것이다."(GS 12, 24)[1]

적대로부터 해방된 사회에서의 예술의 평화적 "사멸"에 관한 사변과 관련하여, 아도르노는 이후에 자신의 진단을 더 신중하게 다듬는다. 그러한 유토피아적 상태에서 예술은 왜 종말을 맞아야 하는 것인가? 혹시 예술은 바로 그러한 상태에서 비로소 시작해야 하는 것이 아닌가? 아도르노는 『미학 이론』에서 "오늘날 해방되지 못한 사회의 이데올로기적 보완물이 되어 버린 과거의 예술이 해방된 사회에 다시 귀속되는 것은 가능하다"라고 쓰고 있다. 이 구절은 『신음악의 철학』에서 전개된 자신의 사유에 대한 답변의 기능을 하고 있다. 『미학 이론』은 계속해서 이렇게 말하고 있다. "그러나 새로 발생한, 고요와 질서로, 긍정적인 모사와 조화로 복귀한 예술은 사회의 자유를 위한 희생물이 될 것이다. 변혁된 사회에서 예술의 형태를 그려 내는 것 역시 용인되지 않는다. 아마도 그것은 과거의 예술도, 현재의 예술도 아닌 제3의 것이 될 것이다. 그러나 예술이 자신이 표현하는, 즉 예술의 실체가 형식을 얻게 되는 고통을 망각하는 것보다는, 더 나은 어느 날에 예술이 전적으로 사라지는 것을 소망해야 할 것이다."(GS 7, 386f.) 우리가 고통에서 해방된다면, 우리는 더 이상 어떠한 예술적으로 형태화된 사유도 필요로 하지

---

1   아도르노의 이 구절에서 알 수 있는 것은 아도르노가 예술의 종말(Ende)과 사멸(Absterben)을 구분하고 있다는 사실이다. 이러한 구분은 맑스주의에서 거론되는 '국가 사멸론'을 염두에 둔 것이다. 맑스와 엥겔스의 관점에서 계급사회가 철폐되고 완전하게 실현된 공산주의에서는 더 이상 계급사회의 산물인 중앙집권적 국가가 필요하지 않으므로, 국가는 자연스레 사멸할 것이다. 아도르노가 말하는 예술의 사멸은 이러한 국가 사멸론과의 유비 속에서 작성된 테제인데, 이는 예술이란 곧 고통의 표현이면서 동시에 유토피아에 대한 갈망이라는 전제에서 출발한다. 이러한 전제대로라면, 완전한 해방을 달성한 사회, 즉 더 이상 예술이 표현해야 하는 (사회적으로 매개된) 고통이 존재하지 않는 사회에서는 더 이상 예술 역시 존재할 이유가 없을 것이며 따라서 사멸할 것이다. 이러한 예술의 '사멸'은, 예술의 '종말'과 구분된다. 예술의 종말이란 예술의 자율성이 침해되고 예술의 가능성이 부정되는 상황을 말한다. 이는 앞서 언급된 것처럼 리얼리즘적인 압력, 즉 예술이 실재를 모방해야 한다는 (사회주의 진영의) 강압에 의해 이뤄지기도 하고, 동시에 후기 자본주의 현대사회에서 예술 작품이 상품으로 전락하고 문화산업의 범람으로 인해 초래되기도 한다. 아도르노는 이러한 예술의 종말이라는 위험으로부터 예술의 의미를 구제하는 것을 그의 미학 이론의 목표로 삼는다.

않을 것이다. 그러나 우리가 경제와 지배의 적대로부터 해방된 사회에서 과연 고통으로부터도 해방될 수 있을까? 그렇다면 과거의 고통을 기억하는 연대란 더 이상 필요치 않은 게 아닐까? 이러한 고찰들은 예술의 "성공적인" 종말에 관한 추측을 계기로 하여 신중하게 머물게 되었다. 아도르노에게 절박한 것은 "허위적인 것"에 관한 사유인 것이다.

예술의 파괴와 구원

『미니마 모랄리아』에서도 예술의 종말이 언급된다. "예술의 파괴"는 바로 "예술의 구원"(GS 4, 83)인 것이다. 그러나 어떤 파괴를 말하는 것일까? 『미니마 모랄리아』의 근거가 되는 실제적인 세계사적 경험의 내용을 배경으로 보면, 여기서 다뤄지는 것은 그의 시대에 예술만이 아니라 삶을 급습한 파괴, 즉 1차 대전에 비해 훨씬 재앙적이었던 2차 대전의 파괴라고 추측해 볼 수 있다. 아도르노가 보기에 이러한 파괴는 스트라빈스키의 〈병사 이야기Histoire de Soldat〉에서 설득력 있는 표현을 얻는다. 이 곡은 [큰 스케일의 교향곡이나 오페라의 유행으로 인해] "충격적으로 망가져 버린 실내악단"을 위한 축소된 악보였는데, 이 곡의 "경련적인-꿈과 같은 강압"(GS 4, 56)은 현실에서의 파괴와 관념적인 파괴를 동시에 표현했다. 아도르노 미학의 주요한 근본 가정은 예술이란, 그것이 어떤 역사적인, 그리고 최근에는 재앙적인 본질에서 비롯하는 것이건 간에, 고통의 경험에 형태를 부여하는 처리 과정에 관한 것이라는 점이다. 따라서 아도르노는 또한 모더니티의 미학자이기도 하다. 왜냐하면 그에 따르면 19세기, 대략 반 고흐에게서, 예술 작품이 "모든 감정의 폭풍으로 인해 요동쳤으며, 그 경험 속에서 개인은 최초로 역사적 재앙을 자신의 시대에 기입"(GS 7, 224)하는 일이 일어났기 때문이다. 그러나 여기서 아도르노에게 중요한 것은 다른 어떤 것이다. 즉, 그것은 예술의 상징적인 파괴라고 부를 수 있는 것, 더 정확히 말하자면 예술의 상징적 자기파괴라고 부를 수 있는 것이다.

"취향은 논쟁거리다De gustibus est disputandum"[2]라고 그는 『미니마 모랄리아』의 한 아포리즘의 제목을 달았다. 그에 따르면 취향에 관해 논쟁은 일어날 수 있을 뿐 아니라, 심지어 일어나야만 한다. 미학은 진리, 그것도 객관적인 진리 요구와 관련이 있기 때문이다. 칸트에 따르면 미감적인 취미 판단은 독특한 양가적인 특징을 갖는다. 그것은 진리와 보편성에 대한 요구를 제기하는 것 이외에 다른 것일 수 없다. 그러나 동시에 그것은 이러한 요구에 필요한 객관적인, 보편성이 요구하는 정당화를 제시할 수 없다. "美란 개념 없이 보편적으로 흡족한 것"[125]이며, 나아가 "필연적인 만족의 대상으로 인식되는"[126] 것이다. 보편타당성에 대한 요구는 엄밀히 실현되기 어렵지만, 그것은 미감적 판단으로부터 분리될 수도 없다. 이 요구는 미감적 판단이 갖는 진리에 대한 지향을 나타낸다. 이것은 자기 자신을 뛰어넘는 것, 자신이 얻을 수 있는 것을 초월한 것이면서, 동시에 개념적으로 구성할 수 없는 것이다.[3] 우리가

---

2   "취향(혹은 맛)은 논쟁거리가 아니다(De gustibus non est disputandum)"라는 라틴어 격언이 존재한다. 이 격언은 본래 맛이 좋은 음식에 대해 내려지는 최고의 찬사를 뜻했으나, 시간이 흘러 예술 작품에 대한 서로의 취향을 존중한다는 의미로 사용되었다. 즉, 취향은 시빗거리가 될 수 없다는 것이다. 아도르노는 "취향은 논쟁거리다(De gustibus est disputandum)"라고 이 문구를 수정하여, '취향 역시 논쟁거리가 될 수 있다'는 자신의 생각을 드러낸다. 예술 작품에 대해서는 각자의 판단을 모두 존중해야 하며, 따라서 논쟁은 무의미하다는 상대주의에 대항해, 그는 예술이 진리를 드러내는 매체이며, 따라서 그에 대한 토론과 논쟁, 철학적 개입과 해석이 중요하다고 보고 있다. 『미니마 모랄리아』 한국어 번역본에는 "시식에 대해서는 논쟁이 있었다"로 번역되어 있다.

3   미감적 판단이 진리에 대한 요구, 보편타당성에 대한 요구를 제기하는 상황이 갖는 딜레마를 의미한다. 즉, 미감적 판단이 '진리에 대한 지향'을 갖는다는 것은, 미감적 판단의 관점에서는 자기 자신을 넘어서고 자신의 한계를 초월하는 일인데, 왜냐하면 미감

취미 판단에 관한 합리적인 논의, 즉 근거를 갖는 논의를 거부하는 미적 주관주의라는 느슨한 관점으로 후퇴함으로써 이러한 문제의 차원을 포기한다면, 우리는 "작품으로부터 진리에 대한 성찰과 요구를" 분리하게 된다. 아도르노에 따르면 바로 이것이야말로 오늘날의 "견고한 시민"에 어울리는 것이다. "이들에게 예술은 결코 충분히 비합리적일 수 없다."(GS 4, 82) 그러나 "무슨 일이든 허용된다anything goes"[는 격언]에 대한 오늘날의 옹호자에게 떠오를 수 있는 것은 [실제로는] 나타나지 않는다(이 격언은 [동명의 노래를 부른 가수] 콜 포터cole porter에게서 섬세하게 반어적으로 표현되었지만, 오늘날에는 쓰디쓴 진지한 도그마[27]가 되었다). 비개념적인 사이비 다원주의에서는 모두가 자신이 선호하는 대로 행하고, 예술 작품의 진정성에 관한 물음은 철학적인 요구라는 이유로 격분을 사면서 기각될 수 있다. 이러한 사이비 다원주의는 "예술 작품의 비교 불가능성"(GS 4, 82)이라는 바람직한, 그러면서도 화려한 다양성을 가져오지 않는다. 그것이 가져오는 것은 오히려 예술적 자의성이라는 악무한惡無限이며, 이것은 예술 작품의 불구의 적인데, 왜냐하면 이것은 진지하게 다뤄지고

적 판단 자신은 결코 그 자체로 '진리'를 진술하지 않기 때문이다. 우리가 어떤 영화를 보고 나서 갖게 되는 느낌이 각 개인마다 다를 수 있고(예컨대 갑이라는 사람은 어떤 영화를 좋아하고, 을은 싫어할 수 있듯이), 거기에는 어떠한 개념적 타당성을 가져다 적용할 수도 없으며(갑이 어떤 영화를 마음에 들어하는 이유, 을이 싫어하는 이유에는 개념적 필연성이 존재하지 않는다), 따라서 그 자체로 진리일 수 없듯이 말이다. 그러나 그럼에도 미감적 판단은 진리를 지향하며 보편타당성의 요구를 제기한다. 『판단력 비판』에 제시된 칸트의 취미(취향)이론은 이와 같은 딜레마를 다룬다. 즉, 취미란 객관적인 개념적 토대를 갖지 않기 때문에, 개인마다 서로 다른 취미에 대한 주관적 관점을 가지고 있다. 따라서 취미 판단이란 객관성을 요구할 수 없는 주관적이며 상대적인 것처럼 보인다. 그러나 특정한 시대를 살아가는 동시대인들은 일치하지는 않지만 유사한 미적 판단을 가지고 있고(예컨대 조선 시대의 사람들에게 피카소의 그림은 낙서 이상의 의미를 갖지 않겠지만, 현대인인 우리는 피카소 작품의 예술성을 인정하고 이를 미감적으로 감상할 수 있다), 따라서 아름다움에 관한 대화와 토론을 즐기거나 심지어 논쟁을 벌이기도 한다. 개념적 토대를 갖지 않으면서도 공통의 미감적 판단을 가능하게 해주는 인식의 요소를 인간의 상호 주관적인 공통 감각의 형성에서 찾는 것이 칸트가 『판단력 비판』에서 수행한 시도였다.

평가되어야 한다는 예술 작품의 내재적인 요구를 무시하기 때문이다. 이것은 다시금 예술 작품 자체가 이를[다원주의적이고 자의적으로 해석되는 것을] 진지하게 받아들였다는 데에서 기인한다. 아도르노의 시각에 따르면 예술 작품은 예술 외적인 현실뿐 아니라, 적어도 함축적으로는, 다른 모든 예술 작품을 평가한다. 예술 작품들은 말하자면 평화적으로 서로를 견뎌내질 못한다. 아도르노는 모든 예술 작품은 자신의 진리를 대변한다고 헤겔적인 관점에서 주장한다. 예술의 진리 요구는 그 자체 사물화된 의식의 일부인, [무관심하다는 듯] 어깨를 으쓱할 뿐인 미적 상대주의의 불구의 적이다.(GS 7, 419) 미적 상대주의는 오늘날, 리오타르가 공격한 바 있는[128] 절충주의의 형태로, 허위적인 미적 의식의 지배적 형태가 되었다.

그러나 절충주의 역시 「취향은 논쟁거리다」에서 중요한 비중으로 다뤄지는 것은 아니다. 정작 중요한 것은 예술의 진정한 종말, 즉 동시에 예술의 "구원"이어야 할 예술의 "파괴"였다. 아도르노는 이것을 "참된 그리고 가상假象 없는 [……] 미"(GS 4, 83)라고 불렀다.

가상 없는 미, 이것은 모순이 아니라면 적어도 역설이다. 물론 이것은 전통적으로 예술과 미의 매개체를 가상으로 이해하는 관념론적인 본질 형이상학에서는 사정이 다르다. 전통적인 형이상학에서 가상은 존재의 대립 항이며, 기만의 장소, 존재에 대한 속임수의 장소다. 존재론으로 이해된 철학은 있음was ist을 인식하고자 한다. [그런데] 이것은 오직 철학이 겉으로 보이는 것, 그러나 실은 결코 있음 자체가 아닌 것을 꿰뚫어 봄으로써만 가능하다. 그리하여 철학은 늘 변화하는 현상들의 배후에서, 생성의 배후에서 존재 자체를, 본질을 파악한다. 본질은 생성되거나 소멸하지 않고, 영원하고 불변하는 것이다. 개념화되지 않고 오로지 지각될 뿐인, 그리고 그로부터 어떠한 인식도 얻어 낼 수 없고 오로지 [주관적] 의견Meinung만을 제공해 줄 수 있을 뿐인 가상Schein

과 본질은 대립한다.[129] 플라톤에 따르면 미의 가상의 배후에는 미의 이데아가 숨어 있다. 이데아는 신적 본질이며, 따라서 우리는 자연적인-소멸하는 것의 영역에 속하는 가상을 추상해 낼 때 이데아에 다가갈 수 있다.

가상 없는 미는 이데아로서는 존재할 수 있다. 왜냐하면 미의 이데아는 단지 겉으로 보이는 것을 넘어서 실제로 존재하기 때문이다. 전통 형이상학은 진, 선, 미의 세 가지 이데아의 본질을 인식하고자 했다. 부르주아 시대 고전주의에서 이러한 이념[이데아]들은 이데올로기적이기는 했지만 핵심적 관념들로서 부활했고, 예컨대 프랑크푸르트 오페라 극장의 돌에 새겨진 모토이기도 한 '교양 있는 시민계급Bildungsbürger-tum'을 대변하였다. 아도르노는 그가 1920년대 어느 카페에서 크라카우어와 토론한 바에서도 나타나듯이, 어느 정도의 씁쓸함을 지닌 채로 이러한 교양 있는 시민계급이라는 이상과 작별을 고한다.(GS 8, 93 ff.) 그것이 일종의 비진리였기 때문이다. 그러나 이것이 뜻하는 바는 아도르노가 고전 철학의 진리 요구 자체와 작별했다는 것이 아니다. 절대자로 고양되는 "이데아 개념의 플라톤적 실체"(GS 10.2, 462)에는 "즉자적으로 존재하는 진리"가 "비진리"(GS 10.2, 581)라는 사실이 내포되어 있다. 그러나 비판이론에 따르면 절대자는 또한 부정적 개념으로, 즉 현존하는 상태와는 다른 것으로 파악되어야 한다. 철학이 절대자라는 관념을 단순히 머리에서 제거해 버린다면—호르크하이머와 아도르노는 현대의 철학이 바로 이것을 행하고 있다고 보았다—그것이 현존하는 상태에 대해 취하는 거리는 단순한 허구, 주관적 환상으로 격하되어 버릴 것이다. 아도르노가 보기에 비판의 토대는 바로 현존하는 것에 대한 거리두기에 있는데, 그렇다면 비판이란 체계적으로 불가능하게 될 것이다. "철학은 더 이상, 마치 모든 것에 대해 홀로 답변해야 하는 것처럼, 자기 자신을 절대자로서 강력한 존재라고 생각해선 안 된다. 그렇다. 철학은 그러한 사유를 금지해야 한다. 이는 철학이 사유를 배신하지 않기 위함이다. 그리고 그럼에도 철학은 진리라는 강조되어야 할 개념으로부터 그 어떤 것도 흥정해선 안 된다. 이러한 모순이 철학의 요소다. 그것은 철학을 부정적인 것으로 규정한다."(GS 10.2, 461)

미학과 가상의 지위라는 문제로 돌아가도록 하자. 근대에 이르러 비로소 인식의 또 다른, 참된 매개체로서 감각적 지각의 고유한 권리에 대한 사고가 철학에 스치기 시작했다. 바움가르텐이 미학을 비개념적 인식에 관한 이론으로 정당화하면서[130] 점차 가상의 복권이 시작되었다. 마침내 헤겔은 본질과 현상의 변증법을 등한시하는 정신의 형이상학이 가진 내재적 모순을 보여 주었다. 그에 따르면 "가상 자체는 [······] 본질에 대해 본질적이다. 진리는 외관상 드러나고 현상하는 것이 아니라면 진리일 수 없을 것이다."[131] 그리고 "미는 [······] 가상 속에 자신의 생명을"[132] 가지고 있으므로, 철학적 미학은 진리의 경험이 지니는 불가피한 형태로서 인식되고 증명되어야 한다. 그럼에도 진리는 완전히 개념화될 수는 없는 그것의 타자 속에서 개념화될 수 있다.

파르메니데스적이고 정적인 플라톤의 이데아 형이상학은 가상 없는 미라는 관념을 알고 있었다. 헤라클레이토스적이고 역동적인 헤겔의 정신의 형이상학은 [가상 없는 미라는] 이러한 개념의 불가능성을 변증법적으로 제시하였다. 그러나 그것은 이를 통해 가상의 참된 성격을 결코 구원하지 못하였으며, 오히려 지속해서 가상이 헤겔 체계에서 모든 존재자의 실체, 즉 총체성을 향한 실체이기도 한 특수한 정신적-실체적인 내용으로 종속되도록 만들었다. 관념론적 구성물로서 가상 없는 미란, 아도르노가 관심을 두는 그러한 것일 수 없으며, 관념적 실체를 증명함으로써 가상을 구원한다는 것 역시 마찬가지다. 아도르노에 따르면 미적 가상의 진리 내용 속에는 가상의 자기 지양을 향한 다른 종류의 경향이 숨어 있다.

헤겔은 예술의 진리에 오로지 부수적인 지위만을 부과한다. 그는 예술을 정신이 도달하고 거쳐 가는, 그리고 더 높은 단계인 종교와 철학으로 스스로 나아가기 위해 다시금 그것을 떠나는 단계로 이해한다. 그러나 아도르노는 관념론적으로 이러한 지양의 사유를 파악하지 않고, 오히려 모든 예술의 근본적 층위에 대해 성찰한다. 그는 스탕달과 보들레르와 더불어 미를 "행복의 약속"[133]으로 구체화하려는 의도에서, 그리고 [그러한 행복의 약속이라는 관념에 따르면] 미와 행복이 더 이상 단지 가상일 뿐만 아니라 실재적이므로, 미적인 행복의 약속을 더는 필요로 하지 않을 그러한 [고통으로부터 해방된] 상태를 부정적으로 표시하려는 의도 속에서 이러한 예술의 근본 층위를 인식한다. "행복의 약속 promesse du bonheur이라는 스탕달의 격언은, 예술이 현존 속에서 무엇을 유토피아로 암시하는지 강조함으로써 예술이 현존에서 비롯하는 것이라는 사실을 증언한다."(GS 7, 461) 이 때문에 아도르노는 예술이 물론 "그러한 행복이 존재하지 않는다는 허상에 대한 치명적인 유보 조항"에 사로잡혀 있을지언정 "가상 없는 현재적 행복의 알레고리"(GS 7, 197)라고 특징지을 수 있었다. 작품의 외관 속에는 행복에 대한 암시가 숨어 있다. 행복은 단지 겉으로만 드러나는 것이 아니라 현존하는 진리이기도 할 것이다. 예술은 그 자체로 기만적인 것이 아니다. 왜냐하면 예술은 행복이 존재하지 않는다는 사실과 결부된 것이 아니라, 행복의 가능성을 대변하기 때문이다. "예술 작품의 현실성은 가능한 것의 가능성을 증언한다."(GS 7, 200) 하지만 오직 결코 존재하지 않는 것에 대한 기억 혹은 회상Eingedenken[4]이라는 역설적이고 불완전한 양식 속에서 예술

4　벤야민이 만들어낸 신조어. 독일어에서 eingedenk는 '~을 잊지 않고 기억하고 있는'이라는 의미의 전치사 혹은 형용사로 사용되며, gedenken은 '추모, 애도하다'라는 의미의 동사다. 벤야민은 이 두 단어를 조합하여 eingedenken이라는 동사를 사용하는데, 이 단어는 '잊지 않고 기억하다'와 '추모, 애도하다'라는 두 어간의 의미를 모두 포함하여, 과거를 잊지 않고 기억하면서 동시에 그 안에 존재했던 희생과 폭력에 대해 추모, 애도

은 [지금과는] 다른 상태에 대한 대변자가 될 수 있다. 아도르노에게 이러한 기억의 모델은 프루스트의 과거에 대한 탐색이다. 이 과거는 기억의 주체에게 오로지 기억의 작업을 통해 구성되는 어떤 것, 즉 기억 속에서 동시에 얻어지면서 또한 상실되어 버리는 것으로 주어진다. "예술 작품의 갈망이 추구하는 것 ─ 존재하지 않는 것의 현실성 ─ 은 기억으로 변화한다. 기억 속에서, 존재하는 것은 존재했던 것으로, 존재하지 않는 것으로 부서진다. 왜냐하면 존재했던 것은 더 이상 존재하지 않기 때문이다." "아직 존재하지 않는 것"에 대한 꿈의 장소는 "회상이다. [……] 그것만이 현존에 직면하여 유토피아를 배신하지 않으면서 유토피아를 구체화할 것이다. 가상은 현존과 어울리며 남는다. 그때조차도 그것은 결코 존재하지 않았던 것이다."(GS 7, 200)

예술의 종말이라는 아도르노 사유의 유물론적 전회 속에 칸트 미학의 모티브들이 변형된 채 반영되어 있다면, 이것은 헤겔 이전으로의 후퇴라고 할 수 없다. 그것은 유물론적 사유가 객체의 측면에 지불해야할 필수적인 기여금이다. 아도르노는 『부정변증법』에서 객체의 우위를 인식의 유토피아에 대한 강령으로 제시한 바 있다. 헤겔이 관념론적으로 상정한 정신의 구조를 그 총체성 속에 만들어 내기 위해 사유의 객

함을 나타낸다. 또 이 단어는 ein('~의 안으로')과 gedenken(추모하다)이 결합되어 만들어진 동사로서, (주체와 객체의 완전한 물아일체를 강조하는 '감정이입Einfühlung'과는 다른 의미에서) 주체와 대상 사이의 기억, 추모를 통한 정서적 유대 관계를 표현한다. 이 단어의 한국어 번역어로는 회상回想, 애상哀傷, 회억回憶 등이 있는데, 여기서는 가장 많이 쓰이는 회상을 택했다. 본문에서는 아도르노와 관련하여, 예술 작품이 어떤 유토피아적인 상태, 고통과 억압이 소멸한 상태를 상기시키고 그것과의 정서적 유대 관계를 나타낸다는 의미에서 이 단어가 사용되고 있다. 과거에 대한 기억이 아니라, 존재한 적이 없는, 그리고 미래에도 도달할지 도달하지 않을지 알 수 없는 대상에 대해 기억하고 회상한다는 것이 예술 작품이 지닌 역설적인 측면이라는 점이 강조되고 있다. 그런데 과거를 회상하는 것과 (구원된) 미래에 대해 회상하는 것이 근본적으로 분리되지 않는다는 것은 벤야민과 아도르노가 공통적으로 유대교 신학, 프로이트의 정신분석학 그리고 프루스트의 문학으로부터 차용하는 모티브이기도 하다.

체에서의 모든 비개념적인 것을 허위의식이라며 제거해 버린 이후, 이 기여금은 그 시효가 지나 버렸다. 칸트는 미적인 형식 법칙의 논리가 사전에 확정될 수는 없으며, 언제나 사후적으로, 개별 작품으로부터의 추상을 통해 도출될 수 있다고 강조한다. 이것이 뜻하는 바는 하나의 기준이 되는 규칙의 미학은 예술에 이질적인 것이라는 사실이다. 칸트가 "규칙은 [······] 행위로부터, 즉 생산물로부터 추상되어야"[134] 한다고 말할 때, 그는 철학적 미학이 그것에 선행하는 소재인 작품 자체를 향해야 한다고 가리키고 있는 셈이다. 아도르노는 물론 마치 자신이 그것을 실현할 수 있을 것처럼 자만하지는 않았지만, 적어도 "미학의 포괄적이면서 동시에 물질적인 형식 이론의 가능성"(GS , 156)에 관해 고찰하였다. 이 점에서 그는 칸트와 일치한다. 그러나 칸트의 대척점에 있는 헤겔과 마찬가지로 아도르노는 미적 생산성의 전개, 확장을 보여 주며, 이와 함께 예술의 생산에서 허락되는 것, 필연적인 것 또는 금지되는 것을 객체의 측면에서 고찰한다. 그리고 헤겔과 마찬가지로 역사철학적으로 정초되는 미학의 틀 속에서 움직인다.

그러나 이러한 칸트와의 차이는 단지 한 측면일 뿐이다. 반대로 [칸트와의] 공통점 중 하나는 여기에 기입되어 있는 객체 우위론, 즉 미학에서 작품 우위론이다. 하지만 칸트에게서 이 이론은 매주 제한적인데, 왜냐하면 그는 전체적으로 주체와 주체의 감성을 다루는 취미의 미학과 수용미학을 명백히 대변하고 있기 때문이다. 이에 반해 헤겔과 마찬가지로 아도르노는 예술 작품이 부분적으로는 정신적인 방식으로, 부분적으로는 미메시스적인 방식으로 실체적으로 구현해 내는 객관적 경험 내용을 다룬다. 아도르노가 보기에 객체성에 대한 사유의 여러 입장들 중 하나가 예술 작품 내에서 표현되지만, 그것이 전부인 것은 아니다. 미메시스와 합리성의 변증법(GS 7, 85ff.)은 단지 작품의 수용과 생산뿐 아니라, 작품의 진리 내용 역시 규정한다. 예술 작품은 물론 각각의 방식으로 경험이자 동시에 인식이다. 과학과 철학 속에는 완전히 개념적-구성적 차원으로 흡수되지 않는, 그러나 삼투압적 방식으로 영향을 미치는 침전된 경험의 근본적 층위가 존재하듯이, 아도르노는 가장 은밀한 주체적-모나드적인 예술 작품 속에서도 합리성의 근본적 층위를 발견한다. 작품이 구성의 논리에 따른다는, 또는 이러한 구성의 논리와의 긴장감 넘치는 관계 안에서 운동한다는 사실 속에 이 근본적 층위가 표현되고 있다. "예술은 자신을 객체화하기 위해—소재와 처리 방식의 지배로서—가장 진일보한 합리성을 보유한 미메시스적 태도다. 예술은 이러한 모순을 통해 합리성 자체의 모순에 답한다. 예술의 목적이 그 자체로는 합리적이지 않은 수행이라면—목적으로서 행복은 합리성의 적이며, 그럼에도 그 수단으로서 합리성을 필요로 한다— 예술은 이 비합리적 목적을 자신의 것으로 만든다. 예술이 소위 '기술적 세계'에서 생산관계의 힘으로 제약되고, 그 자체 비합리적인 것으로 남게 되는 반면, 이때 예술은 자신의 처리 방식 속에서 온전한 합리성을 사용한다."(GS 7, 429f.)

아도르노에게서 한편으로 미에 대한 '관심'의 계기가 강조되는 것과 함께 이것이 유물론적 미학을 위해 구성적이라는 것, 다른 한편으로 아름답다고 지각되는 대상에 대한 '무관심성'이라는 칸트적인 모티브가 미적인 것의 전체적 차원에 대한 그의 이해에서 전적으로 본질적이라는 사실은 우선적으로는 하나의 모순인 것처럼 보인다. 칸트에게 "취미 Geschmack"란 "모든 관심을 배제한 채로 만족 또는 불만족을 통해 한 대상 혹은 하나의 표상 방식에 대해 이뤄지는 판정 능력이다. 그러한 만족의 대상을 아름답다고 한다."[135] 아도르노는 작품의 자율성에 대해서와 마찬가지로, 미감적 무관심성 역시 동시에 실재이자 가상이라고 파악한다. 아도르노가 보기에 예술을 위한 예술L'art pour l'art, 유미주의, 세기 전환기 예술의 본질적인 충동은 사회적으로 유용한 목적 합리성의 원칙에 거스르는 어떤 것도 참지 못하는 부르주아 사회의 도구적 이성에 대한 저항이었다. 이를 통해 관심에 대한 근원적으로 부르주아적-계몽주의적인 모티브가, 블로흐적인 표현으로 정식화하자면, '식별 가능한 방식으로 왜곡'되었다. 이 모티브가 인간 해방의 과정에서, 교권주의적이고 봉건적으로 지배를 정당화하는 현혹에 대한 이데올로기 비판에서 불가피한 것이었다면, 20세기에 들어와 그것은 그 자체 부르주아 사회의 이데올로기의 일부가 되어 버렸다. 생산 및 교환 과정에 대한 실체적 관심에 부합하지 않는 것, 즉 가치 증식하지 않는 것은 그 시대 인간들이 갖고 있었던 지각과 가치 측정의 협력 체계로부터 벗어나 버린다. 칸트의 전前 부르주아적인 미학에서 비롯하는 이러한 사유에 대한 아도르노의 시대착오적인 계승은 이러한 맥락에서 이해될 수 있다.[5] 현대적인 삶의 시인인 보들레르에게서는 스탕달의 은밀한 유물

---

5 칸트 미학에서 중요한 지점 중 하나는 미적 대상에 대한 관조에서 비롯하는 취미가 대상에 대한 '무관심적 만족'에서 비롯한다는 것이다. 달리 말하자면, 미에 대한 우리의 만족은 대상 자체의 특수한 성질에서 비롯하는 것이 아니라, 그 대상을 직관한 뒤 우리의 주관적인 요소(이를 칸트는 '미감적 판단력'으로 부른다)에 의해 발생하는 것이다. 따라서 아름다움은 대상 자체에 대한 우리의 '관심'에서 비롯하는 것이 아니며, 이런 의미에서 취미 판단의 가장 중요한 특징을 칸트는 '무관심적 만족'이라고 부른다. 따라서 미에 대한 판정 과정에서, 즉 주체가 어떤 대상에 대해 아름답다고 느끼는 과정에서 그 대상 자체가 갖는 특수한 유용성, 그것의 수단적, 도구적 쓸모는 아무런 역할을 하지 못한다. 즉, 우리가 어떤 대상을 아름답다고 느끼는 것은 그 대상의 유용성과는 아무 상관이 없는 것이다. 이러한 대상의 도구적 성질에 대해 '무관심'하다는 것이 취미 판단의 가장 중요한 특징이다. 아도르노는 19세기 말, 20세기 초반 등장한 유미주의 예술 작품 속에서 이러한 칸트 미학의 요소들을 발견한다. 유미주의 예술은 '예술을 위한 예술'을 표방하면서, 대상이 갖는 유용성과 무관하게 작품 자체가 갖는 예술적 가치에 주목하였다. 유미주의는 사실주의나 참여 예술론 등 계몽주의적 동기에 의해 현실을 변혁하는 수단으로 예술을 고찰하는 관점에 단호하게 반대하고 있는데, 이런 맥락에서 상당히 보수적인 예술 사조라고도 할 수 있다. 그러나 아도르노는 자칫 보수적으로도 이해될 수 있는 유미주의 속에서 부르주아 사회의 근본적 특징인 도구적 합리성에 대한 저항이라는 긍정적 측면을 발견한다. 마찬가지로 아도르노는 '무관심적 만족'이라는 칸트 미학의 계기 속에서, 대상의 수단적 유용성에 대해서만 가치를 인정하는 부르주아적 사고방식에 대한 거부를 읽어 낸다. 이러한 맥락에서 미학에 대한 칸트의 태도를 아직 '도구적 합리성'에 잠식당하지 않은 전前 부르주아적 미학으로 읽어 내며, (이미 부르주아화된 현

론적 미 이론이 분명하게 언급되는 동시에, 미의 유용성에 대한 고착에 대해 칸트가 보인 범주적인 거부 역시 불분명하게 계승되면서 완성되고 있다. 보들레르가 묘사하고 [그 스스로] 구현해 낸 현대 예술가의 정신적 관상학은 미적 경험의 능력을 갖춘 주체의 자기 망각에 의해, 즉 이 주체가 자기 자신을 내팽개치고 자신을 사물에 내맡김에 따라 규정되기도 하고, 또한 부르주아적인 사업[의 논리]을 거부함으로써 규정되기도 한다.

칸트에 따르면 "미란 그것이 어떠한 목적의 표상 없이도 대상으로부터 지각되는 점에서 대상의 합목적성의 형식이다."[136] 미는 엄밀한 의미에서 목적 없는 것이 아니라, 우리가 지각의 대상을 오로지 그것의 목적의 규정이라는 형태 속에서 타당한 것으로 만들어야 한다는, 즉 대상이 대상 자신이 아닌 것과 관계 맺도록 해야 한다는 강압에 지배받지 않은 채로, 지각하고 경험할 수 있는 것이다.[6] 미가 그렇게 이해된다면,

---

대에서 전 부르주아적인 칸트 미학에 대해 맺는) '시대착오적인' 계승을 추구한다.

6 앞서 언급되었듯이, 칸트 미학에서는 대상에 대한 '무관심성'이 강조되고 있다. 같은 맥락에서, 미에 대한 관조는 대상이 지닌 목적에 대해서도 고찰하지 않는 것을 의미한다. 왜냐하면 대상을 특정한 목적 속에 고찰하게 되면, 그것이 이 목적을 실현하는가의 유무에 따라 대상을 판정하게 되기 때문이다. 반면 우리가 예컨대 산의 아름다움을 감상할 때, 우리는 이 산이 자연생태계에서 어떠한 목적을 수행하는가를 묻지 않고 그것을 관조한다. 예술 작품 역시 마찬가지다. 우리가 예술 작품을 고찰할 때, 우리는 그것을 어떠한 목적-수단 관계에서도 배제한 채 감상한다. 예컨대 우리는 마르셀 뒤샹이 설치한 '샘'이 실제로는 변기에 불과하다는 것을 알지만, 그것이 실제로 변기로서 대상의 '목적'을 수행하는지에 대한 관심을 두지 않고 그것을 감상한다. 그런데 이렇듯 미적 대상은 무無목적적이라는 특징을 갖고 있는 반면, 동시에 일정한 합목적성 역시 지니고 있다. 즉, 그것은 나의 미감적 취미를 만족시킨다는 의미에서, 어떠한 목적을 성취한다. 여기서 미적 대상이 갖는 합목적성은 전통적으로 이해되는 목적 개념과 구분된다. 즉, 그것은 산이 자연에서 수행하는 목적(동식물이 밀집되어 살 수 있는 터전)과는 다르다. 그것은 오히려 형식적(주관적)인 합목적성으로서, 관조의 대상이 나의 주관적, 미감적 형식을 만족시킴에 따라 나타나는 합목적성이다. 이런 맥락에서 칸트는 취미 판단의 조건으로서 '무목적적(목적 없는) 합목적성'을 제시한다. 아도르노는 이러한 칸트의 고찰을 통해, 예술 작품에 대한 관조가 대상을 오로지 도구적 유용성 속에서 고찰하도록 만드는 부르주아 사회의 강압에서 벗어난다는 의미에서, 일종의 저항적인 경험임을 주장

그것은 합목적성에 대한 추상적 부정이 아니라, 합목적성이 갖는 강압적 성격의 중단인 것이다. 그것은 사태 자체에 내재한 사물화되지 않은 합목적성에 대한 강압적이지 않은 표상을 경험의 영역으로 끌어들인다. 그러한 폭력 없는 합목적성은 목적 지향적인 행위를 통해 자연으로부터 해방될 수 있는 인간의 능력에서 기인한다. 그것은 목적-수단-합리성의 강압적 성격으로부터의 자유라는 유토피아적 관점을 개방한다. 이 자유 속에서 인간과 사물은 단지 타자를 위한 존재로서의 실존의 권리만을 얻게 되지 않고, 그들 자신일 수 있을 것이다. 그리하여 아도르노는 이렇게 말한다. "미는 목적의 왕국에서 객체화된 것이 이 왕국으로부터 감행하는 탈주다."(GS 7, 428)

칸트의 목적 없는 합목적성은 경험적 실재로부터, 즉 자기보존의 목적의 왕국에서 벗어나, 이 자기보존을 넘어서는 원칙으로, 한때 성스러운 원칙이었던 것으로 옮겨 가는 그러한 원칙이다. 예술 작품의 합목적성은 목적의 실천적인 정립에 대한 비판으로서 변증법적이다. 그것은 억압된 자연을 대변하며, 인간에 의해 설정된 합목적성 이외의 다른 합목적성이라는 이념은 여기에 빚지고 있다. 물론 억압된 자연이란 자연과학을 통해 해소되지만 말이다. 예술은 자연 또는 직접성을 그것의 부정인 완전한 매개를 통해 구원한다. 예술은 그 소재에 대한 무제약적 지배를 통해, 지배되지 않는 것을 닮아 간다. 칸트의 모순어법 속에는 이러한 내용이 숨어 있다.(GS 7, 428)

그러나 자기의식적인 예술의 자족적인 노력 속에는 아도르노가 이

하고 있다.

데올로기적 특징들이라고 보는 자립화의 경향 역시 내재해 있다. "미적인 가상은 19세기에 환등상Phantasmagorie으로 격상되었다. 예술 작품은 그 생산의 흔적을 지워 버렸다."(GS 7, 156) "작품들은 현대에 이르기까지 깊숙이 여기에 복종했다. 작품의 가상적 성격은 그것의 절대성으로 강화되었다. […] 현대성은 가상은 가상이 아니라는 식의, 가상의 가상에 맞서 저항하였다."(GS 7, 156f.) 미적 가상의 영역에 대한 필연적인 고착화는 예술 작품의 물신적 성격을 초래하였고, 이후에는 노동 분업에서 기인하는 미적 자율성을 중단시키려는 20세기 아방가르드의 충동에 대항하여, 자율적 예술을 강화하였다. 자유롭게 사회화된 인간들의 탁월한 삶의 실천 속에서 미적 가상의 지양은 20세기 아방가르드의 강령이 되었다.[137] 가상 없는 미라는 구상은 사회적인, 해방적인 윤곽을 획득하였다. 아도르노는 앞에서 인용된 『미니마 모랄리아』의 아포리즘에서 이렇게 쓴다. "참된 그리고 가상 없는" 것으로서 미는 결국 "오직 예술 자체의 몰락 속에서 생생하고 현실적으로" 표현될 수 있을 것이다. "모든 예술 작품은 다른 모든 예술 작품의 죽음을 초래하고 싶어 하며, 이를 통해 그러한 몰락을 목적으로 삼는다."(GS 4, 83)

여기서 가정되었듯이, 모든 작품은 본래 전체 장르를 홀로 대변하겠다는 함축적인 요구를 가지고 있다. 예술 작품들은 서로 화합하지 못하며, 박물관에서처럼 중립을 지키며 호의적으로 공존하지 못한다. 모든 작품은 자신의 내적인 문제 설정과 외적인 실존 속에서 대변하는 전체를 겨냥한다.

모든 예술이 의미하는 바는 예술 자체의 종말이라는 사실은 동일한 내용에 대한 또 다른 표현이다. 미의 가상 없는 형상을 향해 나아가는, 예술 작품의 가장 내밀한 관심사인 이러한 자기소멸의 충동에 의해 소위 쓸모없는 미학의 논쟁점들이 계속해서 되살아나고 있다. 이러한 논쟁점들이 고집부리며 완고하게 미학적인 권리를 찾으려 하고 이와 함께 중단될 수 없는 변증법에 귀속되는 동안, 그것들은 의지와 무관하게 더 나은 권리를 획득한다. 왜냐하면 이 논쟁점들은 이를 자기 내에 받아들이고 개념으로 고양시키는 예술 작품의 힘을 통해 모든 예술 작품을 제약하고, 예술 자체의 구원이기도 한 예술의 파괴를 추구하기 때문이다."(GS 4, 83)

음악의 침묵

아도르노가 음악 영역보다 그의 미학 이론을 더 정교하게 구체화한 곳은 없다. 그의 음악철학은 음악의 역사와 경험 내용을 부르주아적 합리성의 역사와 해방의 역사라는 배경 속에서 사유한다. "음악의 점진적 합리화"(GS 17, 269)라는 베버의 음악 사회학적 범주를 통해 아도르노는 근현대 음악을 음악적 형상의 내재적 논리에 따라 미적으로 형성되는 주체적 자유의 상승과 하강으로 읽어 낸다.

음악의 역사는, 특히 막스 베버가 묘사했듯이, 점진적인 합리화의 역사, 소재, [……] 즉 자연에 대한 점진적인 지배의 역사다. 이러한 경향성의 의미에서 음악은 하나의 자율적이면서 자기 내 폐쇄적인 영역을 전적으로 표현한다. [……] 음악의 역사 혹은 개별 작곡가의 작업을 일정 정도 외부로부터 고찰해 보면, 그것은 이러한 자율성에도 불구하고, 자신의 사회적 양상을 드러낸다. 음악의 점진적 합리화는 노동 과정의 숭고화된 현시로 나타난다. 이것이 매뉴팩쳐 시기 이래로 줄곧 성장하면서 관철되어 온 것이다. 개별 작곡가의 작품들은 그것이 얼마나 완고하게 기술적인 해법에 매진했던가와 상관없이, 그 시대의 사회 정신을 호흡한다. [……] 하나의 양식에서 다른 양식으로의 이행은 동시에 사회적 구조의 이행이다.(GS 20.1, 312f.)

아도르노가 보기에, 음악이 그 사회적 기능에 의해, 양식의 규칙에 의해 규정되던 것으로부터 점차 해방되고 음악적 소재의 저항이 나타나는 것—다시 말해 작곡하는 주체가 그의 대상에 대해 획득하는 자유로운 처리의 증대—은 따라서 또한 제2의 자연으로부터의 해방이기도 하다. 작곡 과정의 점증하는 자율성은, 조화로운 유기체와 구성의 논리에 종속된 현존하는 소재의 형태로 이뤄지는 점증하는 자연 지배를 뜻했다. 이러한 경향이 두드러질수록, 고전음악 속에서 인간성의 잠재력은 커졌으며(GS 12, 서문 참조), 자유로운 무조음의 음악에서는 주체의 자유, 자발성 그리고 표현에 대한 잠재력이 확장되었다.(GS 17, 266) 그러나 이러한 자유의 증대는 아도르노에 따르면 그 대립물[타율성]과 분리되지 않는다. 그것은 작곡 기법을 강요함으로써 이루어지는, 소재와 작곡하는 주체 자신에 대한 타율적인 규정이다. 이러한 강요는 체계로 고착화되고, 이를 통해 본래 열어 내려고 했던 주체적 자유의 공간을 다시금 협소하게 만든다.

"부담 경감Entlastung"이라는 주요 범주 하에서, 아도르노는 현대 작곡 기법이 전개되는 구조적인 논리를 주체의 해방과 노예화—주체 자체가 불필요해진다는 의미에서—의 변증법으로 재구성했다. 그는 "부담 경감"이라는 이 범주를 아르놀트 겔렌Arnold Gehlen과 같이 긍정적인 범주로서가 아니라, 자기 내 모순적인 범주로 이해했다. 책의 도입부에 언급한 대로, 아도르노는 캘리포니아에서의 망명 생활 중에『신음악의 철학』의 집필과 병행하여, 토마스 만의 소설『파우스트 박사』집필을

돕기도 했다. 아도르노는 만에게 12음 기법의 발생을 문학적 상상력을 곁들여 받아쓰게 하였고, [소설 속 인물인] 작곡가 레버퀸의 작품을 함께 구상하기도 했다. 아도르노는 12음 기법으로부터, 에두아르트 슈토이어만Eduard Steuermann이 정식화하였듯이, "귀가 매 순간 완수할 수는 없는 것을 성취하는 데" 도움을 주는 "신음악 최초의 커다란 부담 경감 현상"(GS 17, 267)을 발견한다. 『파우스트 박사』에서는 음악적 사건의 언어적 성격이라는 아도르노의 테제와 음악적 소재[138]라는 그의 개념을 암시하는 표현들이 사용되어, 12음 기법의 근본적 사유가 아도르노의 정신 속에 기술되어 있다.

'[……] 조율된 반음 알파벳의 12단계들로부터 [……] 더 큰 단어들, 즉 12개의 철자들로 이루어진 단어들, 특수한 조합들을 그리고 12개 반음들의 상호 관계들, 음렬 조합을 만들어 내야 할 것입니다. 이 음렬들로부터 곡, 개별 마디 또는 여러 마디로 된 전체 작품이 직접 도출될 수 있어야 합니다. 전체 작곡의 모든 음은 멜로디 면에서 그리고 화성 면에서, 미리 규정된 이 기본 음렬에 대해 자신이 어떤 관계에 놓여 있는지 증명해야만 할 것입니다. 다른 모든 음이 등장하기 전에는 어떤 음도 반복될 수 없습니다. 전체 구성 속에서 자신의 모티브가 갖는 기능을 실행하지 않는 어떤 음도 등장할 수 없습니다. 자유로운 악보란 더 이상 존재하지 않을 겁니다.' [……] '놀라운 생각입니다. [……] 이것을 합리적인 조직화라고 부를 수 있을 거예요[……].' [……] '모든 변주의 기술을 [……] 체계 속에 흡수해야만 할 것입니다. 체계란 곧 발전부Durchführung가 소나타를 장악할 수 있도록 도와주는 수단이었던 것이지요. [……] 나는 스스로에게 물었습니다. 어째서 이제까지 [……] 낡은 대위법적 기법을 실행했으며 그토록 전위형Umkehrung의 푸가, 역행형Krebs 그리고 역전회형을 통해 악

보들을 써내려 갔는가 하고요.[7] 이 모든 것은 이제 12음 단어들의 감각적인 변형을 위해 유용하게 사용되어야 할 것입니다. 기본 음렬 이외에 다음과 같은 사용법이 있습니다. 각각의 음정을 대립하는 방향의 음정으로 대체하는 것이지요. 나아가 이 형태를 가장 마지막 음에서 시작해서 처음 음에서 끝마치도록 만들 수도 있지요. 그렇게 되면 이 형태는 다시금 스스로 뒤집힐 것입니다. 이제 당신은 네 가지 양식들을 가지고 있고, 이들을 12개의 서로 다른 반음계의 출발 음으로 조바꿈시킬 수 있죠. 그러면 음렬은 48개의 서로 다른 형태 속

---

7   토마스 만의 소설 『파우스트 박사』에 등장하는 이 대화는 사실상 아도르노의 구술에 의해 저술된 부분인데, 쇤베르크의 12음 작곡 기법을 설명하고 있다. 여기서의 설명을 다시 쉽게 서술해 보자. 12음 기법은 '도레미파솔라시'라는 기본 7음과, 이 음들 사이에 있는 5개의 반음들을 더한 모든 음을 사용해서 작곡하는 기법이다. 12개의 음은 마치 12개의 알파벳(c, c#, d, d#, e, e# 등)이라고 볼 수 있다. 쉽게 말해 알파벳의 조합으로 단어를 만들 듯, 음의 조합으로 음렬을 만들어 가는 과정이다. 이 기법을 '12음 기법'이라 칭하는 이유는, 12음이 다 나오기 전에 어떤 음도 반복되어서는 안 된다는 규칙 때문이다. 기존의 작곡 기법에서는 주요 멜로디와 그것을 꾸며 주는 화성을 중시하기 때문에, 몇몇 중요한 음정들이 반복적으로 사용된다. 12음 기법에서는 이처럼 일부 음들과 그것이 이루는 주요 화성이 중심을 이루고, 나머지 음들은 이 음들을 꾸며 주는 역할을 하는 음정들 사이의 위계에 반대하면서 모든 음을 수평적으로 사용한다. 이런 이유에서 12음 기법은 불협화음을 적극적으로 사용하고, 청중이 듣기에 불편한 음악을 선보인다. 왜냐하면 12음 기법의 창시자인 쇤베르크와 그의 후계자들은 청중의 감각적 만족보다 더 중요한 것은 작곡의 구성에서 드러나는 예술성이라고 믿기 때문이다. 따라서 12음 기법에서 사용되는 음렬(음들의 진행)은 '감각적'인 아름다움이 아닌, 의식적인 '논리적' 조합을 추구한다. 또 12음 기법은 바흐의 푸가에서 차용한 대위법의 주요 기법들을 사용한다. 일차적으로 12개의 음으로 구성된 기본 음렬(Grundreihe)이 존재하고, 이 기본 음렬을 위아래로 뒤집어 전위형(Umkehrung)의 음렬을 만들 수 있다. 또한 이 기본 음렬을 좌우 대칭으로 뒤집으면 역행형(Krebs)의 음렬을 만들 수가 있다. 마지막으로 전위형과 역행형을 혼합하여, 기본 음렬을 상하로도 뒤집고 좌우로도 뒤집은 역전회형(Krebsumkehrung)의 음렬을 만들 수 있다. 이처럼 기본 음렬, 전위형, 역행형, 역전회형이라는 4개의 기법이 존재하고, 또 기본 음렬은 12개 음 각각에서 출발하는 방식으로 총 12개를 만들 수 있으니, 다 합치면 하나의 기본 음렬로부터 총 48개의 조합을 만들어 낼 수 있다. 이처럼 12음 기법은 적극적으로 불협화음을 사용하면서 음을 조성으로부터 해방시키는 기법이며, 그 의도는 청중의 감각적 만족이 아니라 작곡가의 구성의 자유를 강조하는 데에 있음에도 불구하고, 실질적으로는 매우 기계적인 방식으로 작곡이 이루어진다는 역설에 직면한다. 이것이 아도르노가 지적하는 12음 기법의 모순이고, 여기서 '자유의 변증법', 즉 작곡 구성의 절대적 자유의 추구가 또 다른 '기법'으로의 종속으로 이어지는 역설의 논리가 등장한다.

아름다움의 무기력한 유토피아

에서 작곡에 사용될 수 있습니다.' [……] '매우 인상적이네요'. [……] '당신이 묘사한 대로, 그것은 일종의 작곡에 앞서는 작곡을 향해 가는군요. 전체적인 소재의 처분과 소재의 조직은 본래 작업이 개시되려면 완성되어야 할 것입니다. 다만 그런데 무엇이 본래의 작업인가 하는 물음이 남겠지요. 왜냐하면 이러한 소재의 공급은 변주를 통해서 일어나며, 본래적인 작곡이라고 할 수 있을 변주의 생산성은 작곡가의 자유와 함께 소재로 환원될 것이기 때문입니다. 작곡가가 작품을 작곡할 때 그는 더 이상 자유롭지 않을 것입니다.' '네. 이제 자유의 변증법은 수수께끼가 되겠군요.'[139]

이것은 자유와 강제 사이의 음악철학적 변증법이며, 아도르노에 따르면 이 변증법은 당연하게도 강제야말로 미적으로 내면화된, 참된 자유라는 식의 미화를 통해 관념론적으로 해소될 수 없다. 아도르노에게서 음악은 자유와 부자유의 사회적 상태를 단순히 반영하지는 않으며, 음악은 사회적으로 일어난 일들을 미학적으로 번역하지 않는다. 그러나 음악은 헤겔이 역사적 실체성이라고 부르는 것에 참여한다. "베토벤은 자주 인용되듯 1789년에서 1800년 사이의 상승하는 부르주아 계급의 이데올로기에 적응한 것이 아니라, 그 자신이 그들의 정신이었다. 그의 능가할 수 없는 성공은 여기에서 비롯하는 것이다."(GS 17, 263) 「예술의 이중적 성격: 사회적 사실이자 자율성」(GS 7, 335, 단편의 제목)은 진지한 작품을 내적인 형식 원칙과 사회적 경험 내용 사이의 긴장 속에서 마주한다. 아도르노 미학의 핵심적 사유는 작품이 이 후자를 받아들일 수 있는 것은 오로지 그것이 자율적인 것으로 보일 때, 즉 그것이 어떠한 외부적-기능적 강제에도 굴하지 않고, 소재의 형태에서 비롯하는 조화와 요구만을 따를 때라는 것이다. 여기서 또한 아도르노는 변증법적으로 칸트를, 즉 그의 핵심적인 규정을 이어받고 있다. "미란 그것이 목적에 대한 표상 없이 대상으로부터 지각되는 한 대상의 합목적성의 형식이다."[140] 아도르노는 이것을 예술 작품의 양가성의 한 측면으로 이해한다. 예술 작품은 어떠한 타율적, 기능적인 목적 규정에도 예속되어서는 안 되며, 오로지 그 스스로 설명되어야만 한다. 그러나 형태를 취하는 형상으로서 예술 작품은 그럼에도 불구하고 자기 내에 합목적적으로 조직되어 있어야 한다. 그러한 방식으로 예술 작품은 매개된 채 사회적인 것과 역사적인 것을 보존한다. 따라서 예술 작품은 사회 이론적이고 역사철학적인 지식을 통한 해석이 필요하다.

자유로부터 자기 자신에게 질서를 강요하는 체계로의 "이행"은 아도르노에 따르면 단절과 동시에 변증법적 이행이라는 이중적 의미가 있다. 이 이행은 "일찍이 자유로운 무조음[8]이라는 영웅적인 시대에 발생하였다."(GS 17, 267) 이러한 "자유로운 음악 양식"(GS 16, 497)은 아도르노에 따르면 "검열당하지 않는, 양보 없는 자유의 이념"(GS 16, 498)을 실현하려는 시도를 통해 규정되었다. 이에 반해 "자유로운 무조음의 경험들로부터 12음 기법의 체계적인 정식화로의 이행"은 타율적으로 질서를 촉진하는 계기이기도 했다. 체계란 일차적으로 음악적 소재 자체에서 표현되는 욕구들로부터 초래되는 것이 아니다. 즉, 그것은 "사태의 고유한 진리로부터가 아니라"(GS 16, 498), 확고한 구조에 대한 주체의 욕구로부터 초래되는 것이다. 그러나 다른 한편으로 음악적 시간과 음악

---

8 자유로운 무조음(freie Atonalität)은 쇤베르크의 초기 음악 스타일을 말한다. 바그너와 후기 낭만주의의 영향을 받은 쇤베르크의 초기 표현주의 음악은 바흐 이래 체계화된 전통적 조성과 화성에서 완전히 벗어나 불협화음을 자유자재로 사용하는 스타일을 구사한다. 쇤베르크 대표곡이기도 한 〈달에 홀린 피에로('Pierrot Lunaire')〉가 자유로운 무조음 스타일을 대변한다. 이러한 초기 스타일 이후 후기 쇤베르크 음악은 앞서 언급한 12음 기법을 채택한다. 전반기의 자유로운 무조음 스타일이 보여 주었던 자유분방한 표현주의는 후기에 가서는 엄격한 기법의 규율에 의해 대체된다. 아도르노는 이러한 쇤베르크 음악의 '이행'에 드러나는 자유와 강제, 자유와 질서 사이의 이율배반적 모순이 바로 실제 역사적 상황이 드러내는 모순을 표현하고 있다고 본다.

적 사건의 조직을 논리적 원칙에 종속시키는 12음 기법의 귀결은 당연하게도 무조음에서 강조되는 자유의 근저에 놓여 있는 음악적 자기규정의 전개로부터 비롯하는 것이었다. 아도르노에 따르면 무조음은 점차 발전되어 가면서 음렬 기법 자체에 반대하는 방향을 택하게 되었다. 피에르 불레즈Pierre Boulez와 칼하인츠 슈톡하우젠Karlheinz Stockhausen과 같은 더욱 현대적인 작곡가들에게 나타나는 것은 이제는 결코 무조음의 완성된 귀결이 추구되지 않는다는 사실이었다. 이 지점에서 신음악을 사로잡은 자유와 결정론의 변증법은 명백해진다. "음렬주의 악파는 12음 원칙을 [⋯⋯] 급진화하려고 했다. 그들은 이 원칙을 모든 음악적 차원으로 확장하고자 했고 총체성으로 고양시키고자 했다. 쇤베르크에게는 여전히 자유로운 차원으로 남아 있었던 리듬, 박자, 음색 그리고 전체 형식에 이르기까지 모든 것은 전적으로 결정되어 있어야 했다."(GS 17, 268) 모든 음악적 변수들은 "시간이라는 공통분모"(GS 17, 268)로 환원된다. "그러나 이것은 만족스러운 느낌을 주지 않는다. 이미 12음 기법에서도 발견되는 사물화, 즉 음악의 고유한 구성물인 생생한 청각적 실행의 무기력화는 모든 의미 연관을 파괴할 위험으로까지 성장한다."(GS 17, 269)

의미는 물론 아도르노에게 절대적 범주가 아니다. "현대 예술의 역사는 크게 보면 불가역적 논리에 따라 진행되는, 형이상학적 의미 상실의 역사다."(GS 10.1, 449) 이것은 의미를 예술을 위한 규범으로서 요구하는 것과 대립한다. 현대에 이르러 예술은 의미의 필연적인 파괴를 자신의 고유한 형식 법칙 속에 포함하였다. 그러나 의미를 지향하는 것을 추상적으로 부정하는 것은 잘못된 해결책일 것이다. 이러한 지향이 갖는 관점은 결국 비록 왜곡되어 있을지언정 의미 있는, 인간적인, 올바른 삶의 관점일 것이다.

예술은 마치 자기 자신을 파괴하려는 듯, 혹은 삶에 대한 해독제를 통해 자기를 보존하려는 것처럼 의미 상실을 도입한다. 이 의미 상실은 예술의 의도와 달리 예술의 최후의 단어로 남지 않는다. 베케트와 같이 매우 부조리한 예술 작품에서 드러나는 무지無知는 의미와 그것의 부정 사이에 대한 무관심의 지점을 표현해 준다. 물론 안도의 한숨을 쉬면서 긍정적 의미를 읽어 내려는 사람은 이러한 무관심을 왜곡해서 이해할 것이다. 그럼에도 불구하고, 이질적인 것을 자신에 통합하고 스스로 자기 자신의 의미 연관에 저항함으로써 일종의 의미 연관을 형성해 내지 않는 예술 작품이란 생각할 수 없다. 형이상학적 의미와 미학적 의미는 직접적으로 하나가 아니며, 오늘날은 더욱 그러하다.(GS 10.1, 450f.)

아도르노가 보기에 음악에 있어 "모든 의미 연관을 파괴할 위험"이란, 이미 유효하지 않은, 통합적이고 전체적인 감각을 허위로 고수하는 태도에 대한 해방의 일격을 의미하는 것이 아니다. 오히려 이 위험이란 구조적으로 청각적 주체의 측면뿐 아니라,[141] 작곡하는 주체의 측면에서도 부담 경감, 즉 소재에 대한 완전한 장악력이라는 형태의 절대적 자유가 부자유로 전도되고 음악 자체가 자신의 실체를 상실하는 것을 뜻하는 것이었다. 작곡가를 위한 도움이 "작곡가를 압박한다. 그는 그에게 낯설고 그가 따라잡을 수 없는 법칙성에 종속된다. 이로부터 귀결되는 음악은 귀가 멀어 버리고 공허하게 된다."(GS 17, 270)

미학적으로 구체화된 역사적 변증법이라는 헤겔적 사유를 통해서가 아니라, 그가 1950년대에 독일의 현대음악 중심지 다름슈타트Darmstadt와 크라니히슈타인Kranichstein에서 책임자와 토론자로서 심도 있게 참여해 온[142], 그의 시대 음악적 발전들과의 긴밀한 접촉으로부터 아도르노는 소위 우연성 음악Aleatorik, 즉 존 케이지John Cage와 마우리치오 카겔Mauricio Kagel의 음악을 이러한 [음악의 법칙적 강제] 경향에 대한 필연적인 모순[반론]으로 읽어 낼 수 있었다. 케이지는 올바르게도 "음악에서의 완전한 자연 지배라는 맹목적인 이상"이 갖는 허위적인 측면을 예민하게 지적했지만, 그러나 그 자신의 작품은 "자연 지배적인 양식"(GS 17, 271)을 진정으로 넘어서지 못했다. 아도르노는 죄르지 리게티György Ligeti가 자신의 작곡 경험을 토대로 자유의 미학적 변증법과 역사철학적 변증법을 [그의 곡에] 기입했다는 사실을 언급한다. 이것은 토마스 만과 아도르노가 『파우스트 박사』에서 다루고 있는 것이기도 하다. 리게티는 "절대적인 결정과 절대적인 우연이라는 양극단이 결과적으로 일치한다는 사실에 주목했다."(GS 17, 270f.)

이것은 마치 아도르노가 보기에 리게티의 작곡들이 전적으로 이 지점을 더욱 밀어붙이려는 과제로부터 발전해 나아간 것 같은 외양을 드러낸다. 아도르노 자신은 실천적으로나 이론적으로 [자유와 결정 사이의] 신음악의 변증법적 얽힘으로부터 어떤 탈출구도 제시하지 않았다. 물론 그는 1960년대 초반에 아방가르드의 재등장이자 새로운 흐름으로 형성된, 이 시대의 자유의 음악 스타일 형태라고 할 수 있는 "비형식 음악musique informelle"(GS 16, 493ff.)을 옹호했다. 그러나 이 음악의 형태는 긍정적으로 묘사될 수 없으며, 이전의 진정한 형식에 대한 행복한 재수용으로 생각될 수도 없는 것이었다. "가장 심각한 문제는, 이 모든 것에도 불구하고 어떠한 회귀도 있을 수 없다는 점이다. 12음 기법, 음렬주의 원칙 그리고 우연성 음악에 대항하여 단순히 주관적인 자유, 즉 [1909년에 등장한] 쇤베르크의 '기대Erwartung'와 같은 의미로 자유로운 무조음을 재수용하고자 한다면, 그것은 필연적으로 반동적 쇠퇴를 의미할 것이다."(GS 17, 271) 아도르노는 20세기 예술에 대한 그의 모든 서술 속에서 전반적으로 "객관적 이율배반을 인식하는 것"을 중요시한다. "자기 스스로 제기한 요구에 대해 참으로 신의를 지키는 예술이 그

결과에 주목하지 않을 경우, 타율성인 현실 속에서 필연적으로 이 이율배반에 빠져들 것이다." 그리고 이 이율배반은 "그것이 냉철하게 최종적으로 화해되지 않는 한 [……] 극복될 수 없을 것이다."(GS 12, 9)

인식론적으로 이 이율배반을 극복하는 것은 모더니티에 대한 아도르노의 변증법적 미학이 취하는 방향을 규정한다. 그러나 그 길에는 음악의 침묵 가능성 그리고 전체 예술의 허위적인 종말의 가능성 역시 놓여 있기도 하다. 이 지점에서 아도르노는 결정을 내리지 않고 남아 있어야 했다. 변증법론자로서 그는 예술의 허위적 종말이라는 위협 속에서도 예술의 올바른 변형의 불꽃을 발견한다. 그에 따르면 오직 "가장 극적으로, 자신의 침묵 속에서 자신을 평가해 보는"(GS 17, 273) 음악만이 오늘날 여전히 가능할 것이다. 그리고 1950년대와 1960년대 전위예술의 특징이라고 할 수 있는 "의미"의 거부 혹은 "진술"의 거부는 아도르노의 눈에는 자명하게도 허무주의적인 체념이나 당혹이 아니라, 예술 외적 현실의 객관적인 역사적 상태에 상응하는, 미적 소재의 일관적인 형태화를 뜻했다. 현실로부터 거리를 두는 것처럼 보이는 바로 그러한 예술이 현실에 대한 부정성의 의식에 기여한다. "미적인 의미에 대한 일관된 부정은 오로지 예술의 철폐를 통해서만 가능할 것이다. 최근의 의미심장한 예술 작품들은 예술의 철폐라는 악몽이면서 동시에 자신의 실존을 통해 그러한 철폐를 거역하기도 한다. 왜냐하면 예술의 종말은 인간성의 종말이라는 위협을 가할 수도 있기 때문이다. 인간성의 고통은 예술을 요구하며, 그것도 고통을 미화하거나 완화해 주지 않는 그러한 예술을 요구한다. 예술은 인간성의 몰락이라는 예지몽을 꾼다. 즉, 예술은 깨어나서, 스스로 강해지며, 살아남는다."(GS 10.1, 451)

예술에서 인식으로의 이행

여기서 소개된 아도르노 미학의 기본적 사유들은, 종종 간주되는 것과 달리 그가 체념하듯 비판철학과 사회 이론의 객관적 난점들로부터 미학이라는 평화로운 보호지역으로 도피한 것이 아님을 보여 준다. 그가 이미 청년 시절에 음악과 철학 사이에서 결정 내리기를 거부했다는 것을 고려한다면, 이것이 사실이 아니라는 것은 자명해진다. 그러나 이와 관련하여, 아도르노가 계속해서 미학 이론을 집필한 것은 대상에 대한 그의 시선 자체에서 비롯한다. 구원의 관점에서 철학이라는 모티브와 연관하여 부정-변증법적 철학과 예술 사이의 상호 관계와 유사성이 언급된 바 있다. 철학과 예술의 유사성은 에드문트 후설 현상학의 표현대로 "사태 자체"로 고찰하는 것의 경험을 위한 노력으로 서술될 수 있는 영역에서 나타난다. 아도르노에 따르면 비판철학과 진지한 예술에서 [공통적으로] 중요한 것은 사태 자체의 존재를, 우리가 그것을 인식하고 경험할 수 있는 매개체로 비폭력적으로 번역해 내는 일이다. 헤겔과 함께 아도르노는 예술이 그 자체 인식으로 이행한다는 데에서 출발한다. 이 역시 예술로서 예술의 종말에 관한 언급의 한 양상이다. 아도르노에 따르면 현대 예술의 특수성이 여기에 있다. 예술은 스스로 자신의 대상에 대한 관계와 자체의 형식 법칙에 대해 반성하기 시작한다.

이를 통해 아도르노가 뜻하는 바는 예컨대 마르셀 프루스트의『잃어버린 시간을 찾아서』와 같은 소설 작품의 구성에서 보듯, 문학의 도움으로 분명해질 수 있을 것이다. 이 작품은 앙리 베르그송 철학의 지평 위에서 시간에 대한 경험과 개념에 관해 고찰하고 있으며[143], 특히 지속해서 소설 속에서 저자가 그의 서사와 그것의 서술과 맺는 관계에 대해 성찰하고 있다. 『파우스트 박사』역시 대표적으로 예술에서 인식으로의 이행을 보여 주고 있다. 그것은 본질적으로 허구적인 서사와 개념적으로 반성된 미학 사이의 항구적인 경계를 넘어섬이라는 특징을 보여준다. 다른 한편으로 인식은 동시에 자신은 그 자체로 가지고 있지 않은 가능성을 탐색한다. 철학은 점차 자신의 개념적 구성이 갖는 억압적 성격을 깨닫는다. 이는 철학을 예술에 가깝게 만든다. 그럼에도 아도르노에게 중요한 것은 철학과 예술의 경계가 불분명해지는 것이 아니라, 이 양자가 서로에 상호 의존하는 영역을 탐색하는 것이었다. 철학은 "사태 자체"에 도달하기 위해 예술이 필요하며, 예술은 특히 자신의 비개념적인 인식 형식을 개념을 통해 개방해 내기 위해 철학이 필요하다. 아도르노는 『미학 이론』에서 이렇게 서술한다.

예술은 철학에 대해, 학술적인 영역이 예술을 그 하위 부문으로 격하시키는 것에 대해 계산서를 청구하며, 철학이 예술을 소홀히 하는 것에 대해 반성을 요구한다. 철학은 순수 현존재로부터 현상을 추출해 내고 이를 자기 성찰로 만드는 것이다. 예술은 이에 대해, 학문을 넘어서는 자신만의 학문이 아니라, 이미 학문 속에 화석화된 것에 대한 반성을 요구한다. 이를 통해 예술은 그 대상이 직접 하고자 하는 바에 순응한다. 모든 예술 작품은 온전히 경험되기 위해서 사유를 필요로 하며 이와 함께 그 자체 중단될 수 없는 사유이기도 한 철학을 필요로 한다. [……] 예술은 단호하게 인식이지만, 객체의 인식은 아니다. 오로지 예술 작품을 진리의 복합체로 파악하는 사람만이 하나의 예술 작품을 파악할 수 있다. 진리는 불가피하게 비진리, 자체의 비진리, 그리고 작품 외부의 비진리에 대한 관계 속에 이해된다. 예술 작품에 대한 각각의 다른 판단은 우연적인 것으로 남아 있을 뿐이다."(GS 7, 391)

예술과 철학은 정신의 지배적 형태에 의해 왜곡된 자연과 정신의 관계가 예술과 철학에 부과하는 강압으로부터 한발 떨어져서 서로를 이상적으로 구원할 수 있을 것이다. 그러나 이것은 오로지 개별적인, 행복한 순간 속에서여야 한다. 아도르노에게서 예술과 철학의 본질적 과제는 더 나은 상태의 "등장"을 예견하는 것이 아니라, "고통이 말해질 수 있게 되는 것"이다.

쿠르트 렝크Kurt Lenk가 정리하고 있듯이, "아도르노가 진지한 예술에 [……] 귀속시키는 인식의 기능은 관리되는 세계의 체계로부터 여전히 규제되지 않는 경험을 만들 수 있는, 그리고 이를 언어로 표현할 수 있는 능력에서 비롯한다. 예술은 동일시하는 사고, '달리 어쩔 수 없는 존재'의 단순한 이중화에 고착된 학문의 개념적 사고에서 벗어나는 것을 다시 한번 구원해야 한다. 이를 통해 예술은 현존하는 사회적 상태를 그 이중화를 통해 영속화하는, 모든 것을 지배하는 문화산업과 향유 산업에 대한 [……] 대립점이 될 것이다. 이데올로기적인 대중 통제가 기존에 형성된 정신 상태를 다시 한번 그 자신의 목적을 위해 이용하며, 이를 통해 그에 영향을 받는 쪽에서는 가능성 있는 대안들에 관한 모든 비판적인 사유가 무화되는 반면에, 예술은 그것이 정확한 환상을 불러일으키는 그곳에서 더 나은 세계에 관한 일종의 유토피아를 사고하게끔 만든다."[144]

아도르노가 보기에, 예술의 허위적 지양을 향한 사회적 경향은 지속되고 있다. [작품과] 존재자와의 미학적 차이는 소멸하고 있다. 아도르노는 그가 문화산업의 대표적 음악적 형태로 간주하는 재즈로부터, 그리고 실제로는 "기본 리듬의 단조로운 통일성"을 통해 조직적으로 진행되는, 속임수에 빠진 음악적 과정의 리듬적인 단절의 요소로부터, 나아가 그것의 두드러진 음악적 특징들인 "표준화"와 "유사-개체화"로부터 이를 확인하고자 한다.(GS 10.1, 123 그리고 129)[145] 따라서 아도르노는 재즈에 관해 이렇게 말한다. "재즈는 예술의 허위적인 소멸이다. 유토

172

피아가 실현되는 대신에, 예술이 형상으로부터 사라진다."(GS 10.1, 137) 여기서 아도르노가 재즈를 적절하게 이해하고 있는가 그렇지 않은가 는 더 논의하지 않기로 한다. 아마도 그는 찰리 파커Charlie Parker와 존 콜트레인John Coltrane을 몰랐을 뿐 아니라, 폴커 크리겔Volker Kriegel이 기 록하였듯이, 아주 초창기 재즈 음악으로부터 기껏해야 단지 부분적인 인상만을 얻었을 뿐이었던 것 같다. 나는 재즈에 관한 아도르노의 생각 이 1920년대 방송에서 연주한 폴 화이트먼Paul Whiteman의 음악에 대한 반작용으로 형성되었을 것으로 추측한다. 화이트먼의 오케스트라에서 는 재즈음악가들이 연주를 했지만, 그 예리한 리듬으로 만들어진, 실제 로는 스윙 댄스와 거의 분리된 살롱음악의 변종은 오로지 부분적으로 만 재즈와 연결 지점을 갖는다. 여기서 다시금 중요한 것은 자신의 변 증법적 문화 이론 속에서 그리고 그의 문화산업 비판 속에서 현존에 대 한 규정적 부정의 사유가 어떻게 이어지는가 하는 것이다.

8.

문화의 실패

아도르노의 비판적 문화 이론에서 드러나는 핵심적 사고는 『미니마 모랄리아』에서 다음과 같이 정식화된 바 있다. "오늘날까지 문화가 실패했다는 사실이, 이 실패를 부추기는 것에 대한 정당화가 될 수는 없다."(GS 4, 49) 전후 시기 비판이론 중에서 광범하고 공공연하게 수용된 것은 단연 문화 비판이었다. "문화"라는 주제는 오늘날의 논의에서도 역시 가장 활발하다. 문화과학, 문화주의적 사회 이론 그리고 다문화주의 정치 강령은 시류를 타고 있다.

　야콥 부르크하르트Jakob Burckhardt에 따르면, 전통적으로 문화는 "자생적으로 발생하며 어떠한 보편타당성이나 인위적인 타당성도 요구하지 않는" "정신의 발전에 대한 총괄"[146]을 뜻했다. 지속적인 체험 방식, 행위 방식 그리고 사유 방식이라는 특징을 갖는 인간 공동체로 문화를 고찰하는,[147] 오늘날 유행하는 기능주의적인 문화 이해와 달리, 부르크하르트는 문화라는 객관적 개념을 정의하고자 시도하며, 정의해야 할 대상의 본질을 겨냥한다. 그러나 그럼에도 불구하고 부르크하르트는 인간의 물질적이고 정신적인 욕구에 대한 충족이라는 문화의 기능 역시 강조한다. 그는 우리가 문화를 형성하는 행위의 물질적 요소와 정신적인 요소를 결코 분리할 수 없다는 사실에 주목한다. 그리고 그는 이미 현대사회 이론에서 문화를 이해하는 근본적인 사고를 언급한 바 있다. 문화의 "전체적 형태"는 "국가와 종교에 비해서도 가장 광범한 의미에서의 사회"라 할 수 있다.[148]

유물론적인 분위기를 자아내는 이러한 문화 개념은 매우 단호하다. 그것은 문화의 본질에 대한 닫힌 규정을 제공할 것을 요구한다. 그러나 동시에 이와 함께 부르크하르트는 이후에 성립되어 오랫동안 20세기의 철학적 문화 비판에 영향을 준, 오늘날에는 진부한 것으로 간주하는 문화와 문명의 구분을 넘어선다. 오늘날 논의 수준은 문화와 문명에 대한 조야한 관념론적인 식별이나 사회적인 것으로부터 구분되는 문화의 보존을 뛰어넘는 것이다. 물론 이를 통해 철학적 문화 개념의 문제가 종결되는 것은 아니다. 오늘날 지배적인 문화 상대주의의 관점은 자기모순적이다. 그것은 "문화 전체가 오로지 서구 문화, 중국 문화 또는 호피Hopi족 문화 등과 같은 상이한 문화들 속에서만 존재한다는 확신"에서 비롯한다. "문화의 통일성에 대한, 문화적 보편성과 문화 상대주의의 바람직하지 않은 부수 효과에 대한 질문들은 이 지점에서 시작한다. 여기서 통일성과 보편성에 대한 사고를 옹호하겠다고 생각하는 사람은 서구 제국주의적인 인종 중심주의라는 의심을 받는다. 정확하게 세계의 문화가 지구적인 연결망과 획일성을 향해 가는 만큼 그러한 다원주의가 성장한다는 사실은 놀라운 일이다."[149]

근본적으로 비참한 그리고 죄짓는 문화

현대 문화의 획일성과 그것의 내적인 모순을 파악하는 것은 아도르노의 핵심적인 주제였다. 그의 사유가 가진 어떤 측면도 그의 변증법적 문화 이론만큼 사회적 의식 속에 효과적으로 개입하지 못했고, 동시에 빈번하게 오해되지도 않았다. 여기에는 두 가지 이유가 있다. 그것은 아도르노가 전 생애 동안 이 주제에 바친 헌신과, 그가 변증법적으로 재구성하고자 했던 대상의 내적 양가성이다. 아도르노가 문화적 현상 그리고 그 기저에 놓인 사회구조에 대해 일관되게 가지고 있었던 완고함은 그의 사유가 신문 문예란이나 대중매체의 문화 코너에 등장하는 데 유리한 조건이 되었다. 이것은 철학자에게는 익숙지 않은 일이었지만, 그러나 그 효과는 대단한 것이었다. 그러나 아도르노의 이론이 문화의 내적 모순으로부터 발견해 내는 변증법적 긴장은 신문 문예란에서는 대개 다뤄지지 않았다. 아도르노는 2차 대전 이후 부활한 문화산업의 취약성(GS 20.2, 435ff.)을, 집단 수용소 체제에서 일어난 문명의 붕괴와 대조시켰다. 이 붕괴는 그의 눈에 문화와 전적으로 다른 것이 아니라, 문화 안에 언제나 계기로서 숨어 있는 것, 즉 자연 지배의 재앙적인 절대화의 결과를 의미하는 것이었다. 그러나 이러한 사유는 대개 그 것이 개념화되는 변증법적 연관 속에서 파악되지 않고, 문화의 종말에 대한 고립된 판단으로 잘못 해석되었다.

이것은 1955년 출간된 아도르노의 글 모음집 『프리즘*Prismen*』에 등장하는, "아우슈비츠 이후 서정시를 쓰는 것은 야만적이다"(GS 10.1, 30)라는 유명한 격언의 운명에서 특히 분명하게 드러난다. 오늘날까지도 이 문장은 마치 그[아도르노]가 일종의 "저주"를 발설하려고 했던 것처럼 계속해서 읽히고 있다.[150] 데틀레브 클라우센은 이러한 오해의 역사를 분석한 바 있다.[151] 그는 아도르노의 언급이 어떻게 오늘날까지 일종의 부정-신학적인 계율로, 즉 마치 아도르노가 말하려 했던 것이 '너는 아우슈비츠 이후 어떠한 서정시도 써서는 안 된다'는 것이었던 것처럼 해석되어 왔는지를 보여 준다. 『프리즘』보다 11년 뒤에 출간된 『부정변증법』에서는 "아우슈비츠 이후 모든 문화는 […] 쓰레기다"(GS 6, 359)라는 문장이 인용될 수 있을 것이다. 이 문장은 모든 문화적이고 문명적인 노력과 성과에 대한 부정적 본질 규정으로, 절멸적인 판단으로 읽힐 수 있다. 이는 마치 어떤 급진적 부정주의자가 발밑에 있는 비판의 토대를 제거해 버리면서도 아무런 논리적 불일치도 감지하지 못하는 것과 같다. 무엇에 대해서든 항상 부정하면서 자신의 행위의 근거가 부정되는 것에 대해 우쭐대는 정신 — 그렇다면 아도르노는 "문화적 노동"을 수행하는 것 이외에 무엇을 하였는가? — 그러한 정신은 물론 작가적인 영리함이라는 명성을 얻겠지만, 그러나 철학적으로 "깨달음을 주는" 것으로 간주되지는 않는다.

여기서 간과하고 있는 것은 바로 [이번 장의] 도입부에 인용된 『미니마 모랄리아』의 명제가 발 딛고 있는 변증법이다. "오늘날까지 문화가 실패했다는 사실"은 우선적으로 그것이 결코 진정한 것에 이르지 못했다는 것을 뜻한다. 아도르노가 보기에 문화의 실패는 외부로부터 야기된 것이 아니다. 아우슈비츠에서 일어났고 지속되고 있는 "야만으로의 후퇴"는 "그러한 후퇴를 야기한 조건들이 본질적으로 지속되는 한"(GS 10.2, 674) 문화 자체와 일정한 관련을 맺고 있다. 아도르노에 따르면 전통적인 문화 개념과 그것이 대변하는 것은 자연에 대한 경계 설정을 통해 정의되며, 이와 함께 자연 지배를 절대화하려는 경향을 가지고 있다. 그러나 문화 개념은 또한 숨겨진 측면을 가지고 있기도 하다. 그것은 자연 지배의 순수 강압으로부터의 구원, 자연과 화해된 형태 속에서 전면적인 인간화의 유토피아를 말한다. 그렇다면 우선 이러한 숨겨진 내용이 문화 개념 내에 있는 지배하려는 경향에 대항해서 강화되어야 한다. 아도르노는 인간주의적-부르주아적[휴머니즘적-시민적][1] 문화 개

---

1 humanistisch-bürgerlich. 이 표현 자체가 여기서 저자가 언급하는 문화 개념의 이중성에 상응한다. 이 말을 '인간주의적-부르주아적'으로 번역할 경우, 그것은 문화가 갖는

넘을 버리는 것이 아니라, 모두를 위한 인간 존엄적 삶에 대한 그것의 해방적인 지향점을 전적으로 자신의 것으로 만들고자 한다.

이것은 문화의 실패가 역사적으로 증명된 순간에 문화와 맺는 연대인 것이다. 앞선 아우슈비츠 격언은 그것이 이러한 사유의 연관으로부터 분리되어 고립된 채 전달된다면 오인될 수밖에 없는 것이다. [이 격언이 실린] 바로 그 글에서 아도르노는 이렇게 말한다.

사회가 총체적으로 될수록 정신은 더더욱 사물화되고, 사물화로부터 스스로 벗어나려는 정신의 출발점은 더더욱 역설적으로 된다. 재앙에 대한 가장 민감한 의식조차도 잡담으로 변질될 위험에 처해 있다. 문화 비판은 문화와 야만의 변증법이 갖는 마지막 단계 반대편에서 자신을 발견한다. 아우슈비츠 이후 서정시를 쓰는 것은 야만이다. 그것은 오늘날 서정시를 쓰는 것이 어째서 불가능해졌는가를 말해 주는 인식을 갉아먹는다. 정신이 자기만족적인 관조 속에 홀로 남아있는 한, 사물화의 요소들 중 하나인 정신의 진보를 전제하며 오늘날 정신을 완전히 흡수하기 시작한 절대적 사물화로부터 비판적 정신은 자라나지 않는다.(GS 10.1, 30)[152]

여기서 아도르노에게 중요한 것은 철학적 문화 비판의 아포리아였

인간 중심적인 자연 지배, 타자화의 귀결이라는 의미와 함께, 부르주아 계급의 경제 논리에 포섭된 문화의 성격을 드러내지만, 동시에 이를 '휴머니즘적-시민적'으로 번역할 경우, 이를 통해 드러나는 문화 개념은 야만에 대항하는 인도주의적 측면, 그리고 민주적 사회에서 요구되는 시민성이라는 의미에 상응하는 것으로 이해될 것이다. 이것은 동시에 지배와 구원을 뜻하는 문화의 이중성이기도 하지만, 동시에 근대적 계몽과 이성의 양가성이 드러내는 이중적 귀결이기도 하다. 이 때문에 아도르노는 근대적 계몽과 이성, 그리고 근대적인 시민적 교양과 문화를 비판하면서 동시에 그것의 해방적 내용을 구원하고자 한다.

다. 자기만족적인 철학, 즉 홀로 남아 있는 정신은 아우슈비츠 이후 후기 자본주의 사회에서 인간의 존엄한 현존재에 관한 어떠한 진지한 개념도 더 이상 그려내지 못했다. 아도르노의 말로 표현하자면 정신은 사물화로부터 "스스로 벗어나지" 못한다. 문화에 대한 내재적 비판으로서의 철학적 문화 비판은 좌절되었는데, 왜냐하면 이러한 비판은 관념론적 문화 개념이 문화의 대립물이라고 말하는 폭력과 억압에 의해 스스로 관철되는 규범적 척도로 절대화되었기 때문이다. 보수적 문화 비판은 그들이 가정하는 문화의 쇠락에 맞서서, 순수 정신적으로 이해되는 문화의 "가치"를 옹호하고자 한다. 그러나 보수적 문화 비판은 사회적 삶에 대한 역동적인 연관성을 상실하고 실체화된 가치에 문화를 고정시킴으로써, 의지와 무관하게 이 가치들로부터 그 본래 내용에 대립하는 귀결을 야기한다.

노동 분업적으로 분화된 문화의 가치들은 현실에서는 곧잘 야만적 실천과 공공연히 화합을 이룬다. 강제수용소의 소장은 퇴근 시간에 기뻐했을 것이며 그의 가족들과 즐겁게 가정음악을 들었을 것이다. 대지가 입을 벌려 그를 꿀꺽 삼키는 일은 일어나지 않는다. 문화가 무엇과 화합을 이루는지 이로부터 잘 알 수 있다. 문화의 어두운 측면에 대해 맹목적인 보수적 문화 비판은 막스 프리쉬Max Frisch가 1949년 독일에서 진단을 내린 "알리바이로서의 문화"와 연관되어 있다.[153] 아도르노는 10년 후에 이와 비슷하게 다음과 같이 쓴 바 있다.

독일식 어법에 따르면, 오로지 정신의 문화만이 실천과의 예리한 대립 속에서 유일하게 타당성을 갖는 문화라 할 수 있다. 여기에는 부르주아 계급의 완전한 해방이 성공하지 못했거나 혹은 부르주아 사회가 더 이상 인류와 동일시될 수 없는 시점에 도달했다는 것이 반영되어 있다. 서구 국가들에서 문화 개념을 자유로 실현하고자 했던 혁명운동의 실패는 이 운동의 이념을 자기 자신으로 되돌려 보냈고, 이 이념과 그것의 실현 사이의 연관성을 어둡게 만들었을 뿐 아니라, 그것을 금기시하기도 했다. 문화는 자기만족적으로 되었고, 결국 지쳐버린 철학의 언어 속에서 '가치'가 되었다. 위대한 사변적 형이상학 그리고 이와 함께 가장 내적으로 성장한 위대한 음악은 아마도 여기에 연원을 두고 있을 것이다. 그러나 동시에 이러한 문화의 내면화 속에서는 그것의 무기력이 잠재적으로 이미 확인되고 있다. 인간의 현실적 삶은 맹목적으로 현존하는, 맹목적으로 운동하는 관계들에 떠넘겨진다.(GS 8, 94)

따라서 아도르노에 따르면 보수적인, 내재적인 문화 비판의 저주는 그것이 자신이 지키고자 하는 것을 파괴하는 데 기여한다는 것이다. 그러나 이러한 입장의 반대편 [맑스주의] 역시 더 낫다고 할 수는 없다. 초월적인, 즉 외부로부터 가해지는 문화 비판은 피상적일 뿐이다. 그것은 부르주아적-보수적 문화 비판으로서 생명과 자연의 이름으로 논증을 전개하거나 아니면 계급투쟁적인 개념으로 부르주아 문화를 실체 없는 상부구조의 허영이라며 일격에 무시해 버린다. 그것은 정신의 형성물을 추상적인 이데올로기 개념으로 덮어 버릴 뿐이다.

논리의 일관성과 진리의 파토스를 통해 [……] 문화 비판은 관계들이 철저히 물적 토대로 환원되고, 가차 없이 그리고 노골적으로 참여자들 사이의 이해 관계에 따라 주조되어야 한다고 요구한다. [……] 그러나 실제로 철저히 이렇게 할 경우, 비진리와 함께 모든 진리 역시 제거되어 버릴 것이다. 즉, 비록 무기력할지라도 보편적인 실천의 원환을 벗어나고자 시도하는 모든 것, 고귀한 상태에 대한 모든 허상적인 선취 역시 사라질 것이다. 그러고는 야만으로 이

행해 버릴 것이다. 그러나 이 야만은 문화에 의해 매개된 것이라고 비난받을 것이다. 니체 이후 부르주아 문화 비판가들에게서 이러한 전도는 공공연히 일어났다. 슈펭글러는 열광적으로 이러한 전도에 찬동하여 서명하기도 했다. 그러나 맑스주의자들도 이로부터 안전하지 않다.(GS 4, 48)[154]

이데올로기 비판이 문화적 현상의 가상적 자립화 속에 언제나 숨어 있는 진리 계기를 추상적으로 부정하는 의미에서 진행된다면, 그러한 비판은 아도르노가 보기에는 그 자체 이데올로기적이다. 즉, 그것은 필연적으로 허위적인 사회적 의식일 뿐, 올바른 계급적 입장을 가진 더 고차적인 진리가 아니다.

아도르노에게서 문화 비판의 아포리아를 이해한다는 것은, "문화를 외부로부터, 즉 이데올로기라는 상위 개념 하에서 문제시하거나, 아니면 문화를 그 자신이 주조해 낸 규범들과 대조시키는"(GS 10.1, 25) 양자택일을 거부해야 한다는 것을 의미한다. 그러나 아도르노는 이러한 양자택일에서 벗어나지만, 그것은 그가 완전히 다른 제3의 비판의 입장을 구성해 냈기 때문이 아니라, 그가 '두 가지 중 하나'[라는 문제설정]을 거부했기 때문이다. 비판이론은 두 가지 모두를 수행하고자 한다. 비판이론은 단초들을 결합하여 그것들이 서로를 교정하도록 만든다. 비판이론은 문화를 정신적인 것, 궁극적으로 주어진 것으로 수용하지 않는다. 왜냐하면 이는 "절망과 셀 수 없는 고통"(10.1, 11), 말하자면 문화의 실패가 야기하는 현실적 귀결을 이데올로기적으로 미화할 것이기 때문이다. 그러나 비판이론은 정신적이고 문화적인 것에 대한 진리 요구와 타당성 요구를 추상적인 이데올로기 비판을 통해 상대주의적으로 완화시키는 것에 동참하지도 않는다. 이 두 가지 안티테제적인 입장들은 아도르노에게는 정신의 사물화에 대한 증상으로 드러날 뿐이다. 즉,

이 입장들은 하나의 반성 규정Reflexionsbestimmung^{2}을 세워 놓고 그것을 절대시한다. 반면 이 두 입장의 변증법적 운동이야말로 비로소 대상 자체의 양가성에 부합할 수 있을 것이다. 정신이 "사물화로부터 스스로 벗어나고자" 시도한다는 것을 아도르노가 역설적이라고 고찰한 이유도 여기에 있다. 자기 자신의 곁에 머물러 있는[스스로 머무르는]―즉, 자신의 존재 이유를 실행하는, 말하자면 대상을 있는 그대로 파악하고자 시도하는―정신은 스스로를 그러한 방식의 관조적으로 활동적인 정신으로 만들며, 따라서 문화가 지금 보여 주는 현주소에서 처해 있는 곤궁에 대해 책임이 있다.

이 때문에 아도르노의 "문화 비판의 변증법적 전회"(GS 10.1, 23)는 이론에서 실천으로의 이행을 목표로 삼는다. 이 실천이란 사유가 자기 자신으로부터 도출해 낸 것을 뜻한다. 이를 위한 전제는 사유가 문화를 순수한 진리로 숭배하지도 않고 단순한 거짓말로 비난하지도 않는 것이다. 아도르노가 보기에는 후자가 더 시급한 문제였으며, 오늘날에도 실제로 그렇다고 할 수 있다. 왜냐하면 오늘날 문화는 그것의 비판적 내용이 점차적으로 상품생산적인 생산양식의 과정을 유지하는 데 사용되고 있어서, 그것의 보편적인 확산으로 인해 동시에 스스로 지양되

2　본래 헤겔 철학의 용어. 거울 관계와 같이 실제로는 동일한 대상이지만 좌우가 전도된 두 대상의 관계 속에서 이 두 대상은 서로 대립하는 것처럼 보이지만 실은 양자는 상호의존적이며, 서로가 서로의 존재를 필연적으로 전제하고 요구한다. 대상 A에 대립하는 그러나 A와 닮은 다른 대상 B 없이는 A 역시 존재할 수 없으며, B 역시 A 없이는 존재할 수 없는 것이다. 이성과 경험, 본질과 현상 등 철학의 많은 개념들 역시 서로 대립하지만 실은 오로지 상호 연관 속에서만 존재할 수 있다. 극단적인 대립들은 이런 점에서 서로 매개되어 있는 것이다. 본문의 맥락에서는 문화를 외부적으로, 추상적으로 부정하는 입장과, 문화를 옳은 것으로 수용하는 입장 사이의 대립적인 관계는 그 자체로는 추상적이며 상대에 대해 자신만을 진리로, 절대적인 것으로 주장하고 있으나, 실은 양자는 둘이 함께 수행될 때 비로소 문화에 대한 비판과 구원이 동시에 이루어질 수 있다는 변증법적 사고를 지칭하기 위해 이 표현이 사용되었다. 반성(Reflexion) 개념과 그것의 아도르노적인 용법에 대해서는 옮긴이 주 27을 참조.

는 것처럼 보이기 때문이다. 그리고 낡은 관념론적 문화 숭배는 1990년대 사회 이론 담론에서 특징적이었던 문화주의적인 사회 이론의 르네상스 속에서 암암리에 일정 부분 지속되고 있긴 하다.[155] 그러나 그것은 어디에서도 더는 분명한 입장으로 진지하게 대변되지 않는다. 그러므로 문화의 숨겨진 진리 내용과의 연대는 비판이론에게 훨씬 더 긴급한 것이 된다. "문화를 오로지 거짓말과 동일시하는 것은, 문화가 실제로 완전히 거짓말로 이행하고, 각각의 모순적인 사고를 타협시키기 위해 그러한 동일시를 진지하게 요구하는 순간에는 가장 치명적인 것이다."(GS 4, 49) 아도르노는 여기서 문화에 대한 긍정적인 시각을 분명히 강조한다. 이러한 시각은 문화가 상품생산의 법칙, 등가교환으로의 완전한 종속에서 벗어나 있으며 그리하여 그러한 종속으로부터 해방된 사회의 관점에 연결될 수 있는 지점을 제공해 준다는 데에서 드러난다. "물질적 실재를 교환가치의 세계로, 문화를 그것의 지배를 수용하기를 거부하는 어떤 것으로 불러 보자. 현존하는 것이 현존하는 한에서, 그러한 거부는 가상적인 것이 될 것이다. 그러나 자유롭고 공정한 교환 그 자체가 거짓말이므로, 그러한 교환을 부인하는 것은 동시에 진리를 대변하는 것이기도 하다. 상품 세계의 거짓에 대해서는 그 거짓을 고발하는 거짓이 교정책이 된다. 오늘날까지 문화가 실패했다는 사실이, 이 실패를 부추기는 것에 대한 정당화가 될 수는 없다."(GS 4, 49) 부르주아-자본주의 사회의 교환 원칙은 앞서 언급되었듯, 거짓이다. 왜냐하면 완전한 상품의 등가물이라는 기만에 빠친 채로 자신의 노동력을 상품으로 교환해야 하는 강제와 착취의 자유가 공존하는 불공정한 소유 질서가 그것의 토대이기 때문이다. 교환 원칙에서 벗어나는 어떤 것이 존재해야 한다는 지향점이 문화 안에 보존되어 있는 한에서, 이러한 진리는 허위적인 형태로나마, 문화와 사회가 변증법적인 비판 관계에 놓여야 한다는 통찰을 대변한다.

"문화에 대한 변증법적 비판가는 문화에 참여해야 하고 또 참여해선 안 된다. 그럴 때만이 그는 사태와 자기 자신을 공정하게 대우하게 된다."(GS 10.1, 29) 다시 말해, 아도르노는 비판이론이 문화의 일부이지만 그러나 동시에 그것이 비판을 실행할 수 있는, 일종의 문화에 외적인 입장을 취할 수 있어야 한다고 요구한다. 여기서도 뮌히하우젠 식의[허풍적인] 작품이 실행되어야 한다. 그러나 아도르노는 여기에는 어떠한 축복도 없다는 것을 알고 있다. 문화적인 형상들은 순수 진리가 아니다. 그러나 그것들에 대한 비판 역시 마찬가지로 순수 진리가 아니다. 변증법적 비판도 마찬가지지만, 그러한 비판이 오로지 정신적인 형상으로 나타나기 때문이다. 아우슈비츠 이후에도 문화가 지속될 수 있는 것처럼 행위 하는 것은 허위적이다. 이 때문에 아도르노는 "오늘날 서정시를 쓰는 것은 불가능해졌다"고 말한다. 그리고 이러한 연관성에 대한 단순히 이론적인 통찰은 마찬가지로 허위적이다. 이 때문에 그는 "이를 말해 주는 인식을 갉아먹는" 일이 벌어진다고 말한다. 그러나 변혁적인 사회적 실천이 유예되는 한, 우리는 변증법적 통찰력 이상의 것을 가질 수 없다. 따라서 "문화의 실패는 결코 부추겨져서는" 안 될 것이다. 게다가 주체적 고통이 주체적인 표현을 가져야 할 권리는 문화와 문화 비판의 아포리아에 의해 중단되지 않는다. 왜냐하면 "문화로 지칭되는 것은 고통과 모순의 표현으로서 올바른 삶의 이념을 고수"(GS 10.1, 342)하기 때문이다.

아도르노는 이후 『부정변증법』에서 이러한 생각을 『프리즘』에 등장하는 그의 명제에 대한 자기 교정으로 정식화했다. 물론 이러한 교정은 이 명제를 동시에 다른 시각에서 첨예화하는 것이다. "고문받는 자가 비명 지를 권리를 갖듯이, 영원한 고통은 표현의 권리를 갖는다. 이 때문에 아우슈비츠 이후 더 이상 서정시를 써선 안 된다는 것은 허위일지도 모른다. 그러나 아우슈비츠 이후 살아갈 수 있는가, 우연히 탈출했

고 적법하게 살해되었을지도 모를 사람이 온전히 살아가도 좋은가 하
는 최소한의 문화적인 물음은 허위가 아니다."(GS 6, 355) 현대 부르주아
사회의 성과로서 문화는 인간적인 계기를 담아낸다. 그러나 권위주의
국가로 이행 중에 있는 사회에서는 사정이 다르다. 전체주의 이후의 사
회에서도 다음이 고려되어야 한다.

> 문화에 대한 절박한 비판을 포함해서, 아우슈비츠 이후의 모든 문화는 쓰레
> 기다. 문화가 그 자신의 풍경 속에서 마찰 없이 떠오르는 것을 따라 자신을 복
> 원한다면, 그것은 완전히 이데올로기가 되는 셈이다. 물론 문화는 물질적 실
> 존과의 대립 속에서 이 물질적 실존에 정신과 육체노동의 분리로 인해 억류
> 된 빛을 불어넣을 수 있다고 감히 주장한 이래로, 잠재적으로는 이미 이데올
> 로기였다. 근본적으로 유죄이며 초라한 문화의 보존을 옹호하는 사람은 스스
> 로 공범이 되는 것이다. 반면에 문화를 거부하는 사람은 직접적으로 야만을
> 강화한다. 문화는 바로 이 야만으로 드러난 바 있다. 침묵은 결코 순환으로부
> 터 빠져나오지 못한다.(GS 6, 359f.)

그러나 인간 존엄의 질서를 촉진하려는 은폐된 충동 역시 존재한다.
그리고 앞서 제시되었듯이, 아도르노에 따르면 이 충동은 교환가치의
전면적 지배에 대항하는 문화적인 것의 저항의 잠재력이다. 다른 곳에
서 아도르노는 이와 결부된, 문화적인 것의 회상하는eingedenkend 힘을
언급한다. 그것은 자연과 문화의 화해, 마찬가지로 사회적 특수자와 보
편자 사이의 화해의 관점을 조성한다.

어떤 근거에서 문화적이라 칭해지는 것은, 성장하는 합리성과 더욱 합리화되고 있는 지배 형태 속에 반영되어 있는, 점증하는 자연 지배 과정의 노정에 남아 있는 것을 기억하면서 수용해야 한다. 보편과 특수자가 화해되지 않은 한에서, 문화는 보편에 대한 특수자의 영원한 고발이다.(GS 8, 128)

대중예술에 관한 아도르노와 벤야민의 논쟁

아도르노가 자율적 예술 작품의 척도를 획득하는 것은 음악미학에서다. 작품의 형식 법칙은 전체와 부분의 조화로운 관계를 통해 구성된다. 여기서 전체의 논리는 부분을 지배하지 않으며, 처리 작업과 발전을 통과하면서 부분에 대한 지각 속에서만 개시되는 진일보해 가는 경험에 공간을 제공한다. "책임 있는 예술은 조화와 부조화, 옳고 그름에 대한 인식에 다가가는 척도를 지향한다."(GS 14, 4) 벤야민의 대중문화관에 대해 비판하면서 아도르노는 자율적인, 즉 오직 그 형식 법칙의 진리 내용에 대해서만 구속력을 갖는 예술 작품과 목적에 결부된 대중예술의 생산물을 두 개의 폭력적으로 분리된 "미적 자유의 반쪽들"로 묘사한다. "둘 모두 자본주의의 상흔을 담지하며, 둘 모두 변화의 요소를 내포합니다. [……] 양자는 온전한 자유의 찢겨진, 그러나 서로 접합되지 않는 반쪽들인 것이죠."[156]

소유자와 노동자의 적대로부터 해방된 사회에서 "고급문화와 하위문화"의 통합[이라는 이상]을 아도르노는 허위적인 화해로 규정한다. 왜냐하면 그는 "공산주의 사회에서 인간이 더 이상 오락Zertreuung을 필요로 할 만큼 피곤하지 않으며 우둔해지지 않을 그러한 방식으로 노동이 조직될 것"이라는 사실을 확신할 수 없었기 때문이다.[157] 그러나 지금 여기에서 자율적인 예술인가 아니면 '종속된' 예술인가를 결정해야 한다는 요구는 허위적인 것이다. "하나가 다른 하나에 희생되는 것은 낭만주의적일 것입니다. 개성과 그 모든 마술의 보존이라는 부르주아적 낭만주의건 아니면 역사의 과정에서 프롤레타리아의 강력함에 대한 맹목적인 신뢰를 보내는 아나키즘적 낭만주의건 말입니다. 물론 프롤레타리아란 그 자체 부르주아적으로 생산된 것입니다만."[158]

아도르노가 "낭만주의"와 "아나키즘" 개념을 다소 자의적으로 사용하긴 했지만, 그것은 이념들의 역사적 측면에서는 적합한 것이었다. 낭만주의 미학은 칸트의 『판단력 비판』에서의 자유로운 주체 이론을 계승하고 있다. 즉, 주체는 스스로 미적 판단의 규칙을, 그리고 무엇보다 예술가적 생산의 규칙을 제시한다는 점에서 자유롭다. 미적 자율성은 천재Genie의 자율성이다. 이데올로기 비판은 확장된 사회적 노동 분업의 은폐된 조건들을 재구성한다. 낭만주의적 주체는 그러한 노동 분업의 소외된 결과들로 인해 고통받지만, 동시에 자신의 미적 독립이 가능한 조건을 만들어 내기도 한다. 아나키즘은 더 이상 해방된 최선의 전위Avangarde가 이끄는 타율적인 조종을 필요로 하지 않는, 참된 자신에 도달한 사회적 주체성이라는 관념을 내포한다.[3]

---

3 아나키즘 주체 이론의 특징은 레닌의 전위 정당론에 대한 대립이다. 레닌의 정당론이 선진적 의식을 가진 소수의 혁명가들이 이끄는 중앙집권적 조직의 규율을 강조하면서, 이 정당이 광범한, 그러나 불균등한 의식을 가지고 있어 부르주아 이데올로기에 취약하게 노출될 수밖에 없는 다수 대중을 '지도'해야 한다고 보는 반면, 아나키즘은 이러한 전위 정당의 지도를 거부하면서, 순수하게 자율적 의지에 따라 혁명에 가담하는 주체를 상정한다. 아도르노가 보기에 이러한 아나키즘적 '순수 주체'란 낭만주의 주체 개념과 일맥상통하는 것이다. 아나키즘이 혁명적 지식인에 의한 지도를 거부하면서 자율적 대중으로서의 주체를 주장한다면, 낭만주의는 개념적 이론의 틀을 거부하면서 직관주의적 주체(천재)를 주장한다. 아도르노는 본문에 언급된 편지에서, 『기술복제시대의 예술 작품』에 표현된 벤야민의 예술과 정치의 구상이 이와 같은 아나키즘적, 낭만주의적 요소를 내포하고 있다고 보고 있다. 벤야민은 이 논문에서 새로운 영상매체의 등장이 아우라의 파괴와 대중의 정치적 각성을 낳을 수 있다고 주장하는데, 아도르노가 보기에 이것은 대중의 의식이 무매개적, 직접적 방식으로 급진화될 수 있다는 낭만적 표상

아도르노의 선택은 특히 그가 1930년대와 1940년대에 독점자본주의 사회로의 진입으로 묘사하고 그 이후 1960년대에는 후기 자본주의의 "관리되는 세계"로 묘사한 역사적 과정 속에서, 자율적 예술의 현실 진단적인 그리고 유토피아적인 내용을—고전적 현대성을 급진적으로 낯설게verfremdetet[4] 만들어낸 그 형상 속에서—결코 포기해선 안 된다는 쪽이다. 이 때문에 그는 벤야민과의 서신 교환에서 자신의 이데올로기 비판적 미학이 부르주아 사회에서 개체성의 변증법을 화해시킴으로써 자신을 부르주아 낭만주의[5]로 향하게 만들었다고 고백한다.[159)]

　　에 상응한다. 아도르노가 보기에 대중문화의 자본주의적 상품화 속에서 혁명의 가능성이 소실되어 간다는 사태의 다른 한 측면이 간과될 경우, 이러한 주체관은 혁명적 프롤레타리아 계급에 대한 신화로 이어질 것이다.

4　'낯설게 하기'라는 뜻의 Verfremdung은 브레히트 전위극의 기법이기도 하다. '소격(疏隔) 효과'라고도 부른다. 관객이 극중 인물에 대해 느끼는 감정이입을 차단하고, 냉정한 의식을 유지하도록 만들기 위해 유기적인 극 전개의 흐름을 고의로 깨뜨리는 것이다. 주인공이 갑자기 관객에게 말을 걸거나, 해설자를 등장시켜 이러한 효과를 극대화시킨다. 이를 통해 브레히트는 관객이 냉철하게 현실에 대해 인식하고, 판단하고, 비판할 수 있는 의식을 심어 주고자 했다. '감정이입'을 넘어서는 '낯설게 하기'의 효과라는 브레히트 연극의 기법은 벤야민의 예술 이론에 영향을 주었으며, 이것이 그의 「기술복제」 논문에 그려진 대중예술로서 영화의 등장과 아우라의 해체, 대중 의식의 각성이라는 모티프를 형성했다. 아도르노는 이러한 브레히트와 벤야민의 예술론을 비판했는데, 그 이유 중 하나는 브레히트가 '자율적 예술'을 부르주아적 가상에 불과한 것으로 치부해 버리고, 예술이 자신의 전위극과 같이 관객을 계급적으로 각성시킬 수 있는 선동적 목적을 위한 수단이 되어야 한다고 보았기 때문이다. 아도르노는 이처럼 예술을 도구적으로 이해하는 브레히트의 견해가 벤야민의 예술론에도 영향을 주었다고 평가한다. 그러면서 아도르노는 앞서 언급되었듯, 자율적 예술이 그 부르주아적 한계에도 불구하고 부르주아 사회의 목적-수단 관계를 전도시킬 수 있는 전복적 힘을 갖는다고 평가한다. 이처럼 아도르노가 브레히트 예술론의 도구적 유물론을 비판하지만, 브레히트 연극론의 '낯설게 하기'라는 이념은 아도르노 역시 수용하고 있다. 아도르노에게서도 예술은 현실을 있는 그대로 묘사하는 것이 아니라, 관객의 일상적 의식과의 부조화, 불일치를 추구함으로써 현실에 대해 거리를 두고 반성할 수 있도록 만드는 계기를 형성한다. 다만 본문에 언급되었듯이, 아도르노는 '선동적 예술'이 아니라 (그러한 목적으로부터 해방된) '자율적 예술' 속에서 그러한 '낯설게 하기'의 요소들이 발견된다고 보고 있다.

5　앞서 언급된 1936년 3월 18일의 편지에서 아도르노는 벤야민이 혁명적 프롤레타리아의 각성이라는 아나키즘적 낭만주의에 빠졌다고 비판하면서, 기술 발전에 저항하는 자

『미니마 모랄리아』의 머리말에 등장하는 성찰들은 아도르노가 말하는 개인의 객관적 소멸의 시대에, 사회적이고 철학적 범주로서 개인이 갖는 인식의 잠재력이 다시 한번 그 충만한 힘을 전개할 수 있도록 만든다. 그러한 성찰들은 『미학 이론』에 등장하는 초기 낭만주의의 흔적과 마찬가지로 이러한 [부르주아 낭만주의의] 사고를 확인해 준다. 『미학 이론』에서는 미적인 것이 현존하는 현실과 맺는 화해에 관한 각각의 형상이 거부되고 있다. 이것은 관념론 철학이나 대중문화에서의 조화로운 화해뿐 아니라 리얼리즘의 "강요된" 화해에도 마찬가지로 적용된다. 단편[문학]은 현재 가능한 가장 진정한 형식으로 고찰되며, 카프카나 베케트와 같은 텍스트들은 실존적 표현이 아니라, 오히려 점점 더 낯선 것으로 규정되는 객체성 속에서 취약한 주체가 드러내는 역설의 아이러니적 현시로 독해된다.

아도르노 미학의 근본적 가정은 예술이 무의식적 역사 서술이라는 것이다. 예술은 그것이 사회로 접근하는 유일한 방식이라는 사고에서 벗어나는 곳에서 이를 가장 잘 수행할 수 있을 것이다. 20세기에 조형예술뿐 아니라 음악 역시 기술 복제 시대의 대중문화 예술로부터 거리를 취함으로써 이를 수행했다. 추상적 화해와 무조음 음악, 음렬주의 음악이 취한 거리의 파토스는 현실에 대한 기계적 재현에 참여하지 않으려는 불화의 파토스였다. 사진은 이미지를 통해, 가벼운 음악은 음, 조성, 리듬을 통해 이러한 재현에 결부되어 있었던 것이다.(Adorno, GS 12)[160]

아도르노는 온전한 자유의 두 반쪽들에 관해 언급한다. 둘 중 어느 측면도 절대화되어서는 안 되지만, 그는 그중 하나의 절반, 자율적 예

율적 예술을 옹호한다. 이런 면에서 아도르노가 자신의 사고가 집단적 주체의 각성이라는 아나키즘적 낭만주의가 아니라, 자율적 예술과 개체성의 자유라는 부르주아 낭만주의적 요소의 일부를 수용하고 있음을 고백했다고도 말할 수 있을 것이다.

술을 택한다. 그럼에도 그는 자율적 예술을 절대화하지 않으며, 그것의 변증법을 드러낸다. 반면 그는 다른 쪽 절반, 즉 비-자율적인 목적에 결부된 예술을 부정한다. 이러한 관점이 본래 갖고 있는 것에 비해 더 큰 설득력을 얻도록 하기 위해 그는 후자로서의 예술을 순전한 조작의 산물이라고 설명한다. 문화산업 시대 이전에는 이러한 [비-자율적] 예술은 상대적으로 올바른 것이었다고 할 수 있었는데, 이는 그것이 수공예적인 거리두기 혹은 거친, 쾌락적이고 오락적으로 강조된 거리두기 속에서 일종의 부정적인 진리의 척도를 갖고 있었기 때문이다.[6] 말하자면 이 후자로서의 예술은 인간을 억압하는 고급문화의 실패를 증명해 주었다는 것이다. 그러나 이러한 비-자율적 예술은 그 부정적 진리 속에서, 결코 '그 스스로'가 아니라, 오로지 문화비평의 2차적 반성 속에서 효력을 얻는다는 낙인을 항상 가지고 있었다. 문화비평가들은 이러한 남아 있는 진리조차, 현혹된 체계에서 유통 중인 위조지폐를 고의로 완전히 잃어버릴 때 얻어질 수 있을 것이다. 응용 예술 또는 목적에 결부된 예술이 (문화산업 이전에 또는 문화산업의 시기에) 설득력 있는 타당성 요구와 진리 요구를 가질 수 있다는 것은 아도르노에게는 생각할 수 없는 일이었다. 그러나 이는 자명한 것이 아니다.[161] [아도르노의 주장과 달리] 예술은 이데올로기적 실천으로 격하되지 않은 채로도 정당한 기능을 가질 수 있는 것이다.

물론 아도르노의 가장 중요한 논점은 문화산업의 생산물들이 더 이

6　실제로 아방가르드 예술의 주요 사조들 중 일부는 유미주의나 자율적 예술의 개념에 반대해서, 예술의 '기능'을 강조하기도 했다. 이들은 목적으로부터 해방된 순수 예술이라는 이념을 부르주아적 가상으로 규정하면서, 특정한 목적을 위한 예술의 기능적 측면을 활용하는 것이야말로 예술이 인간의 삶에 기여할 수 있는 존재 이유라고 보고 있다. 20세기 중반 문화산업의 성장 이전에 등장한 이러한 기능주의적 예술에는 일정 부분 해방적 측면이 공존하고 있는 것이다. 그러나 할리우드와 자본에 의해 지배된 2차 대전 이후의 문화산업에서는 예술의 기능이라는 사고방식은 대중에게 오락을 제공하며, 이를 통해 이윤을 획득한다는 상업적인 논리에 철저하게 종속된다.

상 예술 작품처럼 [예술이면서] 동시에 상품인 것이 아니라, 오로지 전적으로 상품이기만 하다는 것이다.(GS 10.1, 338) 기술적-산업적 복제 가능성은 대량의 견본들을 생산하고 이를 대중적으로 확산시킬 것을 지시한다. 어느 역사가가 현대 대중문화에 던지는 시선 역시 이를 보여 준다. "영화는 이윤 극대화를 목적으로 연속적으로 생산되는 상품이었다"고 카스파 마제Kaspar Maase는 주장한다. "이미 [1차] 세계대전 이전에도 영화 생산은 경제적으로 집중되었고 기술적으로 합리화되었다." "도처에 성공의 공식에 대한 믿음이 자라났으며, 지출을 낮게 유지하고 스튜디오와 복사 공장을 진정 산업적으로 사용하기 위해 생산물들은 표준화되었다."[162] 아도르노가 미적 진리 내용의 문제들이 여기[대량생산 이후의 문화산업]에서는 더는 아무런 적합한 역할도 할 수 없을 거라고 주장했을 때, 이것은 (결코 철학자이자 아방가르드 작곡가였던 사람의 과민함이 아니며) 전적으로 설득력을 갖는다.

대중 기만으로서의 계몽

보편적인 교환가치 원칙이 문화 전반을 장악했다면, 그것은 문화가 자신의 위치에서 갖는 특수한 관점의 저항 능력을 둘러싸고 일어난 것이다. 이제 문화는 더 이상 사회적 보편자에 대항하여 특수자를 강화하는 것이 아니라, 보편자의 수행 기관이 되었다. 문화는 스스로 해체되어 동시에 가장 최근의 의복을 걸쳤을 뿐인 허위적인, 긍정적인 문화로 남게 되었는데, 아도르노는 호르크하이머와 함께 미국 이민 중에 이를 문화산업이라는 국제적인 사회적 현상의 결과로 분석했다.

쿠르트 렝크는 이렇게 쓴 바 있다. "이로부터 미국에 대한 유럽적인 거만함을 기르기는커녕, 아도르노는 일찌감치 이러한 무자비하고 빈틈없는 상업화의 경향 속에서 미국은 유럽의 발전에 비해 단지 몇 발자국 앞서 있는 것일 뿐이라는 점을 인식했다. 파시즘 이전의 유럽에서 사회적 통제가 총체적이지 않았던 한에서, 등가교환 법칙으로부터 아직 완전히 장악되지 않은 문화적 영역의 은신처 속에서 비록 유토피아적이긴 하나 상대적인 정신적 자율성의 의식이 전개될 수 있었다. 그러나 경제적 집중과 국가적 관리와 함께 이러한 유산은 상실되었다."[163]

『계몽의 변증법』의「문화산업」장에서 두 저자는 이러한 문화적 변증법의 가장 진일보한 단계를 추적하여 이를 현대적 이성의 자기모순이 갖는 현상 형태로 묘사하였다.

문화산업의 확산은 [오늘날] 문화들이 갖는 공통점을 나타내는 부정적 지표다. 이 지표는 [이전에는] 문화 전체의 휴머니즘적 지향에 대한 시선 속에서 거론되곤 했다. 비판이론에게 문화산업은 보편적인 인간성의 문화라는 이념이 갖는 추악한 면모를, 즉 계몽 자신이 야기한 계몽의 기획에 대한 조롱적 캐리커쳐를 뜻했다.

이후에 비판이론의 가장 영향력 있는 개념들 중 하나가 된 "문화산업" 개념을 아도르노는 "대중문화"라는 단어와 거리를 두면서 정의하였다. 물론 대중문화는 문화산업과 동일한 현상, 즉 20세기 대중적인 수용을 경험한 예술적이고 문화적인 생산의 모든 형식들, 즉 극장, 라디오, 인쇄매체, 음반, 텔레비전 등을 가리키는 것이다. 그러나 마치 대중음악이 '대중의' 음악이 아니라 '대중을 위한' 음악으로 생산된 것이듯, 문화산업의 생산물들 역시 아도르노에 따르면 대중 자신의 것이 아니다. 즉, 벤야민이 영화라는 예술 형태를 신뢰감을 갖고 해석하였듯이[164], 대중은 여기서 자신의 문화적 욕구를 표현하기 위한 진정한 표현매체를 발견했을 뿐이다. 아도르노는 1960년대에 "우리의 초고들에서는 대중문화가 언급된 바 있다"고 회고한다.

우리는 이 표현을 '문화산업'으로 대체하였다. 이는 자생적으로 대중 자신으로부터 성장한 문화, 즉 민중예술의 현재 형태가 다뤄지고 있다는 식의, 현 상태를 옹호하는 사람들이 선호하는 해석을 처음부터 차단하기 위함이었다. 문화산업은 그러한 문화와는 완전히 구별되는 것이다. 문화산업은 옛 관습을 새로운 특징으로 통합시켰다. 모든 부문에서 제품들은 대체로 계획적으로 생된다. 즉, 그것들은 대중의 소비에 맞춰져 있으며, 이러한 소비를 스스로 결정하기도 한다. 개별 부문들은 서로의 구조를 닮아 가며 적어도 서로 조화를 이룬다. 이들은 거의 빈틈없이 체계의 질서에 결합한다. 경제와 관리의 집중과 마찬가지로 오늘날 기술의 수단은 이들에게 이것을 허락한다.(GS 10.1, 337)

아도르노는 "여기서 산업이라는 표현은 [……] 문자 그대로 이해해선 안 된다"고 강조한다. "이 표현은 사태 자체의 표준화─예를 들어 모든 극장 관객에게 친숙한 서부영화─그리고 확산 기술의 합리화와 관련이 있는 것이지, 생산과정을 엄밀하게 지칭하지 않는다."(GS 10.1, 339) 문화산업의 창작물들에 대한 수용은 그에 알맞게 사전에 주조된, 표준화된 지각의 도식들에 의해 각인되어 있다.

하인츠 페촐트Heinz Paetzold가 말하듯이, 여기서 중요한 것은 "후기 자본주의에서 인간을 현존 사회체제로 통합하는 성공적인 메커니즘이 발생했다"는 사실이다. "개별화 대신에 스테레오타입의 태도가 확산되었다. 여가 시간에는 노동 세계의 압력으로부터의 해방 대신에 노동을 반복하는 반사작용들만이 확산될 뿐이었다."[165]

『계몽의 변증법』에서 호르크하이머와 아도르노는 항상-동일함Immergleichheit을 문화산업의 본질로 고찰했다. "오늘날 문화는 모든 것을 유사성으로 전치시킨다."(GS 3, 141) "후기 자유주의적인 국면에 대해 대중문화적 국면이 갖는 새로움은 새로움을 배제한다는 것이다."(GS 3,

156) 반면 이전의 [후기 자유주의적] 국면의 관상학적 특징은 영구적인 변화, 새로운 생산품의 지속적인 변화에 있다. 호르크하이머와 아도르노는 이를 경제학 비판의 관점에서 문화산업 상품의 점점 더 빨라지는 유통의 필요성을 통해 설명한다. 즉, 이 상품들은 유통 영역의 내재적 척도에 따라 항상 최신 유행을 취해야만 그것이 획득해야 할 이윤을 실현할 수 있다. 그러나 항구적 유통에 대한 요구는 문화산업 영역에서 상품이 소비자들의 구매 습관으로부터 거부당하지 않는다는 사실을 전제한다. 익숙한 양식을 따르는 것만이 높은 판매고를 올릴 수 있는 기회를 얻을 것이다. 브레히트가 말하듯, 범죄소설을 개봉한 사람은 완전히 특수한 기대를 가지고 있으며, 그는 이것이 실망스러워지는 것을 보고 싶어 하지 않는다. 사업체의 능력자들을 알아볼 수 있는 척도는 그들이 [대중의] 친숙한 지각 방식과 충돌하지 않으면서도 단조롭지 않은 [문화적 상품들을] 효율적으로 생산하는 법을 이해하고 있는가 하는 것이다. 문화산업적 상품의 상업적 성공을 결정하는 것은 다른 무엇이 아니다. 스필버그의 〈쉰들러 리스트〉는 인기 상품이지만, 란츠만의 다큐멘터리 〈쇼아〉는 기억의 표현을 위한 새로운 형식을 발견해 냈음에도 인기 상품이 될 수는 없었다. 가장 심오하고 형식적으로 엄밀한 페터 바이스Peter Weiss의 희곡 〈수사Ermittlung〉를 조슈아 소볼Joshua Sobol의 익살스런 작품 〈게토 리뷰Ghetto-Revue〉와 같은 공연장의 히트 작품으로 상상하기는 쉽지 않다. 새로움의 가상과 증명된 것의 확실성 사이의 균형이 문화산업의 시험대인 것이다.

이것은 역설적으로 들린다. 문화산업에 대한 비판이론은 일차적으로는 "문화비평"이 아니다. 비판이론은 문화산업이 취하는 가장 최근의 사회적 현상의 양식 속에 나타나는 상품 형식에 대한 비판이다. 여기서 중요한 것은 사회적 형태 변화가 나타내는 구조적 변동을 그 표면에 드러나는 사회문화적 현상들을 통해 파악하는 것이다.

『미니마 모랄리아』에서 전개하는 새로움의 역사철학 이론과 미학 이론에서 아도르노는 그럼에도 이러한 [새로움의 배제라는] 문제틀이 미적인 것의 문화산업적인 기능화와 일치하는 것은 아니며, 그것은 이미 자율적인 모더니티 예술에도 숨어 있다고 지적한다. [자본주의라는] 그 역사적-경제적 생산양식과 미적 해방[이라는 이념]이 형성하는 모더니티의 변증법은 새로움의 이중 의미를 그 토대로 갖는다. "새로움의 이념"(GS 4, 268)은 현대 미학에서 포Edgar Allan Poe와 보들레르에게서 환등상적이다. 이 이념은 새로움, 현존하는 것과 다른 무언가에 대한 경험이라는 이름으로 부르주아 사회의 지배적 경향과 그 상품생산적 이익 논리에 저항한다. 이를 수행함으로써 이 이념은 그러나 저주에 빠지게 된다. 특수한 것의 경험에 자신을 개방하는 가장 혁신적인 예술 작품조차 사회적 생활 형식의 보편성이 갖는 동일한 형태에 참여할 수밖에 없다.

새로움의 숭배 그리고 이와 함께 모더니티의 이념 속에는 새로움이 더 이상 존재하지 않는다는 것에 대한 반란이 표출되어 있다. 기계로 생산된 재화의 항상 동일함, 객체들과 이 객체들에 대한 시선을 사로잡고 동화시키는 사회화의 그물망은 마주치는 모든 것을 이전부터 존재했던 것으로, 한 종류의 우연적인 견본으로, 모델의 도플갱어로 변화시킨다. 아직 생각하지 않은 것의 층은 [……] 고갈된 것처럼 보인다. 새로움의 이념은 그러한 층에 대한 꿈을 꾼다. 그 자체로는 달성될 수 없지만, 경험의 쇠락에 대한 최초의 의식에 직면하여, 새로움은 추락한 신의 위치를 차지한다. 그러나 새로움의 개념은 경험의 질병으로 인한 속박에 머물러 있으며, 무기력하게 그로부터 벗어나려는 구체화에 도달하는 이 개념의 추상성은 이에 대해 증언한다.(GS 4, 267)

마치 새로움이 모든 것의 척도인 것처럼 추상적으로 예찬될 때, 그것은 더 이상 상품생산 사회의 원칙으로부터 구별되지 않는다. 아도르노에게 중요한 것은, 허위적인 사회적 삶의 총체성은 그로부터 벗어나려는 가장 선진적인 노력조차도 언제나 곧바로 사로잡는다는 사실이다. 왜냐하면 그러한 노력 속에서도 허위적인 사회적 삶이 재생산되기 때문이다. "침착한 지각이 단지 사회적으로 미리 형성된 사물들을 주조하는 틀에만 도달할 수 있는 것이라면, 번쩍이는 것은 그 자체 반복이다. 자신을 목적으로 추구하며, 이른바 실험실에서 생산되고, 개념적 도식으로 고착되는 새로움은 그 갑작스런 출현 속에서 어쩔 수 없이 낡은 것으로 회귀한다."(GS 4, 268) 그러나 이것은 아도르노가 이러한 영원회귀의 운명적 필연성의 미학적 존재론을 구상했다는 것을 의미하지 않는다. 아도르노에게 매우 중요한 인물인 베케트에게서처럼 현대적 모더니티 예술가의 자기반성 속에서 새로움의 범주는 그 자체 취약한 것이 된다. 베케트의 『놀이의 끝*Endspiel*』은 동일한 것의 영원한 회귀를 부조리의 "불가피함"으로 드러나게 하였으며, 이를 통해 "역사의 현혹 연관"에 하나의 미적 형식을 부여하고 동시에 "이를 통해 이 현혹 연관을 꿰뚫었다."(GS 11, 281ff.) 새로움의 숭배, 새로움의 약속은 새로움의 도래를 저해한다. 이에 반해 새로움의 부재에 대한 급진적인 서술은 이 새로움이 취할 수 있을 공백을 그것으로부터 앗아간다.

아도르노가 문화산업의 경향을 단순히 외부로부터 문화를 위협하는 위험으로 재구성하지 않았으며, 오히려 "새로움" 개념에서 분명히 드러나듯, 그것을 현대 예술 자체의 변증법으로부터 산출된 것으로 보았다는 사실을 간과한다면, 아도르노가 (미국적) 문화산업을 소위 엘리트적인 (유럽적) 문화에 대한 선망에서 문화 보수주의적으로 비판했다는 가상에 빠지게 된다. 현대 대중문화의 특정 요소들을 옹호하는 사람들은 대중문화가 자유와 경험의 공간의 확장에 기여할 수 있다고 보며,

이들은 문화산업에 대한 아도르노의 태도를 바로 그렇게 평가하고는 날카롭게 비판하거나 반어법적으로 상대화하고자 시도한다.[166] 확실히 아도르노는 대중문화의 진정한 성과로 고찰될 수 있을 것들에 대해서는 거의 알지 못하였다. 그는 재즈로부터 두 가지만을 인식했을 뿐이다. 현실 속에서 순응을 실행하는 리듬적 도식이 갖는 가상적인 자유의 계기, 그리고 자주 솔리스트 연주자의 즉흥연주와 조화를 이루는 배경음의 스테레오타입이 그것이다. 아도르노의 재즈 비판은 스윙 시기까지만을 음악적 소재 분석에 포함시킨다는 점에서 한계를 갖는다. 그는 자신의 본래 도식을 생산적으로 초월하는 그 이후의 형식들을 더 이상 명백히 고려하지 않는데, 그럼에도 그는 마치 자신의 판단이 이후의 모든 재즈에 대해서도 타당성을 요구할 수 있다는 듯이 행세하였다.[167] 다른 한편 그는 크라카우어에게서 볼 수 있는 내재적 영화 분석을 수행하지 않았지만, 진정한 예술 형식으로서 영화의 미학을 위한 단초들을 매우 훌륭하게 제시했다. 예를 들어 1960년대에 채플린 또는 안토니오니 그리고 슐뢴도르프와 같은 고전적 작품들에 대한 분석이 있다.(GS 10.1, 353 ff. 그리고 362 ff.) 여기서 그는 『계몽의 변증법』에서와는 다르게 영화의 문화산업적인 전용과 매체의 객관적인 미적 내용 사이를 구분하고 있다. 이러한 구분은 『계몽의 변증법』에서는 너무나 짧게 이뤄졌다. 물론 이 책에서도 막스 브라더스Marx-Brothers[7]의 영화들이 갖는 전복적 힘이 강조되고 있긴 하지만 말이다.

근본적으로 아도르노의 문화산업 비판에는 교양 있는 시민계급의 규범적 미학이라는 입장에서 소위 열등한 대중문화의 생산물들을 저주하는 것과는 완전히 다른 강조점이 제시되고 있다. 이와 반대로, 아

---

7   20세기 초반 슬랩스틱 코미디를 선보인 미국의 희극영화 배우 형제들을 말한다. 치코 (Chico), 하포(Harpo), 그루초(Groucho), 제포(Zeppo) 4형제가 익살스러운 연기로 활약 했다

도르노는 기성의 "고상한" 문화의 거짓에 대항하는 실질적 저항이 결코 발생할 수 없다는 사실을 강조한다. 왜냐하면 유흥, 장터 문화, 써커스와 같은 "저급한" 형태들의 "전복적" 잠재력은 확산된 문화산업 속에 길들여져, 그것이 갖는 부조리의 힘이 더 이상 확장될 수 없을 것이기 때문이다. 그것은 소비자들을 현존하는 사회 전체 순응하도록 만드는, 상품 형식을 지닌 오락매체의 제공에 온전히 봉사할 것이다.

아도르노의 비판이 갖는 축은 다른 방식의 상실의 경험이다. 19세기에 그 가능성의 한계에 이르기까지 실현되고자 했던 예술 작품의 부분적 자율성은 아도르노에 따르면 부르주아 사회의 목적 합리성에 대항하는 저항의 계기를 포함하고 있었다. 그러나 또한 동시에 예술의 자율성은 그것의 상품적 성격을 통해서만 가능하다. 왜냐하면 부르주아 사회에서 비로소 예술가는 점차적으로 독립적이고 교환에 참여하는 시장의 주체가 되기 때문이다. 그의 상품이 예술 작품이다. 그러는 사이 문화산업에서 소멸하는 것은 이른바 작품의 내재적인, 미적인 사용가치다. 이것은 어떤 것도 더 이상 문화산업의 생산물로부터 출발해선 안 된다는 것을 의미하지 않는다. 여기서 미적 사용가치란 작품에서 경제적 요소 이상의 것을 뜻한다. 아도르노는 "예술의 상품적 성격"은 "새로운 것"이 아니라고 말한다.

예술의 상품적 성격이 자신을 의도적으로 드러내는 것, 그리고 예술이 자기 자신의 자율성을 부정하고 자신 있게 스스로 소비 재화로 편입되는 것은 새로움의 자극을 형성한다. 예술의 자유는 사회적 합목적성에 대한 부정으로 남아 있지만, 그러한 자유는 동시에 시장에서 관철되며, 본질적으로 상품경제의 전제에 결부되어 있다. 자기 자신의 법칙에 따름으로써 사회의 상품적 성격을 부정하는 순수 예술 작품들은 언제나 동시에 또한 상품이었다. 18세기까지는 후원자의 보호가 예술가를 시장으로부터 지켜주는 한에서, 예술가들은 그 후원자들과 그들의 목적에 복속되어 있었다. 위대한 현대 예술 작품의 무목적성은 시장의 익명성에서 비롯하였다. 예술가가 특정한 요구사항으로부터 일정 부분 면제되어야 한다는 요청은 여러 차원으로 매개되어 있었는데, 이는 전체 부르주아 사회를 관통하여 단순히 관용을 통해 가능했던 예술가의 자율성에는, 결국 예술의 사회적 소멸을 향해 뻗어나간 비진리의 계기가 공존하고 있었기 때문이다. 죽음의 병에 걸린 베토벤은 월터 스콧의 소설을 '그 자식은 돈을 위해 쓴단 말야'라는 평판과 함께 내던지면서도 동시에 시장에서 철저히 거부된 최후의 4중주에 대한 평가 속에서는 전적으로 노련하고 완고한 사업가 기질을 보여 주었는데, 그는 부르주아 예술에서 시장과 자율성이라는 대립의 통일에 관한 가장 위대한 사례를 제공해 주었다. 모순을 고유한 생산 속에서 의식에 수용하는 대신에 은폐하는 사람은 이데올로기에 빠지고 만다.(GS 3, 180f.)[168]

아도르노는 후퇴하지 않으려 했다. 그는 부르주아 이전 사회에 대한 미적인 꿈을 꾸는 대신에, 예술사회학적으로 유미주의를 해명했다. 즉, 유미주의는 그것이 예술적으로 경멸하는 바로 그 사회적 토대를 필요로 한다. 그러나 아도르노는 문화산업이 불가피하게 야기하는 긴장의 상실을 비판적으로 진단한다. 자율성과 상품적 성격 사이의 긴장은 후자를 위해 해소되었다. "문화상품에서 새로운 것은 그것의 전형적인 생산물들 속에 정확히 계산된 효과가 갖는 직접적이고 숨길 수 없는 우위다. 예술 작품의 자율성은 물론 완전히 지배적이었던 것이 아니며 항상 그 효력의 연관성에 의해 관철되었다. 그러한 자율성은 소유자의 의식적인 의지가 있든 없든 상관없이 문화산업에 의해 점차 제거된다." "문화산업 전체의 실천은 이윤 동기를 순전히 정신적 형상으로 전치시킨다. [……] 문화산업 스타일의 정신적 형상들은 상품이기도 한 것이 아니라, 전적으로 상품이다."(GS 10.1, 338) 예술의 변증법 그리고 문화의 변증법은 문화산업에서 정지된다. 우리의 근원적 욕구를 겨냥하며 욕구의 충족을 약속하는 고객에 대한 봉사는 실은 상품의 생산과 교환 체제에 대한 모든 소비자의 봉사가 의무화된 것이며, 이 체제는 개인들의 욕구를 그 자체로는 거의 신경 쓰지 않는다. "문화산업이 그렇게 믿도록 만들려고 하지만, 고객은 왕이 아니며, 문화산업의 주체가 아니라 객체다."(GS 10.1, 337)

문화산업은 따라서 의식을 조작한다. 아도르노의 비판이 갖는 경제학 비판적이고 사회심리적인 양상들은 동일한 사회 이론적 토대를 갖는다. 부르주아 사회가 그 자유주의적 시장경제와 여기에 상응하는 타입의 성향과 더불어 권위주의 국가의 "총체적 사회"(GS 3, 174)로 이행하는 과정에 있다는 가정은 이미 아도르노의 개별화 이론과 관련하여 논의된 바 있다. 여기서는 "이데올로기적 미디어들"(GS 3, 186)이, 사회적 생산과정의 "소유주들"(GS 3, 169), "조종하는 자들"(GS 3, 142)이 가진 계획을 통해 "탈도덕화된 대중들"(GS 3, 175)을 통제하고 훈육하는 기능을 갖는다. "문화산업은 그것의 수용자에 대한 위로부터의 의도적 통합이다."(GS 10.1, 337) 아도르노에 따르면 이것은 경제학적으로 독점적 경제를 향한 경향을 전제하는 것이다. 그는 1940년대에 이러한 경향이 철두철미하게 작동 중이라는 사실을 확인하였다. "오늘날, 자유시장이 종말을 고하는 시점에", 즉 "독점 하에서" 오로지 "유사 시장"만이 존재하고 있다(GS 3, 185). 그러나 또한 그가 1960년대에 자신의 관점을 새로이 정식화하고, 현재 선진 산업국가들의 자본주의가 경쟁과 유통을 폐지한 독점화된 권위주의적 국가자본주의라는 관념(GS 8, 354 f.)으로부터 작별한 이후에도, 그는 마찬가지로 문화산업의 기만적인 성격으로부터 출발하였다. 누구도 문화산업의 표준적 상품이 갖는 퀄리티와 진실에 대해 실제로 믿지 않지만, 그것의 순수한 존재, 그것의 확산과 도처에 존재하는 효과는 현존하는 사회적 상태의 중력 그리고 외관상의 불변성을 시사한다.

아도르노의 시대보다도 오늘날 더 많은 지식인들이 "새로운 매체"의 "무슨 일이든 허용된다(anything goes)"[라는 자세]와의 평화를 이루기 위해서[169] 취하고 있는 "반어법적인 관용의 목소리"(GS 10.1, 341)는 [지금 다루는 주제의] 대상에 부합하지 않는다. 비록 우리가 이러한 영역에서 드러난 현재의 발전을 더 이상 구조적으로 독점에 의한 시장의 소멸과 계획적으로 조종되는 대중 기만이라는, 1940년대에는 의미가 있었던 가정을 통해 파악할 수 없지만, 아도르노의 분석은 본질적인 면에서는 여전히 타당하다. 경제적으로 보자면, 현재의 문화산업은 독점 형성은 아니지만, 첨예해진 자본 집중이라는 특징으로 설명된다. 1940년대에 "워너Warner 형제들"이 "라디오라는 본보기에 따라 아파트 안으로"(GS 3, 184) 영화를 제공해 준 텔레비전의 발전에 의해 위협받는 것처럼 보였다면, 오늘날 그들은 타임-워너 사社로서, 홈 비디오 시장에서의 가장 큰 지분을 둘러싸고 소수의 경쟁자들에 맞서 매우 성공적으로 싸우고 있다. 그들과 그들의 아군들은 미국과 전 세계에 데이터 고속도로를 놓으려 하고 있는데, 이것은 고속도로 건설 기획이 늘 그래 왔듯이, 경제적이고 전략적인 이해관계에 봉사하면서 소비자들의 욕구는 오직 부수적으로만 만족시킬 것이다. 사회심리적으로 보자면, 그 어느 때보다도 우리의 욕구들에 대한 "대리만족"만이 제공될 뿐이다. 냉담함, 형태의 동일성, 맥락 없는 사물들의 제공이 "체험", "사건" 그리고 "재미"로 선언된다. 자신의 삶의 의미에 대한 정당한 추구로부터 배제된, 몰락한 부유했던 옛 사회 아이들의 테크노 이벤트에서건, 브라질이나 인도에서 착취당하는 사람들의 텔레비전 중독에서건, 또는 전 세계적인 3대 스타 테너에 대한 미디어의 스펙터클에서건, 문화산업은 새로운 것으로 등장하는 모든 것이 오래된 것으로 남아 있으며, 그 외에는 아무것도 지속될 수 없을 것이라는 가상을 일으킨다. 그리하여 문화산업은 인간 자신의 산물이지만 마치 자연 관계처럼 나타나는 사회적 전체에 대한 "인간의 종속과 예속"(GS 10.1, 345)을 만들어내는 데 기여한다. "문화산업의 정언명령은 칸트에게서와 달리 더는 자유와 그 어떤 공통점도 없다. 이 정언명령은 이렇게 말한다. 너는 어떤 조건에서든 순응해야 한다. 현존하는 것에, 그것의 권력과 편재성에 대한 반영으로 생각되는 것에 순응해야 한다."(GS 10.1, 343) 그런 한에서 "문화산업의 전체 효과는 반反계몽의 효과다. 그 안에서 [······] 계몽, 즉 진일보하는 기술적 자연 지배는 대중 기만으로, 의식에 족쇄를 채우는 수단이 된다. 문화산업은 자율적인, 자립적인, 의식적으로 판단하며 결정을 내리는 개인들의 형성을 저해한다."(GS 10.1, 345) 아도르노는 다소 음침한 결론으로 나아간다. "문화를 인간을 원시적 상태에서 벗어나게 하면서도 폭력적 억압을 통해 이 상태를 영구화하지 않는, 인간의 탈야만화로 충분히 단호하게 파악해 본다면, 문화 전반은 실패한 것이다. 인간 존엄적 존재에 대한 전제들이 인간에게 결여되어 있는 한, 문화는 인간 속에 파고들 수 없었다."(GS 8, 140 f.)

장 프랑수아 리오타르Jean-François Lyotard는 그가 거부하는 "느슨해진 포스트 모던"의 절충주의에 관한 문화산업적인 관상학을 명확하고 적합하게 기술하면서 동시에 그 사회적 원인을 지적했다.

사람들은 레게를 듣고 웨스턴 영화를 감상하며, 점심에는 맥도날드를 먹고 저녁으로는 단골 식당에 돈을 지불한다. 도쿄에서 프랑스 향수를 뿌리고, 홍콩에서는 복고적으로 차려 입으며, 텔레비전 퀴즈에서 던져진 질문이 인식에 떠오른다. 절충적 작품들에 대한 관객들을 발견하는 것은 쉬운 일이다. 예술이 키치가 됨으로써, 예술은 애호가의 '취향'을 지배하는 혼돈에 아첨한다. 예술가, 갤러리 주인, 비평가 그리고 관객은 순전한 임의성에 대해 과시한다. 느슨함의 시대다. 그러나 이러한 임의성의 리얼리즘은 돈의 리얼리즘이다. 작품의 가치를 작품이 낳는 이윤으로 측정하는 것은 미적 척도의 결여 속에서 가능하고 유용한 일이다. 마치 자본이 모든 '욕구들'에 순응하듯이, 이러한 리얼리즘은 모든 경향들에 순응한다. 다만 이것은 경향과 욕구들이 필수적인 구매력을 보유하고 있다는 유일한 전제 하에서다.[170]

문화산업의 영업 속에서 예술의 종말은 "예술의 파괴"일 것이다. 이 점에서 아도르노와 리오타르는 아마도 일치할 것이다. 그러나 아도르노의 진단은 한발 더 나아간다. 즉, 그는 이러한 예술의 파괴가 가능할 뿐 아니라, 20세기 후반기에 실현되기도 했다고 주장한다. "상황이 예술을 더는 허용하지 않는 반면에 —아우슈비츠 이후 서정시의 불가능성에 관한 명제는 이를 겨냥한 것이다— 그럼에도 상황은 예술을 필요로 한다. 왜냐하면 우상 없는 현실은 우상 없는 상태에 대한 완성된 대립이 되었기 때문이다. 그러한 상태에서는 모든 예술 작품 속에 암호화된 유토피아가 실현되었을 것이므로 예술은 소멸할 것이다. 예술은 스스로 그러한 몰락을 초래할 능력을 갖추고 있지 않다."(GS 10.1, 452f.) 예술은 해방된, 자기규정적인 상태에 관한 이론적 성찰에 의해 인도되는 변혁적 사회적 실천에 의존한다.

그러는 사이, 대중문화에 관한 비판적 담론은 극적인 과장법에서 벗어났다. 영미 언어권에서 대중문화와 일상 문화에 관한 다양한 비판이론들이 이를 보여준다. 두 명의 사례는 시각적 무의식이 취하는 상품 형식의 사물화에서 이데올로기와 유토피아의 변증법에 대한 프레드릭 제임슨Fredric Jameson의 이론 그리고 "문화연구Cultural Studies"의 수용미학이다.

 문화산업 비판에 대한 제임슨의 독해는 문화들의 비교 가운데에서 문화산업의 사회학적 토대를 강조한다. 『계몽의 변증법』의 저자들이 그들의 문화산업 이론을 정식화했을 때, 미국에서 문화 영역은 독점자본주의적으로 잠식당하고 있었다. 그러는 동안 뒤쳐진 독일은 이를 만회하려는 소부르주아 혁명을 통해 유럽을 공포 통치로 굴복시켰다. 제임슨이 보기에 『계몽의 변증법』은 한편으로 북아메리카에서의 새로운 민주주의와 그 정치적, 사회적 그리고 문화적인 형태를 비교하는 비평을 수행했던 근대 유럽 여행문학 장르를 계승하고 있었다. 다른 한편이 저작은 "문화산업과 파시즘의 [구조적] 분리 불가능성"을 고수했으며, 부르주아-자본주의 질서와 권위주의적 국가 질서 사이의 구분은 단지 정도의 차이일 뿐이라고 주장했다. 이것은 그 후의 모든 비판적 문화이론 담론들 속에서 『계몽의 변증법』이 남긴 흔적이 된다는 것이다. 이 책은 "대중문화와 상품 형식의 동일시"를 현대 대중사회의 총체적 패러다임으로 제시하였으며 오늘날에 이르기까지 북아메리카에서 불가피한 "자본주의에 대한 문화비평을 위한 토대"[171]가 되었다.

 제임슨과 아도르노의 문화산업 비판 사이의 차이는 제임슨의 경우 어떻게 아방가르드와 대중문화가 서로 연결되어 있으며 변증법적으로 서로 관련되어 있는지를 강조한다는 데에 있다. 제임슨은 이 양자를 자본주의에서 미적 생산의 분열이 취하는 두 형식으로 고찰한다. 현재의 초국적 자본주의 단계에서 고급 문화와 대중문화라는 고전적-현대적인 이분법의 문제는 남아 있을 뿐 아니라 심지어 첨예화되기까지 했다는 것이다. 왜냐하면 그것은 더 이상 우리의 주관적 판정 척도의 문제만이 아니라, 사회적으로 근거 지어진 모순이기 때문이다.[172] 제임슨에 따르면, 이전의 민속적인 예술과 문화를 수용한 대중문화는 포스트 모던 자본주의 사회에서 상품 형식과 유사하고 그에 어울리는 형태로 시각적 무의식을 식민화했다. 그러나 대중문화의 생산물들은 "상품화"
―집합적 무의식, 전 의식의 상품 형식의 사물화―로 환원되지 않는
다. 이 생산물들은 또한 사회적이고 정치적인 불안과 환상을 미적으로
변형하는 표현 기능도 갖는다. 대중문화의 생산물들은 이러한 불안과
환상을 관리한다. 종종, 또는 대부분의 경우 이 생산물들은 불안과 환
상을 억압하거나 은폐한다. 그러나 이것이 전적으로 성공을 거두기 위
해서는 이러한 불안과 환상은 우선 표현되고 상징적으로 형성되어야
한다. 할리우드가 보여 주는 이데올로기적이고 포퓰리즘적인 해결책
과 조화에 대한 암시들은 한 측면일 뿐이며, 다른 측면은 바로 그러한
대중문화의 생산물들이 보유한 유토피아적이고 초월적인 잠재력이다.
대중문화의 가장 피상적인 결과들조차도 사회적인 질서에 적대적으로
대립하는 부정적이고 비판적인 요소들을 가지고 있다. 이 사회적 질서
의 상품 형태의 생산물이 바로 문화산업 자신임에도 말이다. 그렇지 않
으면 이 대중문화의 생산물들은 자신의 이데올로기적-의식 조작적 기
능을 실현하지 못할 것이다. 이 생산물들은 환상 속의 화폐로 소비자들
에게 제공하는 뇌물로부터 자신의 매력을 이끌어 낸다. 그것들은 현존
하는 질서를 정당화하지만, 그렇게 하기 위해서는 현존하는 것에 대한
불안과 저항뿐만 아니라 현존하는 것을 넘어서는 희망을 최소한 단초
적으로라도 표현해야만 한다.

1960년대 후반 이래로, 의식 조작Manipulation 이론을 거부하고 그 대
신에 대중문화 상품의 이용자들이 어떻게 그것을 사용하면서 기능을
전환시키는지를 연구하는 대중문화 비판이론이 확립되었다. "문화연
구"라는 이름으로 축약되는 이러한 연구들은 더 이상 수동적인 청중이
상품 미학적인 문화에 종속되어 그 상품들을 동일시하며 내면화한다
는 전제에서 출발하지 않는다. 오히려 이 연구들은 일상 문화에서 헤게
모니적 해석의 권위를 둘러싼 투쟁의 모델을 도입한다. 안토니오 그람

시의 개념인 헤게모니는 한 사회적 집단이 관철시킬 수 있는 억압과 동의의 복합적 혼합으로 이해된다. 후기 자본주의 사회에서 "파워 블록"과 "인민people"은 적수로서 마주 서 있다. 제임슨은 문화연구 학파가 기초한 문화적 텍스트들에 대한 새로운 "독해의 기획들"을 "저항의 이론들", 즉 "재정식화, 즉 상업적 텍스트를 이 형식으로는 전혀 사고하지 않았던 집단에 의한 이 텍스트들의 전유"[173])에 관한 이론들로 묘사했다. 문화연구가 얼마나 강하게 인상을 남겼는가는 특히 독일어권에서 최근 몇년 간 분명히 드러났다.[174])

이들의 비판적 사회 이론과 문화 이론의 기획은 맑스와 롤랑 바르트 Rolan Barthes를 계승하고 있다. 대중매체의 수용에 관한 연구에서 대중적 커뮤니케이션은 원재료, 즉 내용들이 정보로서 코드화되어 상품 형태의 가치증식 순환에 입력되는, 맑스적인 의미에서 하나의 생산관계다. 그러나 동시에 미적 사용가치가 이데올로기적으로 조작된 내용으로 환원될 수 있는 복합적인 주관적 가치화에 종속되어 있다는 사실 역시 중요하다. 바르트는 『신화론』[175])에서 구조주의적인 문화 기호학을 정식화했다. 그는 문화 현상들이 텍스트처럼, 즉 지시하고 함축하는 기호 연관으로서 조직화되어 있다는 점을 보여 주었다. 대중문화의 매체적 커뮤니케이션 속에서 근본적 의미는 함축들의 이차적 의미 요소들로 둘러싸여 있다. 이러한 방식으로 생산되는 "신화"들은 이차적 기호체계들이다. 이 기호체계들에서 일상적 삶의 이데올로기들이 정식화된다. 이 이데올로기들은 사회적 관계를 자연 관계로 나타나게 하고, 일반적으로 서로 배제하면서도 메달의 두 면처럼 함께 나타나는 기호의 대립쌍을 통해 작동한다. 이 대립은 다양한 의미들을 산출한다. 이 다의성多義性이 농담, 반어, 은유를 통해 산출되는 곳에서 뿐 아니라, 가장 시시한 대상들에서조차도 (또는 바로 그러한 시시한 대상들로부터) 문화적 텍스트들의 다의성이 해독될 수 있다.

문화적 텍스트들은 그것들이 기호화된 것과는 다르게 해독될 수 있다고 스튜어트 홀Stuart Hall은 지적한다.[176] 상이한 이용자들이 의미의 층위들을 각기 다르게 활성화하기 때문에, 자립화가 발생할 수 있다. 다의성을 인식하고 해독하는 것이 대중문화 내에 있는 미학적 역량이다. 스테레오타입적인 생산물들은 의도에 반하여 개별적으로 수용될 수 있다. 물론 당연하게도 예컨대 〈댈러스Dallas〉나 〈우주순찰대Raumpatrouille〉같은 옛 텔레비전 시리즈들을 오늘날 컬트 시리즈로 만드는 자립적인 수용은 상업적 생산물의 수용에서의 자율성이나 자유에 대한 증거가 될 수 없다. 그러나 그러한 수용이 가능하긴 하다. 대중문화의 구조적인 다의성이 이를 허용한다. 이것은 해당 영역들에서 오랫동안 인식되어 왔다. 다의성은 더 이상 자생적으로 발생하지 않고 생산된다. 표현된 진술들과 잠재적인 의미 사이의 일시적인 일치가 계획된다. 여기서 다시금 제임슨이 언급되어야 하는데, 그는 문화산업에 대한 비판이론과 문화연구가 대변하는 대중문화 이론 사이의 근본적인 차이를 주장했다. 그는 후자 담론을 "새로운 의식 조종 이론"과 "포스트 모던적인 상품의 보편주의"[177]를 통해 수정할 시기가 왔다고 주장한다.

비록 이것[8]이 중요하다 하더라도, 나의 관점으로는 대중문화와 예술의 양가적인 관계로부터 비롯하는 대중문화의 생산적인 양상들은 부

---

8 홀을 반박하면서 대중문화가 새로운 의식 조작과 상품화로 귀결될 것이라는 제임슨의 견해를 말한다. 스튜어트 홀이 대중문화 내에서 의미의 전복이 일어날 가능성에 대해 언급하면서, 대중문화 자체는 사회의 고정관념과 이데올로기를 내포하고 있지만, 이것이 곧바로 대중의 의식을 결정하고 대중이 수동적으로 그러한 관념들을 받아들이는 것이 아니라 의미의 전복이 일어날 수 있음을 지적하면서, 이를 이해하기 위한 문화연구 작업을 좌파의 필수 과제로 제시하였다. 이에 반해 제임슨은 그러한 대중문화의 전복적 이해가 불가능한 것은 아니지만, 그것이 궁극적으로는 대중 의식에 대한 통제와 상품화를 넘어서지 못할 것이라는 점을 강조한다. 이 책의 저자인 슈베펜호이저는 아도르노를 직접적으로 계승하는 제임슨의 관점이 일리 있는 것으로 보면서도, 동시에 문화적 수용자로서 대중이 갖는 생산적인 해석 능력을 부정할 수 없다고 지적함으로써 아도르노 문화산업 비판에 대한 보완이 필요하다는 점을 시사하고 있다.

인될 수 없다. 미적 경험은 전문가에 의해 만들어지는 것이 아니다. 그것은 오늘날 자기 소통의 매체가 되었다. 개인들의 — 인간으로서의, 남성 또는 여성으로서의, 어떤 집단, 인종의 구성원으로서의, 사회적, 정치적 본질로서의 — 자기 정의는 언제나 또한 욕구의 표현, 미적 역량의 형성을 거쳐 진행된다. 이들의 도움을 통해 우리는 자신의 고유한, 내적인 본성에 대한 접근을 획득하며, 그러한 경험의 박탈에 관한, 즉 미적 역량이 어떻게 차단되거나 억압될 수 있는가에 관한 인식을 획득한다. 여기서 하나의 담론 형성에 대한 귀속을 촉진하는 차이를 표시하는 것 역시 대중적인 문화적 실천에 속한다. 상품 소비자이자 매체의 소비자로서 우리는 의식 없는 이데올로기의 희생양이 아니며[178], 자신의 관심과 매체, 재화로부터 제공된 것 사이에서 타협을 행한다. 미디어 권력[179]의 집결과 기호의 지배는 우리가 자율적으로 행위 하는 것을 점점 더 어렵게 만든다. 그럼에도 이러한 난점들을 극복하기 위한 방식의 형태들, 즉 고유한 의미의, 자기규정적인 해독 형태들은 억압될 수 없다. 1947년 아도르노와 호르크하이머가 『계몽의 변증법』을 작성하면서 확신한 것처럼, 대중문화의 비판이론은 "계속되어야 한다."[180]

오늘날에는 비판이론과 실천 모두가 아마도 아도르노의 시대보다도 더 봉쇄되어 있는 것처럼 보인다. 그러나 이를 체념과 비통함에 대한 단초로 받아들이는 사람은 아도르노를 오해하고 있는 것이다. 아도르노에 따르면 의식 조작과 강압적 통합으로부터 "현혹 연관"이 발생하지만, 그러한 현혹 연관이 분쇄되는 것을 영원히 저해할 운명이 정해져 있는 것은 아니다. "허위적인 것 속에 올바른 삶은 존재하지 않는다(GS 4, 43)"고 『미니마 모랄리아』는 말하고 있다. 그러나 이것이 의미하는 바는, 사회 전체의 삶이 허위라면 개별적으로는 올바른 삶이 존재할 수 없다는 것이다. 오로지 자율적인 사회적 실천만이 이에 맞설 수 있다. 아도르노는 해방적 실천이 오늘날 왜곡되고 차단되었으며, 그것은 따라서 연기될 수밖에 없다고 주장한다. 그러나 그러한 연기가 영원한 것은 아니다. 그의 교육학적 문헌들과 대담들에서 그는 교육의 목표로서 "올바른 의식의 형성", 즉 아우슈비츠의 반복에 저항할 능력을 갖춘 "자율적인, 성숙한 인간"[181]에 대한 관점을 망각하지 않기 위해 "주체로의 방향 전환"(GS 10.2, 676)을 옹호한다. 우리가 '해방된, 평화로운 그리고 연대적인 인간의 삶'에 대해 갖고 있는 표상의 모델에 따른, '위임받은 삶'에 대한 그의 도덕철학적 고찰들은 체념과 정면 대립한다. 그러나 아도르노는 이러한 취약하고 무기력한 삶의 개념에 관한 환상들을 만들어 내지 않았다. "사회 해방 없이 어떠한 해방도 없다"(GS 4, 195)고 그는 『미니마 모랄리아』에서 쓰고 있다. 그러나 이 '환상의 소멸'이 '희망의 상실'인 것은 아니다. 철학과 사회 이론이 "희망을 상실한 것의 구원"을 자신의 과제로 만드는 한 결코 그렇지 않다.

미주

1   Thomas Mann, *Die Entstehung des Doktor Faustus. Roman eines Romans, in:* ders.,
     Doktor Faustus/Die Entstehung des Doktor Faustus, Frankfurt/M. 1981, S. 708 f.—
     토마스 만은 여기서, 그리고 이후의 다른 언급들에서 이 위대한 저작에 아도르노가 미
     친 영향의 무게와 범위를 평가절하했다. 롤프 티데만은 몇년 전, 토마스 만이 아도르
     노가 로스앤젤레스에서 그에게 주었던 원고를 거의 문자 그대로 자신의 소설에 수용
     했다는 사실을 증명했다(Rolf Tiedemann, Mitdichtende Einfühlung. Adornos
     Beiträge zum "Doktor Faustus"—noch einmal, in: *Frankfurter Adorno Blätter I*, hg.
     vom Theodor W. Adorno Archiv, München 1992, S. 9ff.). 아마도 만은 아도르노의
     원래 원고를 이후에 없애 버린 것 같다. 그의 유고에서 이 원고들은 발견되지 않았다.
     그러나 프랑크푸르트의 아도르노 아카이브에는 이 음악가이자 철학자[아도르노]의
     유고에서 나온 이 텍스트들의 사본이 있다. 작가[토마스 만]는 이 텍스트들의 존재에
     관해 명백히 알지 못했다. 만이 『파우스트 박사』에 대한 아도르노의 공저자로서의 역
     할을 이후에 축소시켰다는 것이 그에게 상처를 주었음에도 불구하고, 아도르노는 만
     이나 그의 가족에 대해 결코 수정을 요구하지 않았다. 만이 어떻게 아도르노의 논문
     「베토벤의 후기 양식」과 『신음악의 철학』으로부터 영감을 얻었으며—명시적이지는
     않지만—이를 인용하게 되었는가 하는 것은 그간 출간된 아도르노와 만 사이의 서신
     교환으로부터 재구성될 수 있다. 게다가 여기서 추론할 수 있는 것은 호르크하이머와
     아도르노의 『계몽의 변증법』에서 제시된 휴머니즘의 신화로의 퇴조에 관한 이론이 어
     떻게 이 "마술사"의 손에서는, 음악적 현대성의 수준에서 베토벤 9번 교향곡을 '거부'
     한 작곡가 레버퀸의 모티브로 변화되었는가 하는 것이다. "토마스 만의 작품에 대입해
     보자면, 베토벤 9번 교향곡의 '거부'는 요셉[소설]에 대한 거부였다." (Marius Meller,
     Der traurige Teufel. Wie Thomas Mann den jungen Teddy Wiesengrund-Adorno für
     seinen "Doktor Faustus" einspannte, in: *Frankfurter Rundschau*, 6. Juli 2002, S.
     19.) 이후에 만이 드러낸 경직된 태도가 아도르노의 생애에 관한 그의 언급이 갖는 가
     치를 축소하는 것은 아니다. 게다가 이 언급들은 아도르노가 제출한 문헌들로 소급된
     다. 이 문헌들은 이후 발췌되어 주어캄프에서 발간된 아도르노 전집으로 출간되었다.

2   Theodor W. Adorno, Gesammelte Schriften, hrsg. von Rolf Tiedemann unter
     Mitwirkung von Gretel Adorno, Susan Buck-Morss u. Klaus Schultz, Frankfurt/M.
     1997 (이후에는 약어 "GS"와 전집 권수로 표기), Bd. 4, S. 217.

3   Detlev Claussen, Konformistische Identität. Zur Rolle der Sozialpsychologie in der
     Kritischen Theorie, in: *Soziologie im Spätkapitalismus. Zur Gesellschaftstheorie*

Theodor W. Adornos, hrsg. von Gerhard Schweppenhäuser, Darmstadt 1995, S. 27 ff. 참조.

4   Thomas Mann, *Die Entstehung des Doktor Faustus*, 앞의 책, S. 709.

5   Cristoph Türcke/Gerhard Bolte, *Einführung in die Kritische Theorie*, Darmstadt 1994; Alfred Schmidt, Die "Zeitschrift für Sozialforschung". Geschichte und gegenwärtige Bedeutung, in: ders., *Zur Idee der Kritischen Theorie. Elemente der Philosophie Marx Horkheimers*, Frankfurt/M./Berlin/Wien 1979, S. 36ff,; Gerhard Bolte, *Von Marx bis Horkheimer. Aspekte kritischer Theorie im 19. und 20. Jahrhundert*, Darmstadt 1995, Kapitel 4: Interdisziplinärer Materialismus. Zur Erklärung versäumter Revolutions, S. 64ff.

6   Thomas Mann, *Die Entstehung des Doktor Faustus*, 앞의 책, S. 709.

7   이에 관해서는 아도르노와 호르크하이머의 서신교환을 참조할 것. in: Max Horkheimer, Gesammelte Schriften, Bd. 15: Briefwechsel 1913-1936, u. Bd. 16: Briefwechsel 1937-1940, Frankfurt/M. 1995.

8   Thomas Mann, *Die Entstehung des Doktor Faustus*, 앞의 책, S. 709.

9   "진정한 휴머니즘"의 개념에 관해서는 알프레트 슈미트의 고전적 논문인 Alfred Schmidt, Adorno – ein Philosoph des realen Humanismus, in: ders., *Kritische Theorie, Humanismus, Aufklärung*, Stuttgart 1981, S. 27 ff. 참조.

10   Theodor W. Adorno, *Studien zum autoritären Charakter*, Frankfurt/M. 1980. 앞으로 약어 "AC"로 표기.

11   Oskar Negt, Der Soziologe Adorno, in: *Soziologie im Spätkapitalismus*, 앞의 책, S. 3ff.

12   Detlev Claussen, Nach Auschwitz. Ein Essay über die Aktualität Adornos, in: *Zivilisationsbruch. Denken nach Auschwitz*, hrsg. von Dan Diner, Frankfurt/M. 1988, S. 68.

13   양자는 모두 희랍어 단어 크리네인(kρíνειν)에서 파생되었다. 이 단어는 결정하다, 판단하다, 구분하다, 분리하다 등의 의미를 갖고 있다.

14   Ernst Cassirer, *Grundprobleme der Ästhetik*, Berlin 1989, S. 7.

15 Jürgen Habermas, *Strukturwandel der Öffentlichkeit*, Frankfurt/M. 1990, S. 92.

16 Herbert Schnädelbach, Vernunft, in: *Philosophie. Ein Grundkurs*, Bd. 1, hrsg. von H. Schnädelbach/E. Martens, Reinbek 2003, S. 92.

17 Jürgen Habermas, *Strukturwandel der Öffentlichkeit*, 앞의 책, S. 103.

18 같은 책, S. 116. 또한 Arnold Hauser, *Sozialgeschichte der Kunst und Literatur*, München 1978, S. 550ff.도 참조.

19 Immanuel Kant, *Beantwortung der Frage: Was ist Aufklärung*, A 481.

20 같은 책, A 484.

21 Karl Marx, Briefe aus den »Deutsch-Französischen Jahrbüchern«, in: ders./Friedrich Engels, *Werke* (MEW), Bd. 1, Berlin (DDR) 1956ff., S. 344.

22 Jürgen Habermas, *Strukturwandel der Öffentlichkeit*, 앞의 책, S. 203.

23 Christoph Türcke/Gerhard Bolte, *Einführung in die kritische Theorie*, 앞의 책, 1장 참조.

24 Max Horkheimer, Traditionelle und kritische Theorie, in: ders., Gesammelte Schriften, Bd. 4, Frankfurt/M. 1988, S. 216.

25 같은 책, S. 185.

26 『비판(Kritik)』이라는 텍스트는 1969년 5월 〈남독일 방송국(Süddeutschen Rundfunk)〉에서 방송되었고, 1969년 6월 『차이트』지에 수록되었다.

27 Bertolt Brecht, *Gesammelte Werke*, Bd. 9, Frankfurt/M. 1982, S. 722f.

28 Georg Wilhelm Friedrich Hegel, *Wissenschaft der Logik*, in: ders., Werke in zwanzig Bänden, Bd. 5, Frankfurt/M. 1969, S. 160f.

29 Ders., *Grundlinien der Philosophie des Rechts*, in: ders., Werke, Bd. 7, Frankfurt/M. 1970, S. 47.

30 Ders., *Phänomenologie des Geistes*, in: ders., Werke, Bd. 3, Frankfurt/M. 1970, S. 77.

31 Ludwig Feuerbach, Vorläufige Thesen zur Reform der Philosophie, in: ders., *Anthropologischer Materialismus. Ausgewählte Schriften I*, Frankfurt/M. 1967, S. 83.

32 보편자 논쟁에 관해서는 Günther Mensching, *Das Allgemeine und das Besondere*, Stuttgart 1992 참조.

33 *Karl Marx, Kritik des Hegelschen Staatsrechts*, in: MEW, Bd. 1, S. 216f.

34 Ders., *Zur Kritik der politischen Ökonomie*, in: MEW, Bd. 13, S. 9.

35 Georg Wilhelm Friedrich Hegel, *Phänomenologie des Geistes*, 앞의 책, S. 24.

36 Karl Marx, *Zur Kritik der Hegelschen Rechtsphilosophie. Einleitung*, in: MEW, Bd. 1, S. 385.

37 Max Horkheimer, *Traditionelle und kritische Theorie*, 앞의 책, S. 162ff. 참조.

38 Karl Marx, *Zur Kritik der Hegelschen Rechtsphilosophie*, 앞의 책, S. 384.

39 Siegfried Kracauer, *Das Ornament der Masse*, Frankfurt/M. 1977, S. 55. 크라카우어에 관해서는 Gertrud Koch, *Kracauer zur Einführung*, Hamburg 1996, S. 39ff. 참조.

40 Siegfried Kracauer, *Das Ornament der Masse*, 앞의 책, S. 54.

41 같은 책 S.56f 게오르크 루카치는 『역사와 계급의식(*Geschichte und Klassenbewußtsein*)』에서 자본주의적 합리화의 자기 모순적 성격을 처음으로 개념화하였다. 이 저작의 비판적-철학적 맑스 해석은 비판이론에 중요한 의미를 갖는다. "이러한 남김 없는 것처럼 보이는, 인간의 가장 심층적인 물리적이고 심리적인 존재에 도달하는 세계의 합리화는 자기 자신의 형식적 성격에서 그 한계를 발견한다. 즉, 삶의 고립된 요소들의 합리화, 그로부터 발생하는—형식적—법칙성은 직접적으로, 그리고 표면적으로 보기에 일반적인 '법칙'의 통일적 체계 속으로 순응한다. 그러나 법칙의 질료들에서 구체적인 것의 경시는 법칙성의 토대가 되긴 하지만, 법칙 체계의 실질적인 불일치 속에서, 부분 체계들의 상호 연관성의 우연 속에서, 그리고 이 부분 체계들이 서로에 대해 갖고

있는—상대적으로—커다란 자립성 속에서 나타난다."(Georg Lukács, Die Verdinglichung und das Bewußtsein des Proletariats, in: ders., *Geschichte und Klassenbewußtsein. Studien über marxistische Dialektik*, Berlin 1923, S. 112.)

42 푸리오 세루티(Furio Cerutti)는 "헤겔 맑스주의, 서구 맑스주의"라는 관습적인, "흔한 표제어"의 자리를 대신해, "이 저자들[루카치와 코르쉬]의 저작에서는 단순한 철학적인, 즉 맑스주의의 헤겔주의화하는 차원이 중요한 것이 아니라, 헤겔로의 소급이 맑스 이론의 혁명적인, 실천적-비판적 내용의 재발견과 결합된다는 점을 표시"하기 위해 이 개념을 사용하였다. (Furio Cerutti, Hegel, Lukács, Korsch. Zum dialektischen Selbstverständnis des kritischen Marxismus, in: *Aktualität und Folgen der Philosophie Hegels*, hrsg. von Oskar Negt, Frankfurt/M. 1970, S. 195 ff.)

43 Siegfried Kracauer, *Das Ornament der Masse*, 앞의 책, S. 60.

44 Walter Benjamin, Einbahnstraße, in: ders., Gesammelte Schriften, hrsg. v. Rolf Tiedemann u. Hermann Schweppenhäuser, Bd. IV.I, Frank furt/M. 1980, S. 116.

45 Walter Benjamin, Über den Begriff der Geschichte, in: ders., Gesammelte Schriften, Bd. I. 2, Frankfurt/M. 1980, S. 697 f.

46 같은 책, S. 701.

47 같은 곳.

48 같은 책, S. 697.

49 Max Horkheimer/Theodor W. Adorno, *Dialektik der Aufklärung*, in: Max Horkheimer, Gesammelte Schriften, hrsg. von Alfred Schmidt u. Gunzelin Schmid Noerr, Bd. 5, Frankfurt/M. 1987, S. 114, 각주. 1944년에 나온 이 책의 최초 버전에서 저자들은 맑스의 이론을 지향하는 용어들을 사용하였다. 이후 판본에서 이 단어들은 "더 중립적인" 개념들로 대체되었다. 여기서 인용된 "자본의 합리성"이라는 정식은 최초 판본에서 "오래 전부터 비합리적으로 되어 온 경제체제의 전면적 합리성"(GS 3, 111)이라는 말을 설명하는 덧붙임 말이었다. 빌렘 판 레이옌(Willem van Reijen)과 얀 브란센(Jan Bransen)은 그들의 돋보이는 논평「『계몽의 변증법』에서 계급 서사의 소멸(Das Verschwinden der Klassengeschichte in der ›Dialektik der Aufklärung‹)」에서 1947년의『계몽의 변증법』2판과 1944년 초판 사이의 텍스트 변경을 분석했다. 이 글은 호르크하이머 전집에 수록된『계몽의 변증법』부록에 실려 있다. (Max Horkheimer, Gesammelte Schriften, Bd. 5, S. 453ff. 참조)

50 Irving Wohlfarth, Das Unerhörte hören. Zum Gesang der Sirenen, in: *Jenseits instrumenteller Vernunft. Kritische Studien zur Dialektik der Aufklärung*, hrsg. v. Manfred Gangl u. Gérard Raulet, Frank furt/M. 1998, S. 225-274 참조.

51 Detlev Claussen, *Grenzen der Aufklärung. Zur gesellschaftlichen Geschichte des modernen Antisemitismus*, Frankfurt/M. 1987, S. 17.

52 Christoph Türcke/Gerhard Bolte, *Einführung in die kritische Theorie*, 앞의 책 S. 63.

53 같은 책, S. 63f. 이 책의 저자들은 "필연성"이라는 애매한 개념이 숙명론적인 역사철학과 역사적 연속체로부터의 탈출에 관한 유물론적인 이론 사이에서 계몽의 변증법적 비판을 변화시켰다고 주장한다. "호르크하이머와 아도르노는 [……] 형식 논리학의 엄밀함으로 '정화된' 필연성이 단지 신화적 운명의 또 다른 방식일 뿐이라고 주장하는가 아니면 이 운명과 다른 어떤 것이라고 주장하는가? 그들의 전체 개념 구상에 대한 해석은 여기에 달려 있다. 그들은 계몽을 헤겔의 세계정신과 마찬가지로 저항할 수 없는 필연성을 통해 역사를 관장하는 운동법칙으로 이해한다고 볼 수 있다. 다만 여기서 진보란 헤겔이 생각했던 직선적인 '자유 의식에서의 진보'가 아닐 따름이다. 그것은 오히려 자신의 대립물과 혼합된, 모든 앞을 향한 걸음이 동시에 뒷걸음이기도 한 진보를 말한다. 즉, 그 진보가 빠져나오려고 했던 것으로 자꾸만 빠져드는 그러한 진보인 것이다. 또는 그들은 이러한 운동법칙을 인간에 의해 만들어진, 인간이 자연 과정과 결합되어 성장하는 운명으로 고찰한다고도 볼 수 있다. 이 운명을 분쇄하려면 그것은 서술되고 개념화되어야 한다. 『계몽의 변증법』이 그 전체 방향 속에서 후자를 의도한 것이라는 사실에는 의심의 여지가 없다."(같은 책, 61f.))

54 여기서 호르크하이머와 아도르노는 냉전시대의 위험스러웠던, 그리고 오늘날 여전히 유행 중인 근본적으로 완전히 다른 체계들의 동일시로부터 거리를 취하고 있다. 데틀레프 클라우센은 "비판이론과 전체주의론의 차이에서 나타나는 농담은 바로 자본주의 사회와 그 시민-민주주의 전통의 전체주의적 소멸 사이의 역사적-사회적인 연결에서 기인한다"고 논하면서 다음과 같이 지적한다. "사람들은 비판이론을 무작정 전체주의론과 동일시하면서 비판이론의 인식 가능성을 왜곡한다. 이러한 배경에서 파시즘 이후 서독에서 자유민주주의의 실현은 하나의 복고였으나, 전쟁 이전의 시민사회와의 연결 가능성을 차단한 상태였다."(Detlev Claussen, *Grenzen der Aufklärung*, 앞의 책, S. 45.)

55 Walter Benjamin, Über den Begriff der Geschichte, 앞의 책, S. 693 참조.

56 Walter Benjamin, Gesammelte Schriften, Bd. I.3, 앞의 책, S. 1235.

57 같은 곳.

58 Rolf Tiedemann, Begriff Bild Name, in: *Hamburger Adorno-Symposion*, hrsg. von M. Löbig/G. Schweppenhäuser, Lüneburg 1984, S. 78; 또한 GS 10.2, 617ff. 역시 참조.

59 Theodor W. Adorno an Max Horkheimer, Brief vom 25.2.1935, in: Max Horkheimer, Gesammelte Schriften, Bd. 15, 앞의 책, S. 328.

60 클라우디아 라데마허(Claudia Rademacher)는 이러한 완고한 독해 방식과 논쟁을 벌였다. Claudia Rademacher, *Versöhnung oder Verständigung?*, Lüneburg 1993 참조.

61 Aristoteles, *Metaphysik*, 1005 b.

62 이에 대한 비판으로는 Gérard Raulet, Zur Dialektik der Postmoderne, in: *Postmoderne. Zeichen eines kulturellen Wandels*, hrsg. von Andreas Huyssen/Klaus Scherpe, Reinbek 1986, S. 128ff. 참조.

63 Friedrich Nietzsche, Götzen-Dämmerung, in: ders., *Sämtliche Werke. Kritische Studienausgabe in 15 Bänden*, Bd. 6, München 1980, S. 77f.

64 Immanuel Kant, *Kritik der reinen Vernunft*, B 131ff.

65 Theodor W. Adorno, *Philosophische Terminologie*, Bd.2, Frankfurt/M. 1974, S. 166. 이후에는 약어 "PhT" 사용.

66 아도르노는 정신노동과 육체노동의 관계에 관한 그의 유물론적 고찰들 속에서 알프레트 존-레텔(Alfred Sohn-Rethel)의 모티브들의 영향을 받았다. 이에 관해서는 Theodor W. Adorno/Alfred Sohn-Rethel, *Briefwechsel 1936-1969*, hrsg. von Christoph Gödde, München 1991 참조.

67 보편적 도덕철학에 대한 로티의 추상적 부정에 관해서는 내 책에서 가해지고 있는 비판을 참고하라. *Die Antinomie des Universalismus. Zum moralphilosophischen Diskurs der Moderne*, Würzburg 2005, S. 154-175.

68 Karl-Heinz Haag, *Der Fortschritt in der Philosophie*, Frankfurt/M. 1983, S. 12.

69 Anke Thyen, »Metaphysikkritik und Ethik bei Theodor W. Adorno und Emmanuel Lévinas«, in: G. Schweppenhäuser u. M. Wischke, *Impuls und Negativität. Ethik*

und Ästhetik bei Adorno, Hamburg 1995, S. 136-151, sowie Haag, a.a.O., Kapitel IV, S. 67 ff.

70   Karl-Heinz Haag, *Der Fortschritt in der Philosophie*, 앞의 책, S. 67ff. 그리고 S. 160ff 참조.

71   Max Horkheimer, *Zur Kritik der instrumentellen Vernunft*, Frankfurt/M. 1985, S. 17.

72   실체(Hypostasis)란 "그 자체 생성된 것, 발생한 것 혹은 [······] 정립된 것인 하나의 개념이 마치 즉자존재(Ansichseiendes)인 것처럼 다뤄지는"(PhT, 281) 관념론 철학의 오류로 이해될 수 있다.

73   이에 관해서는 Gérard Raulet, Chockerlebnis, mémoire involontaire und Allegorie. Zu Benjamins Revision seiner Massenästhetik in Über einige Motive bei Baudelaire, in: *Zeitschrift für kritische Theorie*, Heft 2, 1996, S. 5ff.; 그리고 Sven Kramer, *Rätselfragen und wolkige Stellen. Zu Benjamins Kafka-Essay*, Lüneburg 1991, 특히 Exkurs: Adornos Begriff der Konstellation, S. 120ff. 참조.

74   Umberto Eco, *Die Suche nach der vollkommenen Sprache*, München 1994 참조.

75   이러한 고찰들은 항상 아도르노에게 중요한 출발점이었던 벤야민 언어이론과의―부분적으로는 명료한, 부분적으로는 불명료한―대결이라는 맥락에 포함된다. 벤야민의 언어이론과 그의 기호 이론적 언어관 비판에 대해서는 Irving Wohlfarth, Die Willkür der Zeichen, in: *Perspektiven kritischer Theorie*, hrsg. von Christoph Türcke, Lüneburg 1988, S. 124ff.; Hermann Schweppenhäuser, Name · Logos · Ausdruck. Elemente der Benjaminschen Sprachtheorie, in: ders., *Ein Physiognom der Dinge. Aspekte des Benjaminschen Denkens*, Lüneburg 1992, S. 66ff. 참조.

76   Alexander Gottlob Baumgarten, *Aesthetica*, 2 Bde., Hildesheim 1961. Ästhetik wird dort bestimmt als sinnliche Erkenntnis 참조.

77   Jürgen Habermas, *Theorie des kommunikativen Handelns*, Bd. 1, Frankfurt/M. 1981, S. 514.

78   Rüdiger Bubner, Kann Theorie ästhetisch werden? Zum Hauptmotiv der Philosophie Adornos, in: *Materialien zur ästhetischen Theorie Theodor W. Adornos. Konstruktion der Moderne*, hrsg. von Burkhardt Lindner/W. Martin Lüdke,

Frankfurt/M. 1980, S. 109.

79 아도르노의 사회 개념에 대해서는 Stefan Müller-Doohm, *Die Soziologie Theodor W. Adornos. Eine Einführung*, Frankfurt/M. / New York 1996 참조.

80 Marx, *Das Kapital*, Bde. 1 u. 3, in: MEW, Bde. 23-25.

81 이에 관해서는 Stefan Müller-Doohm, *Die Soziologie Theodor W. Adornos*, 앞의 책, S. 177ff. 참조.

82 Karl Marx, *Das Kapital*, Bd. 1, 앞의 책, S. 169.

83 물론 『미학 이론』의 다른 구절에서 아도르노는 이러한 언급이 부정확하다고 비판하기도 했다. "모든 역사는 계급투쟁의 역사라는 맑스 테제의 취약성에 못지않은 것으로 셰익스피어를 제시할 수 있다. [······] 계급투쟁은 객관적으로 사회적 통합과 분화의 높은 수준을 전제하며, 주관적으로는 부르주아 사회에서 비로소 미약하나마 발전하였던 계급의식을 전제한다. [······] 사회적 적대는 매우 오래된 것이다. 사회적 적대는 이전에는 부르주아 사회에 친화적인 시장경제가 형성된 곳에서 드물게만 계급투쟁으로 되었다. 따라서 모든 역사적인 것이 계급투쟁이라는 해석은 경미하게 시대착오적인 분위기를 지니고 있다. 왜냐하면 맑스가 구성하고 추론한 모델 전체는 자유주의적인 기업가 자본주의 모델이었기 때문이다."(GS 7, 378)

84 René König, Artikel »Gesellschaft«, in: ders. (Hg.), *Soziologie*, Frankfurt/M. 1958, S. 101.

85 Theodor W. Adorno u.a., *Der Positivismusstreit in der deutschen Soziologie*, Neuwied/Berlin 1969 참조.

86 Ernst Bloch, *Das Prinzip Hoffnung*, Frankfurt/M. 1985, Kapitel 36, S. 547ff. 참조.

87 Institut für Sozialforschung, *Soziologische Exkurse, Kapitel III: Individuum*, Frankfurt/M. 1956, S. 46. 헤겔을 겨냥한 비판이론적인 개인의 역사철학에 관해서는 호르크하이머의 『도구적 이성 비판(*Kritik der instrumentellen Vernunft*)』에 등장하는 "개인주의의 성장과 후퇴(Aufstieg und Niedergang des Individuums)"에서 전개된다. Zur Kritik der instrumentellen Vernunft, a.a.O., S. 124ff. 참조.

88 Institut für Sozialforschung, *Soziologische Exkurse*, 앞의 책, S. 42.

89 같은 책, S. 89.

90 이에 관해서는Gerhard Schweppenhäuser, *Ethik nach Auschwitz, Adornos negative Moralphilosophie*, Wiesbaden 2016, S. 168-172; Christoph Türcke/Gerhard Bolte, *Einführung in die kritische Theorie*, 앞의 책, S. 45ff.; Rolf Johannes, Das ausgesparte Zentrum. Adornos Verhältnis zur Ökonomie, in: *Soziologie im Spätkapitalismus*, hrsg. von Gerhard Schweppenhäuser, 앞의 책, S. 51ff. 참조.

91 Institut für Sozialforschung, *Soziologische Exkurse*, 앞의 책, S. 48.

92 Hans-Martin Lohmann, *Freud zur Einführung*, Hamburg 1987, S. 11.

93 Thomas Mann, Freud und die Zukunft, in: ders., *Gesammelte Werke*, Bd. IX, Frankfurt/M. 1990, S. 500 참조.

94 Hans-Martin Lohmann, *Freud zur Einführung*, 같은 책, S. 13.

95 여기에 대한 사례는 다음과 같다. 아도르노는 프로이트가 "부르주아 이데올로기에 대항하여 유물론적으로, 의식된 행위를 그것의 무의식적 충동의 토대로 내려가 추적하였지만, 그러나 동시에 바로 프로이트 자신이 해체하였던 저 합리화의 산물인 충동에 대한 부르주아적 경멸에 동조하기도 했다."(GS 4, 65) 아도르노가 프로이트가 충동을 경멸했다는 비난을 가하는 것은 프로이트가 근본적으로 이기적인 성적 목표에 비해 사회적인 목표를 더 고차적인 것으로 평가했다고 고백했다는 것에서 비롯한다. [그러나] 이것으로부터 정신분석학 속에서 충동에 대한 체계적인 경멸을 추론해 내는 것은 설득적이지 않다. 이 주제에 관해서는 Hans-Ernst Schiller, Die Schule der Selbstreflexion: Adorno und Freud, in: ders., *Freud-Kritik von links. Bloch, Fromm, Adorno, Horkheimer, Marcuse*, Springe 2017, S. 214-270, 그리고 Jan Sieber, »Der Schatten des wildesten Interesses«. Sublimierung und Begehren in Adornos Ästhetischer Theorie, in: *Zeitschrift für kritische Theorie*, Heft 44/45, 2017 참조.

96 이에 관해서는 Detlev Claussen, *Grenzen der Aufklärung*, 앞의 책 참조.

97 Michel Foucault, *Überwachen und Strafen. Die Geburt des Gefängnisses*, Frankfurt/M. 1991.

98 알렉산더 미철리히(Alexander Mitscherlich)는 이러한 한탄을 다음과 같이 풍자했다. "정치적인 거대 집회, 격투장은 마지막 자리까지 꽉 들어차다. 인간과 얼굴들로 이뤄진 양탄자가 계단식 좌석들 속에 깔려 있다. 연사는 한껏 고무되어 있다. 그는 이렇게

말한다. '대중화는 모두의 책임이다.' 우레와 같은 갈채."(Alexander Mitscherlich, Massenpsychologie ohne Ressentiment, Institut für Sozialforschung, *Soziologische Exkurse*, 앞의 책, Kapitel V: Masse, S. 70에서 인용.)

99 데틀레브 클라우센은 다음과 같이 확신한다. "개인의 소멸 테제는 하나의 사회적 경향을 역사적으로 완결된 결과로 파악할 위험에 처해 있다. 정확하게 시점과 힘의 짜임 관계가 규정되지 않으면, 객관적 요소들의 우위는 결정론으로 전도된다." (Detlev Claussen, *Unterm Konformitätszwang. Zum Verhältnis von kritischer Theorie und Psychoanalyse*, Bremen 1988, S. 24.)

100 Ernst Bloch, *Geist der Utopie*, Frankfurt/M. 1971, S. 21 f., 그리고 *Das Prinzip Hoffnung*의 38장 III부 Frankfurt/M. 1985, S. 858 ff. 참조.

101 Theodor W. Adorno, Probleme der Moralphilosophie. Vorlesung an der Johann-Wolfgang-Goethe-Universität Frankfurt am Main, Wintersemester 1956/57 (프랑크푸르트 시 Theodor W. Adorno Archiv에 있는 마르가레테 아도르노의 속기에 따른 타자 원고) 1956년 11월 29일자 강의, Gerhard Schweppenhäuser, *Ethik nach Auschwitz. Adornos negative Moralphilosophie*, Wiesbaden 2016, S. 208에서 인용. 이후 본문에서의 인용은 약어 PM 1와 페이지 수로 표기한다.

102 Theodor W. Adorno, Probleme der Moralphilosophie (1963), hg. v. T. Schröter, in: *Adorno, Nachgelassene Schriften*, Abt. IV, Bd. 10, Frankfurt/M. 1996, S. 262(1963년 7월 25일자 강의). 이 책으로부터의 인용은 앞으로 약어 PM 2로 표기한다.

103 Immanuel Kant, Über Pädagogik, A 32, in: *Kant, Werke in sechs Bänden*, hg. v. W. Weischedel, Bd. VI, Darmstadt 1983, S. 711.

104 호르크하이머는 그의 후기 저작들에서 "완전히 다른 것"이라는 암호를 부정신학의 맥락 속에 도입했다. Max Horkheimer, Die Sehnsucht nach dem ganz Anderen, in: ders., Gesammelte Schriften, Bd. 7, Frankfurt/M. 1985, S. 385ff.

105 Iring Fetscher, Zur kritischen Theorie der Sozialwissenschaften in Adornos »Minima Moralia«, in: Axel Honneth/Albrecht Wellmer (Hg.), *Die Frankfurter Schule und die Folgen*, Berlin/New York, 1986, S. 226.

106 '무언가 빠졌다…… 유토피아적 갈망의 모순에 관하여'(테오도르 W. 아도르노와의 방송 대담, 대화 상대: 호르스트 크뤼거, 1964), in: Ernst Bloch, *Tendenz-Latenz-Utopie, Werkausgabe, Ergänzungsband*, Frankfurt/M. 1985, S. 362.

107 Karl Marx, *Das Kapital*, Bd. 1, 앞의 책, S. 85.

108 Kurt Lenk, Problemgeschichtliche Einleitung, in: ders. (Hg.), *Ideologie. Ideologiekritik und Wissenssoziologie*, Frankfurt/M./New York 1984, S. 27.

109 Georg Lukács, Die Verdinglichung und das Bewußtsein des Proletariats, in: ders., *Geschichte und Klassenbewußtsein*, 앞의 책, S. 94. 또한 Karl Korsch, *Marxismus und Philosophie*, Frankfurt/M. 1975 참조. 코르쉬와 루카치가 비판이론에 대해 갖는 의미에 대해서는 Furio Cerutti, *Hegel, Lukács, Korsch*, 앞의 책, 그리고 Michael Buckmiller, Die »Marxistische Arbeitswoche« 1923 und die Gründung des »Instituts für Sozialforschung«, in: *Willem van Reijen/Gunzelin Schmid Noerr* (Hg.), Grand Hotel Abgrund, Hamburg 1988, S. 141ff. 참조.

110 루카치는 "인간의 총체적인 인격성과 분리된 성취의 상품화는 오로지 프롤레타리아 트에게서만 혁명적 계급의식으로 발전한다"는 그의 관점을 다음과 같은 주장을 통해 정당화한다. 즉, 프롤레타리아는 외적으로는 완전히 상품으로 되더라도, 주관적으로 는 이에 저항할 수 있는 반면, 부르주아화된 피고용인들은 그들에게 외관상의 안전과 안정성이 보장되기 때문에 내적, 정신적으로 계급사회의 구조 속에 통합된다. "노동자 의 현존재 내에 있는 순수하게 추상적인 부정성은 객관적으로 가장 전형적인 사물화 의 현상 형태, 즉 자본주의적 사회화의 구조적 이상형일 뿐만 아니라—바로 이 때문 에—주관적으로는, 이 구조가 의식으로 고양되고 이러한 방식으로 실천적으로 분쇄 될 수 있는 지점이다."(Georg Lukács, Die Verdinglichung und das Bewußtsein des Proletariats, 앞의 책, S. 188f.)

111 Gernot Böhme, Die Natur im Zeitalter ihrer technischen Reproduzierbarkeit, in: ders., *Natürlich Natur. Über Natur im Zeitalter ihrer technischen Reproduzierbarkeit*, Frankfurt/M. 1992, S. 110.

112 Gernot Böhme, *Für eine ökologische Naturästhetik*, Frankfurt/M. 1989 참조.

113 Ulrich Beck, *Risikogesellschaft. Auf dem Weg in eine andere Moderne*, Frankfurt/M. 1986; Gerhard Schulze, *Erlebnisgesellschaft. Kultursoziologie der Gegenwart*, Frankfurt/M. 1992; Christoph Türcke, *Erregte Gesellschaft. Philosophie der Sensation*, München 2002 참조.

114 Guy de Maupassant, Auf dem Wasser, in: ders., *Die kleine Roque und andere Erzählungen*, Zürich 1983, S. 40.

115 같은 책, S. 42.

116 아도르노가 『오디세이아』의 12장과 마찬가지로 노를 젓는다는 은유가 결정적으로 등
장하는 문학 작품을 토대로 진보의 변증법에 대한 그의 해석을 전개하는 것은 우연이
아니다. 호르크하이머와 아도르노가 『계몽의 변증법』에서 말하듯, 호머에게서 오디세
우스의 지략은 그가 자신의 몸을 배의 돛대에 묶도록 하지만 그의 부하들의 귀는 밀랍
으로 막아 버려, 그가 유혹적인 세이렌의 노래를 향유할 수 있도록 해준다. 여기서 "신
화, 지배 그리고 노동의 착종"(GS 3, 49)이 일어난다. 오디세우스는 비록 가상적-관조
적일지언정, 세이렌의 노래가 예고하는 자아의 분열이라는 유혹의 쾌락에 참여하면
서, 그러나 동시에 자신을 위해 타인에게 노동을 시키는 최초의 부르주아로서 자기 상
실의 위험에서 벗어난다. 호르크하이머와 아도르노는 니체의 영향 속에 이렇게 서술
한다. "자아, 즉 인간의 동일한, 목적 지향적인, 남성적인 성격이 창조되고 그중 어떤
것이 유년기에 반복될 때까지, 인간에게는 두려움이 가해진다. 자아를 통일시키려는
노력은 모든 단계에서 자아에 달라붙으며, 항상 자아의 상실이라는 유혹은 자기보존
을 위한 맹목적인 결단과 짝을 이룬다."(GS 3, 50) 진보의 역사철학적 변증법은 아도
르노의 중요한 논문들 중 하나의 대상이 된다. GS 10.2, 617ff. 참조.

117 Walter Benjamin, *Einbahnstraße*, 앞의 책, S. 147.

118 같은 책, S. 148.

119 Georg Wilhelm Friedrich Hegel, *Wissenschaft der Logik*, in: ders., Werke in
zwanzig Bänden, Bd. 5, Frankfurt/M. 1970, S. 82. 아도르노와 헤겔의 관계에 대해
서는 Hermann Schweppenhäuser, Spekulative und negative Dialektik, in: ders.,
Vergegenwärtigungen zur Unzeit?, Lüneburg 1986, S. 163ff. 참조.

120 같은 곳.

121 같은 책, S. 83.

122 Immanuel Kant, *Zum ewigen Frieden. Ein philosophischer Entwurf*, BA 39.

123 같은 책, BA 5.

124 '무언가 빠졌다…… 유토피아적 갈망의 모순에 관하여', 앞의 책, S. 362ff.

125 Immanuel Kant, *Kritik der Urteilskraft*, B 32.

126 같은 책, B 68.

127 일부 포스트 모던 미학자들의 "반(反)독단론"에 숨겨진 독단주의에 대해서는 Moderne—Postmoderne. Eine Diskussion zwischen Heinrich Klotz, Burghart Schmidt und Karin Wilhelm, in: Monika Wagner (Hg.), *Moderne Kunst*, Bd. 2, Reinbek 1992, S. 649ff에 있는 부르크하르트 슈미트(Burghart Schmidt)의 비판을 참조.

128 이에 관해서는 다음 장에서 자세히 다루겠다.

129 Platon, *Theaitetos* 참조.

130 Alexander Gottlieb Baumgarten, *Aesthetica*, 앞의 책 참조. 바움가르텐에게서 미학은 "인간의 낮은 인식 능력, 즉 감각성을 완성하기 위한 강령이 된다. 그에게서 미학은 합리적 인식 능력이라는 학문 분과로서의 논리학에 대립하며, 이후의 칸트에게서와 달리 오직 봉사적인 역할만을 수행하면서 객관적 인식에 참여하는 것이 아니다."(Gernot Böhme, Eine ästhetische Theorie der Natur, in: ders., *Natürlich Natur*, 앞의 책, S. 126.)

131 Georg Wilhelm Friedrich Hegel, *Vorlesungen über die Ästhetik*, in: ders., Werke, Bd. 13, 앞의 책, S. 21.

132 같은 책, S. 17.

133 Charles Baudelaire, Der Maler des modernen Lebens, in: ders., *Sämtliche Werke*, Bd. 5, München/Wien 1989, S. 213ff.

134 Immanuel Kant, *Kritik der Urteilskraft*, B 185.

135 같은 책, B 16.

136 같은 책, B 61.

137 Peter Bürger, *Theorie der Avantgarde*, Frankfurt/M. 1982 참조.

138 "내용"이라는 범주와 달리 "소재"는 아도르노에게서 "예술가들이 처리하는" 모든 것, 즉 "각각의 발전된 처리 방식에 이르기까지 모든 종류의 결합을 추구하는 어휘, 색, 음으로부터 전체적으로 그 예술가들에게 모습을 드러내는 것이다. 그런 한에서 형식은 또한 소재일 수 있다. 즉, 형식은 형식에 대립하는 모든 것, 그에 관해 결단을 내려야

할 것이기도 하다.(GS 7, 222)

139 Thomas Mann, *Doktor Faustus*, 앞의 책, S. 255ff.

140 Immanuel Kant, *Kritik der Urteilskraft*, B 61.

141 GS 14, 181f. 참조. "전문가는 [······] 전적으로 적절한 청각을 통해 정의될 수 있을 것이다. 그는 어떤 것도 놓치지 않고, 동시에 매 순간 들은 내용에 대해 설명할 수 있는 완전히 의식적인 청자일 것이다. [······] 복잡한 음악의 흐름을 자발적으로 쫓아가면서 그는 연속성, 즉 과거, 현재, 미래의 순간들을 함께 듣는다. 그리하여 의미 연관이 이로부터 결정화된다. 그는 동시적인 것의 얽힘, 즉 복잡한 화성과 다성음 역시 본능적으로 파악해 낸다. 완전히 적절한 행동양식은 구조적인 청각으로 고찰되어야 할 것이다."

142 Rolf Wiggershaus, *Die Frankfurter Schule*, München 1988, S. 566ff.

143 프루스트에게서 "시간은 더는 소멸과 파괴의 원칙이 아니며, 더는 그 속에서 이념과 이상이 그 가치를, 삶과 정신이 그 실체를 상실하는 요소가 아니다. 시간은 오히려 우리가 우리의 정신적 존재를, 우리의 살아 있는, 죽은 질료와 완고한 기계에 대립하는 본질을 소유하고 의식하는 형식이다. 우리는 시간 속에서뿐만 아니라 시간을 통해서도 우리 자신일 수 있다. 우리는 우리 삶의 개별 순간들의 총합일 뿐만 아니라, 각각의 새로운 순간을 통해 이 순간들을 획득하는 관점들의 귀결이기도 하다. 우리는 지나간 그리고 '잃어버린' 시간을 통해 더 빈곤해지는 것이 아니다. 시간은 내용과 더불어 비로소 우리의 삶을 실현한다. 프루스트 소설은 베르그송 철학의 옹호다. 여기서 베르그송의 시간 개념은 비로소 타당성을 얻는다. 현존재는 우리의 과거의 귀결인 현재의 관점에서 비로소 생명, 운동, 색채, 관념적 투명성 그리고 영혼의 내용을 획득한다. 기억 이외에, 지나간, 상실한 시간의 각성, 활력, 장악 이외에 어떤 행복도 존재하지 않는다."(Arnold Hauser, *Sozialgeschichte der Kunst und Literatur*, 앞의 책, S. 990.)

144 Kurt Lenk, Adornos »negative Utopie«. Gesellschaftstheorie und Ästhetik, in: Gerhard Schweppenhäuser (Hg.), *Soziologie im Spätkapitalismus*, 앞의 책, S. 141.

145 이러한 주제에 관해서는 다음 장에서 다뤄질 것이다.

146 Jacob Burckhardt, *Weltgeschichtliche Betrachtungen*, 발행지와 발행연도 생략, S. 86.

147 Amy Gutmann, Das Problem des Multikulturalismus in der politischen Ethik, in: *Deutsche Zeitschrift für Philosophie*, 43. Jg., 1995, Heft 2, S. 273ff. 참조.

148 Jacob Burckhardt, *Weltgeschichtliche Betrachtungen*, 앞의 책, S. 213.

149 Herbert Schnädelbach, Plädoyer für eine kritische Kulturphilosophie, in: *Kulturphilosophie*, hrsg. von Ralf Konersmann, Leipzig 1996, S. 310.

150 예를 들어, Volker Hage in: *Der Spiegel*, Nr. 47, 20.11.1995.

151 Detlev Claussen, Nach Auschwitz kein Gedicht?, in: *Impuls und Negativität. Ethik und Ästhetik bei Adorno*, hrsg. von Gerhard Schweppenhäuser/Mirko Wischke, 앞의 책, S. 44ff. 그리고 PeterStein,»Darum mag falsch gewesen sein, nach Auschwitz ließe kein Gedicht mehr sich schreiben.« Widerruf eines Verdikts?, in: Weimarer Beiträge, 42. Jg., Heft 4, 1996 참조.

152 스벤 크라머는 아도르노가 여기저기 사용하는 "야만"이라는 표현이 함축하는 문제를 에 주목한다(Sven Kramer,»Wahr sind die Sätze als Impuls...«. Begriffsarbeit und sprachliche Darstellung in Adornos Reflexion auf Auschwitz, in: *Deutsche Vierteljahresschrift für Literaturwissenschaft und Geistesgeschichte*, 70. Jg., Heft 3, 1996, S. 501-523 참조). 야만 개념은 그것이 역사적으로 발생하고 기여했던 해소될 수 없는 인종적이고 사회적인 억압을 담고 있다. 아도르노는 문화의 타자이지만 단지 타자일 뿐인 것도 아닌 대상을 지시하기 위해 이 개념을 항상 일상어의 의미로 사용한 다. 여기서 용어상의 구분에 대한 필요가 제기될 수 있고 의미에 관한 토론 속에서 이 전통 개념을 회피할 수도 있을 것이다. 아도르노가 그럼에도 불구하고 문화를 아마도 또는 실제로 전혀 이해하지 못하는 사람들에 대한 교양 있는 부르주아의 오만을 공유 하는 것과는 거리가 멀었다는 사실은 오페라 이피게니아(Iphigenie)에 관한 논문에서 그가 이 주제를 다룰 때 분명히 드러난다.(GS 11, 495ff. 참조)

153 Max Frisch, Kultur als Alibi, in: ders., *Gesammelte Werke in zeitlicher Folge*, hrsg. von H. Mayer, Bd. II.1, Frankfurt/M. 1976, S. 337ff.

154 하인츠 페촐트는 아도르노의 변증법적 문화 비판이 에른스트 카시러와 게오르크 짐 멜의 문화철학과의 대결을 함축하는 것으로 해석돼야 한다고 주장한다. Heinz Paetzold, Kultur und Gesellschaft bei Adorno, in: Gerhard Schweppenhäuser (Hg.), *Soziologie im Spätkapitalismus*, a.a.O., S. 119ff. 참조.

155 Joachim Hirsch, Was meint eigentlich »Gesellschaft«?, in: *links*, Nr. 304/305, 1995, S. 27f. 참조.

156 Theodor W. Adorno, Walter Benjamin에게 쓴 1936년 3월 18일의 편지 in: Walter

Benjamin, Gesammelte Schriften, hg. v. R. Tiedemann u. H. Schweppenhäuser, Bd. I.3, Frankfurt/M. 1980, S. 1003.

157 같은 책, S. 1004.

158 같은 책, S. 1003.

159 Douglas Brent McBride, »Romantic Phantasms: Benjamin and Adorno on the Subject of Critique«, in: Monatshefte für deutschsprachige Literatur und Kultur, Winter 1998, Bd. 90, Nr. 4, S. 465-487

160 Robert Hullot-Kentor, »The Philosophy of Dissonance: Adorno and Schoenberg«, in: The Semblance of Subjectivity. Essays in Adorno's Aesthetic Theory, hg. v. T. Huhn u. L. Zuidervaart, Cambridge, Mass., London 1997, S. 309-319.

161 Lambert Zuidervaart, Adorno's Aesthetic Theory. The Redemption of Illusion, Cambridge, Mass. 1991 참조.

162 Kaspar Maase, Grenzenloses Vergnügen. Der Aufstieg der Massenkultur 1850-1970, Frankfurt/M. 1997, S. 111f.

163 Kurt Lenk, Adornos »negative Utopie«, 앞의 책, S. 138.

164 Walter Beniamin, Das Kunstwerk im Zeitalter seiner technischen Reproduzierbarkeit, in: ders., Gesammelte Schriften, Bd. I.2, S. 431ff. 참조. 또한 Gérard Raulet, Chockerlebnis, mémoire involontaire und Allegorie. Zu Benjamins Revision seiner Massenästhetik in Über einige Motive bei Baudelaire, 앞의 책 역시 참조.

165 Heinz Paetzold, Kultur und Gesellschaft bei Adorno, 앞의 책, S. 127f.

166 Douglas Kellner, Kulturindustrie und Massenkommunikation. Die Kritische Theorie und ihre Folgen, in: Sozialforschung als Kritik, hrsg. von Wolfgang Bonß/Axel Honneth, Frankfurt/M. 1983, S. 482ff. 참조. 또한 Martin Seel, Dialektik des Erhabenen. Kommentare zur »ästhetischen Barbarei heute«, in: Vierzig Jahre Flaschenpost, hrsg. von Willem van Reijen/Gunzelin Schmid Noerr, Frankfurt/ M. 1987, S. 11ff. 참조.

167 아도르노의 재즈 비판에 대해서는. GS 10, 123ff. 그리고 GS 17, 74 참조. 이에 더해

Martin Niederauer, Zur wissenschaftlichen Kritik an Adornos Jazztheorie, in: *Zeitschrift für kritische Theorie*, Heft 44/45, 2017 참조. 어떤 이유에서건 아도르노는 1933년 나치스의 재즈 금지에 대해 명백하게 칭찬의 반응을 보내는 것을 마지못해 승낙하였다. 왜냐하면 그의 아슬아슬한 헤겔적인 정당화에서 보듯, 예술형식으로서 재즈는 비진리이며 따라서 어떤 방식으로든 종말을 맞이할 것이기 때문이다("여기서는 구원할 것이 없다"). 유감스럽게도 그는 이 나쁜 텍스트에 대해 그 후 더 이상 언급하지 않았다. GS 18, 795ff. 참조.

168 "호르크하이머, 아도르노, 뢰벤탈 그리고 마르쿠제에게 문화산업 비판은 문화의 상품적 성격에 대한 비판적 분석을 의미한 것이지, 상업에 대한 저주가 아니었다. 이 저자들은 문화산업을 통해 전체 문화산업적인 생산 및 분배 관계를 고찰했으며 대중문화에 대해 문화 보수주의적 예술의 정당화를 제공한 것이 아니다. 문화의 상품적 성격은 비로소 현대 예술에게 자율성의 가상을 가능케 해주었다. 그러한 자율성의 가상을 중세 영주의 시종인 전통 예술가는 유토피아라고 받아들였던 것이다. 비판적 사회 이론에게 부르주아 예술은 자율적 영역으로 예찬되지 않으며, 오히려 긍정적 문화라고 비판된다. 그러나 이조차 그러는 사이 과거의 시기에 속하는 것이 되었다."(Detlev Claussen, Fortzusetzen. Die Aktualität der Kulturindustriekritik Adornos, in: *Das unerhört Moderne*, hrsg. von Frithjof Hager/Hermann Pfütze, 앞의 책, S. 139.)

169 Rainer Erd u.a. (Hg.), *Kritische Theorie und Kultur*, Frankfurt/M. 1989 참조.

170 Jean-François Lyotard, Beantwortung der Frage: Was ist postmodern?, in: *Postmoderne und Dekonstruktion*, hrsg. von P. Engelmann, Stuttgart 1990, S. 40. 리오타르의 "포스트 모던" 미학은 본래 일종의 후기 모던 아방가르드 미학이었다. 리오타르에게서와 마찬가지로 아도르노에게서 예술에는 궁극적으로 오로지 아방가르드냐 키치냐는 양자택일만이 존재한다. GS 12, 19 참조.

171 Fredric Jameson, *Spätmarxismus. Adorno oder Die Beharrlichkeit der Dialektik*, Hamburg 1992, S. 177.

172 Fredric Jameson, »Reification and Utopia in Mass Culture«, in: *Signatures of the Visible*, New York 1992, S. 11-14, 여기서는 S. 14.

173 Fredric Jameson, *Spätmarxismus*, 앞의 책, S. 179.

174 Andreas Hepp, *Cultural Studies und Medienanalyse. Eine Einführung*, Opladen/Wiesbaden 1999; Gerhard Schweppenhäuser, »*Naddel« gegen ihre Liebhaber verteidigt. Ästhetik und Kommunikation in der Massenkultur*, Münster 2004.

175 Roland Barthes, *Mythen des Alltags*, Frankfurt/M. 1964.

176 Stuart Hall, Kodieren/Dekodieren, in: R. Bromley/U. Göttlich/C. Winter (Hg.), *Cultural Studies. Grundlagentexte zur Einführung*, Lüneburg 1999, S. 92-110.

177 Jameson, *Spätmarxismus*, 앞의 책, S. 181.

178 Heinz Steinert, *Kulturindustrie*, Münster 1998, 그리고 Roger Behrens, *Kritische Theorie*, Hamburg 2002, S. 64-73 (»Von der Kulturindustrie zur Popkultur«) 참조.

179 Dieter Prokop, *Der Medien-Kapitalismus. Das Lexikon der neuen kritischen Medienforschung*, Hamburg 2000 참조.

180 »Kulturindustrie – Fortsetzung folgt« in der Zeitschrift für kritische Theorie, *Heft* 10, 2000에서부터 *Heft* 16, 2003에서 Roger Behrens, Gernot Böhme, Rodrigo Duarte, Oliver Fahle, Jürgen Hasse, Dieter Prokop, Heinz Steinert und Moshe Zuckermann의 글들에서 벌어진 논쟁을 참조. 또한 논문 모음집 »*Kulturindustrie«: Theoretische und empirische Annäherungen an einen populären Begriff*, hrsg. v. M. Niederauer/G. Schweppenhäuser, Wiesbaden 2017의 수록 글들, 그리고 *Kritische Theorie der Kulturindustrie: Fortzusetzen. Beiträge eines internationalen Workshops an der Freien Universität Berlin*, hrsg. v. A. Eusterschulte/J. Maiso, Berlin: 2017 참조.

181 Theodor W. Adorno, Erziehung – wozu?, in: ders., *Erziehung zur Mündigkeit*, hrsg. von Gerd Kadelbach, Frankfurt/M. 1982, S. 107. Andreas Gruschka, Adornos Relevanz für die Pädagogik, in: *Soziologie im Spätkapitalismus. Zur Gesellschaftstheorie Theodor W. Adornos*, hrsg. von Gerhard Schweppenhäuser, 앞의 책, S. 88ff. 참조.

아도르노 연보

1903	테오도어 루트비히 비젠그룬트-아도르노는 9월 11일 프랑크푸르트 암 마인에서 태어났다. 그의 아버지는 와인 거상巨商 오스카 비젠그룬트였으며, 어머니는 칼벨리-아도르노 델라 피아나라는 출생명을 가진, 가수 마리아 비젠그룬트였다.
1918	지그문트 크라카우어와 친분을 맺는다.
1919	프랑크푸르트의 호흐 음악학교 방문, 베른하르트 제클레스에게서 작곡 수업을, 에두아르트 융에게서 피아노 수업을 받았다.
1921	프랑크푸르트 카이저 빌헬름 김나지움에서 대입자격시험. 프랑크푸르트 대학에서 철학, 사회학, 심리학 그리고 음악학 공부. 음악 비평가로서의 일을 시작했다. 막스 호르크하이머와 친분을 맺는다.
1923	마가레테 카플루스, 발터 벤야민과 친분을 맺는다.
1924	한스 코르넬리우스 교수에게 「후설 현상학에서 사물적인 것과 노에마적인 것의 초월성」이라는 박사학위 논문을 제출하고 학위 취득. 알반 베르크와 교류.
1925	빈에서 알반 베르크에게 작곡을, 에두아르트 슈토이어만에게 피아노를 배웠다. 아르놀트 쇤베르크, 안톤 폰 베베른, 루돌프 콜리쉬 그리고 게오르크 루카치와 교류.
1927-1928	프랑크푸르트로 복귀. 교수자격 취득 논문으로 계획된 「초월론적 영혼론에서 무의식 개념」은 제출되지 못한다.
1928-1931	빈에서 발간되는 오스트리아 음악 잡지 『시작Anbruch』의 편집자로 활동.
1931	프랑크푸르트 대학에서 파울 틸리히에게 「키르케고르에게서 미적인 것의 구성」이라는 주제로 교수자격논문 제출. 철학과 객원 강사 취임 강의.
1933	『키르케고르—미적인 것의 구성』 출간. 교원 자격 박탈, 면직.
1934	영국 망명. 옥스퍼드의 머튼 컬리지에서 연구원이자 강사 자격으로 체류. 칼 만하임과 교류.

1937	마가레테 카플루스 박사와 결혼.
1938	미국으로 이민. 뉴욕의 사회조사연구소 구성원으로 활동. '프리스턴 라디오 연구 프로젝트'의 '음악 연구' 책임자 활동. 테오도어 W. 아도르노로 개명.
1941	로스앤젤레스로 이주. 막스 호르크하이머와 『계몽의 변증법』의 저술을 위한 심층적 공동 작업에 돌입. 동시에 『신음악의 철학』과 『미니마 모랄리아』 작업에 착수하였다.
1943	토마스 만, 한스 아이슬러와 협업.
1944	'반유대주의의 본성과 외연에 관한 버클리 프로젝트'에 참여. 『선입견 연구』 발표.
1947	막스 호르크하이머와 공저한 『계몽의 변증법: 철학적 단편들』 출간.
1949	프랑크푸르트로 귀환. 프랑크푸르트 대학 객원교수 역임. 『신음악의 철학』 출간.
1950	엘제 프렌켈-브룬스윅 등과 함께 공저한 『권위주의적 성격 연구』 출간. 프랑크푸르트에서 사회조사연구소가 재건되었으며, 아도르노는 연구소의 책임 대표직을 맡는다.
1951	『미니마 모랄리아─상처받은 삶으로부터의 성찰』 출간.
1952	베버리힐즈에 있는 해커 재단의 학술 책임자를 맡아 미국 체류. 프랑크푸르트 대학 사회학과 전임 정원 외 교수 취임.
1953	프랑크푸르트로 귀환. 프랑크푸르트 대학 사회철학 담당 정원외 교수 취임.
1954	아르놀트 쇤베르크 메달 수여. 에두아르트 슈토이어만, 루돌프 콜리쉬와 함께 다름슈타트 시의 신음악 국제 방학 코스에서 강의.
1955	『프리즘: 문화비평과 사회』 출간. 2권짜리 발터 벤야민 저작집 편집 발간(G. 카플루스, F. 포추스와 함께).

1956	『인식 이론의 메타비평: 후설과 현상학적 이율배반들 연구』, 『불협화음: 관리되는 세계에서의 음악』 출간.
1957	프랑크푸르트 대학의 사회학과 철학 정교수로 부임.
1958	호르크하이머와 사회조사연구소 공동 대표 역임. 『문학노트Noten zur Lite ratur』 출간. 사무엘 베케트와 교류.
1959	『음의 형상Klangfiguren: 음악 저작 I』 출간. 베를린 문학비평가상 수상. 잉게보르크 바흐만과 교류.
1960	『말러: 음악적 관상학』 출간. 파울 첼란과 교류.
1961	『문학노트 II』 출간. 사회과학에서 분석적 사고와 변증법적 사고에 관해 칼 포퍼와 논쟁.
1962	『음악사회학 입문: 12개의 이론적 강의들』, 『사회학Soziologica II: 막스 호르크하이머와 테오도어 아도르노의 발언과 강의들』 출간.
1963	독일 사회학회 대표 역임. 프랑크푸르트 시의 괴테 기념판 수여. 『헤겔에 관한 세 편의 연구』, 『개입: 9개의 비판적 모델들』, 『믿음직스러운 음악코치Der getreue Korrepetitor: 음악적 실천들을 위한 교재』, 『환상곡처럼Quasi una fantasia: 음악 저작 II』 집필.
1964	『악흥의 순간Moments Musicaux: 새로 출간되는 논문들 1928-1962』, 『고유성의 은어: 독일 이데올로기에 관하여』 출간.
1965	『문학노트 III』 출간.
1966	『부정변증법』 출간. 2권짜리 발터 벤야민 서간집 편집 출간(G. 숄렘과 함께).
1967	『본보기 없이Ohne Leitbild: 작은 미학』 출간.
1968	『베르크: 가장 짧은 경과구의 대가』, 『즉흥곡Impromptus: 새로 출간되는 음악 논문들의 두 번째 순서』 출간.

1969   한스 아이슬러와 공저한 『영화를 위한 작곡』 출간, 『표제어: 비판적 모델들 2』, 『계몽의 변증법』 출간, 공저작 『독일 사회학에서의 실증주의 논쟁』 출간. 8월 6일 스위스 칸톤 발리스 지역의 피스프에서 심장마비로 인해 사망.

아도르노, 사유의 모티브들

제1판 1쇄 2020년 06월 30일

지은이 게르하르트 슈베펜호이저
옮긴이 한상원
펴낸이 연주희
펴낸곳 에디투스
등록번호 제2015-000055호 (2015.06.23)
주소 경기도 성남시 분당구 황새울로351번길 10, 401호
전화 070-8777-4065
팩스 0303-3445-4065
이메일 editus@editus.co.kr
홈페이지 www.editus.co.kr

제작처 영신사

ISBN 979-11-970045-4-4 (03160)
이 도서의 국립중앙도서관 출판예정도서목록(CIP)는 서지정보유통지원시스템 홈페이지
(seoji.go.kr)와 국가자료공동목록시스템(www.nl.go.kr/kolisnet)에서 이용하실 수 있습니
다.(CIP 제어번호: CIP 2020025281)

"이 책은 2018년 대한민국 교육부와 한국연구재단의
지원을 받아 수행된 연구임 (NRF-2018S1A3A2075204)"